MINERVA
はじめて学ぶ教職
4

吉田武男
監修

日本教育史

平田諭治
編著

ミネルヴァ書房

監修者のことば

　本書を手に取られた多くのみなさんは，おそらく教師になることを考えて，教職課程をこれから履修しよう，あるいは履修している方ではないでしょうか。それ以外にも，教師になるか迷っている，あるいは教師の免許状だけを取っておく，さらには教養として本書を読む方も，おられるかもしれません。

　どのようなきっかけであれ，教育の営みについて，はじめて学問として学ぼうとする方に対して，本シリーズ「MINERVA はじめて学ぶ教職」は，教育学の初歩的で基礎的・基本的な内容を学びつつも，教育学の広くて深い内容の一端を感じ取ってもらおうとして編まれた，教職課程向けのテキスト選集です。

　したがって，本シリーズのすべての巻によって，教職に必要な教育に関する知識内容はもちろんのこと，それに関連する教育学の専門領域の内容もほとんど網羅されています。その意味では，少し大げさな物言いを許していただけるならば，本シリーズは，「教職の視点から教育学全体を体系的にわかりやすく整理した選集」であり，また，このシリーズの各巻は，「教職の視点からさまざまな教育学の専門分野を系統的・体系的にわかりやすく整理したテキスト」です。もちろん，各巻は，教育学の専門分野固有の特徴と編者・執筆者の意図によって，それぞれ個性的で特徴的なものになっています。しかし，各巻に共通する本シリーズの特徴は，文部科学省において検討された「教職課程コアカリキュラム」の内容を踏まえ，多面的・多角的な視点から教職に必要な知識について，従来のテキストより大きい版で見やすく，かつ「用語解説」「法令」「人物」「出典」などの豊富な側注によってわかりやすさを重視しながら解説されていることです。また教職を「はじめて学ぶ」方が，「見方・考え方」の資質・能力を養えるように，さらには知識をよりいっそう深め，そして資質・能力もよりいっそう高められるように，各章の最後に「Exercise」と「次への一冊」を設けています。なお，別巻は別の視点，すなわち教育行政官の視点から現代の教育を解説しています。

　この難しい時代にあって，もっと楽な他の職業も選択できたであろうに，それぞれ何らかのミッションを感じ，「自主的に学び続ける力」と「高度な専門的知識・技術」と「総合的な人間力」の備わった教師を志すみなさんにとって，本シリーズのテキストが教職および教育学の道標になることを，先輩の教育関係者のわれわれは心から願っています。

2018年

吉 田 武 男

はじめに

　本シリーズでは教育史を対象とした二巻が配されているが，同様なシリーズで教育史がなかったり，教育の原理・原論系に組み込まれるのは，いまや珍しくない。教育学の基礎的な領域をになう教育史は，これまで教育学の「伝統」的な分野とみられてきたが，教員養成政策や各大学の教職課程における，ここ20年あまりの冷遇・軽視ぶりはすさまじい。教員養成改革の流れをみれば，教育課題が複雑化・多様化しているとして，「実践的指導力」を掲げながら現場志向を強めている。けれども実践や現場から距離を置いた教育史の知を欠いたら，教育の「いま・ここ」をみつめなおす手がかりは失われてしまう。実際に教育の現在が語られるとき，歴史をまるで閑却・黙殺したり，都合よく解釈して居直るさまは，しばしばみうけられる。改革主義にとらわれ，視野狭窄に陥りがちな現代だからこそ，学問研究に裏づけられた歴史的な見方と考え方が大切である。とりわけ教師を志すのであれば，みずからが携わろうとする，またみずからが経てきた学校と教育の来し方行く末をじっくりと思考したい。教育史の窓から教えることと学ぶことの根源にふれることができるはずだし，私たちがいかに教育をめぐる常識／非常識にとらわれているかがみえてくるはずである。

　こうした考えから，日本教育史を扱う本巻は，つぎのような基本方針をもって臨んだ。その一つは，テーマに沿った問題史的な構成とし，すべての章を「〜なのか」という問いの形にした。いずれの問いも複雑・難解なものではなく，現代の教育を省察するうえで基本的・本質的なことであったり，私たちが現代の日本に生きるうえで身近なものであったりする。それぞれの大きな問いに対して，どのように向き合い，どんなアプローチでもって，いかなる解を導き出すのか，そのスタイルは各章によって異なる。問いをさらに重ねながら解を練り上げている章や，新たな問いへとつながる解を差し出している章もあろう。各執筆者がいかにテーマを取り扱い，どんなメッセージを紡いでいるのか，そのあたりをぜひ読みとってほしい。各章の執筆者はこの分野でフロントランナーとして活躍する研究者であり，その問いに答えるのがふさわしい専門家にお願いすることができたと自負している。

　もう一つは，これまでその執筆者らによるすぐれた研究成果が発表されていることに鑑みて，最新の日本教育史研究のエッセンスができるだけ簡潔平明にまとめられることをめざした。叙述の仕方も，本シリーズの全体方針の範囲内で各執筆者の裁量に委ね，「顔のみえる」「血のかよう」ものとなるよう意図している。日本教育史に必要な知識の最低基準（ミニマム・エッセンス）という発想は抑えているが，それでもこれは教師になる人に知っておいてほしいということは，どの章も目配りしてある。読んで知的な刺激と関心がかきたてられることを優先しているため，扱う時期や対象はさまざまであり，テーマもけっして網羅的ではない。従来の同種のテキストにみられるような，各時代を追った概説書にしていないのは，なにか奇をてらったり，たんに差異化を図りたいということではなく，教育史のおもしろさと奥行きをなんとか伝え，読者と共有したいという想いが強いからである。本シリーズのなかでも異色であろうが，「はじめて学ぶ」からこそ，こうしたアプローチとスタイルもありうると考えていただけ

第1章「世界のなかの日本の教育をどうとらえるか」（平田諭治執筆）は，こんにちのグローバルな時代と世界をみすえながら，近代化をスタートさせた日本の教育の黎明を考える。世界の一体化がはじまる19世紀後半の，万国博覧会という巨大メディアに注目し，まずは世界史的な文脈のなかでその位相をとらえるところから入っていきたい。第2章「読み書きができるということはどういうことか」（木村政伸執筆）は，私たちの多くにとって当たり前になっている，読み書きができるというそのありようを歴史に照らして問いに付す。古代から現代までのロングスパンで豊富な事例を紹介しながら，文字を教え・学ぶことの意義を人間存在のあり方に及んで考える。

　第3章「なぜ学校に行かなければならないのか」（柏木敦執筆）は，初等教育を行う小学校の制度化と義務化のプロセスをたどり，子どもが学校に通う存在として位置づけられる歴史的ないきさつをひもとく。19世紀の後半から20世紀のはじめころまでを中心的に扱い，こんにちに通じる日本的な「学齢」のあり方や就学の始期と終期がどんなふうに形づくられたのかを丹念に跡づける。それに対して，第4章「学校はどのように地域に根づいたのか」（大谷奨執筆）は，初等から中等・高等教育機関まで目配りしながら，経済的な負担の局面から学校と地域の歴史的な関係をみる。19世紀後半から現代までを展望し，教育政策の動向を確認しながら，「私たちの学校」「母校」という感覚がどこから来て，どこへ向かうのかを考える。

　第5章「近代天皇制と教育はどのように結びつき，何をもたらしたのか」（樋浦郷子執筆）は，日本という国民国家づくりの機軸となり，学校教育のあり方を性格づけた近代の天皇制に照明を当てる。帝国日本の植民地統治を視野に入れ，いわゆる象徴天皇制となった第二次世界大戦後もみわたしながら，教育という営みによってつくられる「日本人」を具体的な事実にそくして考える。第6章「言語を教育するということはどういうことか」（平田諭治執筆）は，やはり国民国家の根幹をなし，ふだんはとくに意識しないが，学校教育で教え・学んでいる言語に焦点づける。おもに19世紀の後半から20世紀の前半を対象として，国語と外国語（英語）の教育もまた「日本人」づくりの一環として成立・展開したことをみていく。

　第7章「戦争は学校と教育をどのように変えたのか」（白岩伸也執筆）は，二度にわたる世界大戦に注目し，総力戦がいかに学校と教育をシステムとして変革したのかを描く。第二次大戦後の20世紀の半ばころまでを対象とし，軍隊という巨大な存在が陰に陽に関わっていることを明らかにしながら，現在の「平和」を問う。第8章「教師は子どもとどのように向き合ってきたのか」（須田将司執筆）は，変動する国家・社会と眼前の子どもたちとの狭間で自問自答してきた教師の姿を歴史的に描き出す。やはり20世紀の半ばころまでを扱うが，近代になって求められた教師像を確認しつつも，それだけでは語りきれない子どもに寄り添う教師のリアリティに迫り，こんにちの教師が置かれている状況を問いなおす。

　第9章「子どもを取り巻く教育問題から何がみえてくるのか」（鳥居和代執筆）は，こんにちの日常的な教育問題とその語りを念頭に置きながら，20世紀の後半にいたる歴史のなかに立ちあらわれたその実相をつかむ。戦前と戦後にまたがる1920年代から60年代に注目し，子どもを取り巻く教育問題がたんなる「教育」の問題ではなく，政治や経済や社会の問題と切り離せないことを浮き彫りにする。第10章

「近代日本の教育思想史をどうとらえるか」（衛藤吉則執筆）は，それまでとは趣を異にして教育思想の研究の世界へといざなう。近代日本の教育思想に接近する方法は一様でないが，ここでは精神科学的教育学というアプローチに注目し，「西洋＝科学」の枠組みを経由して「東洋」「日本」の思考へとたどりついた人物の思想構造に学ぶ。

　歴史というのはさまざまな可能性の束であるから，過去に起きた出来事を必然の連鎖でがんじがらめにしてしまうと，これを学ぶ意義は薄れてしまう。現前する「いま・ここ」とは別様の，ありえたかもしれない教育史上の契機を掘り起こし，未発の可能性を未来の想像＝創造へと招き入れたい。そんな知的イマジネーションを喚起するような内容がいずれの章にも盛り込まれている。そして過去と未来を行き来しながら教育の現在を考えるためのレッスンが各章に見出せるだろう。巻頭には「本文で取り上げられる主な出来事」が年表風にまとめてある。本巻の導きの糸として，また全体を把握する手がかりとして活用してほしい。

　本書の編集にあたって，執筆者の方々にはご多用のなか原稿をお引き受けいただいただけでなく，こちらの細部にわたる指摘や加筆・修正のお願いにも快く応じていただいた。第7章を担当した白岩伸也さんには，「本文で取り上げられる主な出来事」や索引の作成のほか，さまざまな形で助力を得た（関連して，2017年度の筑波大学リサーチ・アシスタント（RA）として，研究プロジェクト「日本教育史研究の教育メディアとそのあり方に関する調査研究——教職テキストと歴史系博物館を中心にして」に従事した）。ミネルヴァ書房編集部の河野菜穂さんには，さいごまでお世話になりっぱなしであった。記して深く謝意を表したい。

　2018年12月

編著者　平田諭治

目 次

監修者のことば
はじめに
本文で取り上げられる主な出来事

第1章　世界のなかの日本の教育をどうとらえるか……………………1
　1　グローバルな時代と世界を問う……………………1
　2　万国博覧会の時代と世界……………………3
　3　イギリスの国民形成をめぐる万博と教育……………………7
　4　日本の近代化をめぐる万博と教育……………………10
　5　世界の表象と教育の行方……………………16

第2章　読み書きができるということはどういうことか……………………21
　1　古代・中世社会における読み書き……………………21
　2　読み書きが当たり前の近世社会……………………25
　3　近代化と読み書き……………………28
　4　戦後社会における読み書き……………………34

第3章　なぜ学校に行かなければならないのか……………………39
　1　「学齢」という期間……………………39
　2　学習の始期と終期……………………41
　3　日本における「学齢」の定着過程……………………45
　4　就学期間の形成──補習教育課程と初等教育期間の調整……………………51

第4章　学校はどのように地域に根づいたのか……………………59
　1　敵（かたき）から母校へ……………………59
　2　中等学校・高等教育機関の争奪……………………63
　3　六・三・三制の成立と中等教育……………………70
　4　国立高等教育機関の増設をめぐって……………………73
　5　縮小時代における私たちと学校……………………75

第5章　近代天皇制と教育はどのように結びつき，何をもたらしたのか……………………81
　1　国定教科書と近代天皇制……………………81
　2　「御真影」・教育勅語と学校儀式……………………84
　3　関東大震災と学校教育……………………87

  4 神道と学校 ………………………………………………………………… 89

第6章 言語を教育するということはどういうことか ……………………… 95
  1 ことばの習得と言語の教育 …………………………………………… 95
  2 日本の言語を求めて——森有礼の構想とその行方 ………………… 97
  3 「国語」を立ち上げる——上田万年の思想と活動 ………………… 101
  4 「外国語」をどうするか——岡倉由三郎の思想と活動 …………… 105
  5 言語の教育がもたらす人間と世界 …………………………………… 110

第7章 戦争は学校と教育をどのように変えたのか ……………………… 117
  1 なぜ戦争という視点から教育について考える必要があるのか …… 117
  2 総力戦の時代へ（1910年代半ば〜20年代）………………………… 120
  3 総力戦体制の構築（1930年代〜40年代前半）……………………… 123
  4 冷戦体制へ（1940年代後半〜50年代半ば）………………………… 127
  5 「戦争」と「平和」…………………………………………………… 132

第8章 教師は子どもとどのように向き合ってきたのか ………………… 137
  1 教師の役割と「生きがい」とは何か ………………………………… 137
  2 変転する教師像 ………………………………………………………… 138
  3 自問自答する教師たち ………………………………………………… 142
  4 教師の自律性・自主性・創造性 ……………………………………… 146
  5 教育史の延長上に現在とこれからの教師を問う …………………… 151

第9章 子どもを取り巻く教育問題から何がみえてくるのか …………… 155
  1 歴史のなかの教育問題をとらえる …………………………………… 155
  2 学生生徒の校外風紀問題（1920年代後半〜40年代前半）………… 156
  3 浮浪児・戦争孤児の問題（1940年代後半〜50年代）……………… 161
  4 子どもの長期欠席問題（1950年代〜60年代）……………………… 166
  5 現代の教育問題を歴史から問う ……………………………………… 170

第10章 近代日本の教育思想史をどうとらえるか ……………………… 175
  1 近代日本教育思想史を考える視点 …………………………………… 175
  2 近代日本教育思想史の盲点——谷本富を例に ……………………… 179
  3 ナショナリズムと成熟した近代的思考——西晋一郎を例に ……… 183
  4 近代日本教育思想の現代的意義とナショナリズムとの関係 ……… 187

  索　引

本文で取り上げられる主な出来事

以下の表は，本文で取り上げられている主な出来事を年表風にまとめたものである。各事項に対応する章を番号で示し（第 1 章であれば①），とくに関係するものは**太字ゴシック体**にしている。

西暦	和暦	主な出来事と対応する章		その他の事項
8世紀		万葉仮名が使われた万葉集が成立する	②	フランシスコ・ザビエルが来日する（1549） イマヌエル・カント『純粋理性批判』が刊行される（1781） 世界初の万国博覧会がロンドンで開催される（1851）
15世紀		上杉憲実が足利学校を再興する	②	
1710	宝永 7	貝原益軒『和俗童子訓』が刊行される	③	
1838	天保 9	緒方洪庵が大阪で適塾を創設する	⑥	
1869	明治 2	府県施政順序が制定される	③	
1870	3	イングランドで初等教育法（フォースター法）が制定される 中小学規則が制定される	① ③	
1871	4	岩倉使節団が派遣される	①	
1872	5	森有礼が「日本語廃止・英語採用論」を提唱する 師範学校が東京に創設される 「学制」が頒布される スコットランドで教育法（ヤング法）が制定される	⑥ ⑧ ①②**③④**⑤⑧ ①	
1873	6	教育を独立部門としたウィーン万博に日本が参加する	①	徴兵令が制定される（1873） 民撰議院設立建白書が提出される（1874）
1875	8	「学齢」が 6～14 歳と定められる	③	
1876	9	フィラデルフィア万博に文部省から教育使節団が派遣され，*An Outline History of Japanese Education* が刊行される（翌年『日本教育史略』刊行）	①	
1877	10	教育博物館が東京に開設される 日本初の子ども向け雑誌『穎才新誌』が創刊される	① ②	西南戦争が勃発する（1877） 地方三新法が制定される（1878）
1879	12	第一次教育令（自由教育令）が制定される	①③④	
1880	13	第二次教育令（改正教育令）が制定される	①②④	
1881	14	小学校教則綱領が制定される 小学校教員心得が制定される	② ⑧	明治十四年の政変が起きる（1881）
1884	17	ロンドン万国衛生博覧会が開催され，日本の教育が紹介される	①	
1885	18	森有礼が初代文部大臣に就任する	③④⑥	内閣制度が創設される（1885）
1886	19	帝国大学令，師範学校令，小学校令，中学校令，諸学校通則が公布される	③④⑥⑧	

年		出来事		関連事項
1889	22	イングランドで技術教育法が制定される	①	大日本帝国憲法が発布される (1889)
1890	23	第二次小学校令が公布される 「教育ニ関スル勅語（教育勅語）」が発布される	③④ ②⑤⑧⑩	
1891	24	小学校祝日大祭日儀式規程が制定される 小学校教則大綱が制定される	⑤ ③	
1894	27	高等学校令が公布される 谷本富『実用教育学及教授法』が刊行される	④ ⑩	日清戦争が勃発する (1894)
1895	28	上田万年『国語のため』が刊行される	⑥	日清講和条約により台湾を領有する (1895)
1899	32	中学校令が改正され，実業学校令，高等女学校令が公布される	④⑨	
1900	33	感化法が公布される 第三次小学校令が公布される 小学校令施行規則が制定される	⑨ ③④⑥ ②⑤⑥⑨	
1902	35	教科書疑獄事件が起きる	⑧	日英同盟協約が調印される (1902)
1903	36	専門学校令が公布される 小学校令が改正され，国定教科書制度が創設される	④ ⑤⑥⑧	日露戦争が勃発する (1904)
1907	40	小学校令が改正され，義務教育年限が6年に延長される	③④	
1908	41	戊申詔書が発布される	⑤⑧	
1909	42	小学校令施行規則が改正され，二重学年制が創設される	③	日韓併合条約が締結される (1910)
1911	44	岡倉由三郎『英語教育』が刊行される	⑥	
1914	大正3	中島半次郎『人格的教育学』が刊行される	⑩	第一次世界大戦が勃発する (1914)
1917	6	臨時教育会議が設置される 沢柳政太郎が成城小学校を創設する	⑦ ⑧⑩	
1918	7	鈴木三重吉が『赤い鳥』を創刊する 新たな高等学校令，大学令が公布され，高等教育機関拡張計画が発表される	② ④⑦	シベリア出兵が宣言される (1918)
1919	8	ルドルフ・シュタイナーがドイツに自由ヴァルドルフ学校を創設する	⑩	国際連盟が発足する (1920)
1922	11	少年法，矯正院法が公布される	⑨	
1923	12	「国民精神作興ニ関スル詔書」が発布される 西晋一郎『倫理学の根本問題』が刊行される	⑤⑦ ⑩	関東大震災が起きる (1923)
1924	13	文政審議会が設置される	⑦	
1925	14	陸軍現役将校学校配属令が公布される 入澤宗壽『文化教育学と新教育』が刊行される	⑦ ⑩	治安維持法が公布される (1925) 宇垣一成が軍縮を実施する (1925)
1926	大正15 昭和1	青年訓練所令が公布される	⑦	
1927	2	『日本現代教育学大系』が刊行される（〜28) 英語教育存廃論争が起きる	⑩ ⑥	金融恐慌が始まる (1927)

年		出来事		関連事項
1928	3	校外教護・保導事業を先導した神戸保導聯盟が創設される	⑨	三・一五事件が起きる(1928)
1929	4	谷本富『宗教々育の理論と実際』が刊行される	⑩	世界大恐慌が始まる(1929)
		小砂丘忠義が『綴方生活』を創刊する	②⑧	
1930	5	チャールズ・オグデンが「ベーシック・イングリッシュ」を発表する	⑥	
		北方教育社が『北方教育』を創刊する	②⑧	
		海軍飛行予科練習生制度が創設される	⑦	
1931	6	西晋一郎『忠孝論』が刊行される	⑩	満州事変が勃発する(1931)
1932	7	「児童生徒ニ対スル校外生活指導ニ関スル件」が発せられる	⑨	
1933	8	少年教護法が公布される	⑨	国際連盟を脱退する(1933)
1937	12	教育審議会が設置される	⑦⑩	天皇機関説事件が起きる(1935)
1939	14	青年学校令が改正され，男子義務制が実施される	⑦	日中戦争が勃発する(1937)
		「青少年学徒ニ賜ハリタル勅語」が発布される	⑤	国家総動員法が公布される(1938)
1941	16	国民学校令が公布される	③⑦	太平洋戦争が勃発する(1941)
1943	18	中等学校令が公布される	⑦	
		学徒出陣が実施される	⑦	
1945	20	旧軍関係教育機関出身者の転入学措置が閣議決定される	⑦	ポツダム宣言が受諾される(1945)
		戦災孤児等集団合宿教育所が設置される	⑨	ダグラス・マッカーサーが五大改革を指令する(1945)
		GHQが国家神道の禁止を指令する	⑤⑦	
1946	21	第一次米国教育使節団が来日する	④⑦⑧	日本国憲法が公布される(1946)
		『新教育指針』が刊行される	⑧	
1947	22	『学習指導要領一般編（試案）』が刊行される	⑧	ダグラス・マッカーサーが二・一ゼネスト中止を指令する(1947)
		教育基本法，学校教育法が公布される	④⑦⑧	
		児童福祉法が公布される	⑨	
1948	23	教育勅語等の排除・失効確認に関する決議が国会でなされる	⑤⑦	国際連合が世界人権宣言を採択する(1948)
		新たな少年法，少年院法が公布される	⑨	
		浮浪児根絶緊急対策要綱が閣議決定される	⑨	
		コア・カリキュラム連盟が結成される	⑧	
1949	24	夜間中学校が兵庫県に創設される	②⑨	
1950	25	中央青少年問題協議会が長期欠席児童生徒調査を実施する	⑨	朝鮮戦争が勃発する(1950)
		日本綴り方の会が結成される（翌年「日本作文の会」に改称）	②⑧	サンフランシスコ平和条約，日米安全保障条約が調印される(1951)
1951	26	無着成恭『やまびこ学校』が刊行される	②	自由民主党が結成される(1955)
1955	30	自衛隊生徒制度が創設される	⑦	
1961	36	学校教育法が改正され，高等専門学校制度が創設される	④	日米新安保条約が調印される(1960)

第1章
世界のなかの日本の教育を
どうとらえるか

〈この章のポイント〉

　グローバル化とその語りが支配的となり，メディアが世界へのアクセスを容易にするなか，日本の教育のあり方はその流れに方向づけられ，そして翻弄されている。現代はその世界を所与とした，国民形成と人材育成が進められているが，私たちはその来歴とともに危うさについても考えなければならない。本章では，世界の一体化がはじまる19世紀後半へとさかのぼり，万国博覧会というメディアに注目しながら，それが最初に開催されたイギリスの教育への影響と，そこに参加して近代化をスタートさせた日本の教育の黎明について学ぶ。

1　グローバルな時代と世界を問う

　世界のなかの日本の教育を歴史的にとらえるにあたり，まず現在の時代像と世界像をその語りとともに省察することから，はじめたい。「グローバル」ということばが氾濫している。これを書いている時点での印象だが，このことばを見聞きしない日はなく，もはや食傷気味といってよい。もともと資本主義経済の地球規模の展開を説明する術語として，「グローバリゼーション」「グローバリズム」が東西冷戦後の1990年代から急速に普及した。世界の一体化があらゆる分野で加速・深化するなか，これらは一時の流行語に終わるどころか，その用法や使途は拡大し，イメージは膨張していく。そしてグローバルということばが既存の概念と結びつき，その再生と刷新を図るように広がってきたといえよう。教育の世界も例外ではなく，「グローバル人材」「グローバル市民」「グローバル社会」などが盛んに語られ，いまやグローバル化に棹さす新たな教育のあり方があちこちで求められている。

　グローバル化の語りは「歴史」の地平を棚上げしながら，それに乗り遅れると「世界」から脱落してしまうという不安や恐怖をあおる。そのため国民国家の危機をもたらすとして憎悪が向けられることもあれば，そこからの自由や解放をもたらすとして福音のように響くこともあろう。理論的な研究をリードした伊豫谷登士翁がいうとおり，「希望に満ちた未来から絶望的な運命までの大きな落差」をもちながら，生産・流通・消費されているのだ（伊豫谷，2002，50ページ）。社会学者のウルリッヒ・ベックは，「グローバル化の最も重要な勝利

▷1　プラスチック・ワードとしてのグローバル（化）
グローバル（化）は，ウヴェ・ペルクゼンが注意深い言語分析を通して提起した，「プラスチック・ワード」に数えられよう。プラスチック・ワードとは，人びとの思考や行動を無意識のうちに方向づけ，現代世界を理念的かつ啓蒙的に統御している，「無定形のアメーバのようなことば」である。それは新たなタイプの抽象語であり，「歴史の底が完全に抜けて」それ自体で自足する幻影世界をつくり出す。そして霊験あらたかなオーラを輝かせて日常生活に侵入・蔓延し，人びとの欲求や願望をたえず刺激しながら，過去を置き去りにした未来志向へと駆り立てていくのだという。具体例としては，「アイデンティティ」「健康」「コミュニケーション」「システム」「発展／開発」などであり，「教育」もその一つだという（ペルクゼン，2007）。

は，おそらくグローバル化言説のグローバル化であろう」と述べたが（ベック，2008，78ページ），もしもあふれかえるその語りに踊らされて，世界の動きがわかった気になってしまうとすれば，それはとても危ういことではないだろうか。

　このように考えると，このグローバルな時代と世界というものが，どこからやってきて，どのようにつくられてきたのか，その来歴をきちんととらえることが，大事であろう。そうした歴史的な視野をもって，世界のなかの日本の教育を問うていく必要がある。それはグローバル化対応へと駆り立てる過剰な語りに呑み込まれないで，「いま・ここ」を「いつか・どこか」で埋め尽くすその磁場から免れながら，なにが・どのように問題なのかをみつめなおすのに欠かせないからである。そのとき忘れてはならないのが，私たちは対象をみたいようにみているのではなく，そのまなざしもまた歴史的に拘束・呪縛されているということであろう。

　ところで，地球は文字どおり球形の世界という認識が行き渡り，西洋世界を中心とする世界の一体化がはじまるのは，19世紀の半ばである。これを主導したヨーロッパでは，いわゆる大航海時代のさまざまな「発見」にもかかわらず，それまで地球は実質的に丸くなかったのであり，単純な平面構造上の東と西の行き来であった。それがこの時期から鉄道と蒸気船，それに電信技術などの発達により，近代的な交通・通信網が形成され，時間と空間は驚くほど縮減される。世界の一体化とは地球の縮小化にほかならず，それはものの見方や考え方を根底から変えていく。幕末維新期の激動と変革，そして近代日本の成り立ちは，こうして地球が「丸く」「小さく」なるなかで生じている（園田，2003）。

　「蒸気船航路の鎖の最後の環が完成される日も近い」——これは1851年，アメリカ合衆国の国務長官ダニエル・ウェブスターが日本遠征に出発する東インド艦隊の司令長官オーリックに出した，訓令の冒頭の一節である。「文明が拡大していく限り，わが国やその他の国の蒸気船は情報や世界の富や幾千もの旅行者を運ぶ」とウェブスターは述べている。オーリックは途中で司令長官を解任され，その任を引き継いだのがマシュー・カルブレイス・ペリー，つまり1853（嘉永6）年に浦賀沖にやってきたペリー提督である。いわゆる黒船来航は，西洋からすれば最後の未知の国の門戸を開けることで，中国をはじめとする東アジアへの進出と結びついていた（園田，1993，77〜78ページ）。西洋の衝撃（ウェスタン・インパクト）はこの地域に新たな「文明」と「近代」をもたらし，日本は西洋中心の国際社会と世界市場に参入するが，それは国内外に軋轢や摩擦を惹起することにもなる。

　その大きな転換点にあたる1851年，中国で14年間におよぶ太平天国の乱が起

きたその年に，イギリスでは世界初となる万国博覧会（以下，万博）が開催される。万博とはひとことでいうなら，世界中のさまざまなモノを一堂に展示する近代特有のメガイベントであり，一体化する世界，縮小化する地球をビジュアルに表象・体験する，新しい文明のメディアといってよい。それは大航海時代からのさまざまな「発見」を，もともとあった文脈から切り離して分類・配置し，博物学的なまなざしのもとに「世界」を再構成してみせた（吉見，1992，序章）。以下においては，この近代的なまなざしをもたらした万博に照明を当て，その制度的なしくみやしかけ，そして実際上の影響や効果を探りながら，世界のなかの日本の教育の黎明に迫っていきたい。

2 万国博覧会の時代と世界

1 なぜ万博なのか

1851年，ロンドンにはじめて万博が出現してから，およそ170年になる。その間，19世紀後半から20世紀前半を中心に，欧米各国の主要都市をおもな舞台として，実に数多くの万博が開かれている。イギリスとフランス，それにアメリカ合衆国がリードし，競うように回数を重ねながら，大小種々の万博が相次いだ。その数は第二次世界大戦までに80に上る（Findling, ed., 1990）。草創期は名称も形態・規模もさまざまで，特定のテーマを掲げる万博も催された。こうした乱立を規制し，ルールを統一するため，第一次世界大戦を経た1928年には国際博覧会条約が結ばれる。常設機関として国際博覧会事務局（Bureau International des Expositions：BIE）がパリに置かれ，開催にあたっては各国が承認を得ることとなった。第二次大戦によって中断したが，万博はその制度化のもとで今日まで継続している。

国際的な制度化に先んじて，世界は万博の世紀を経験したわけだが，近代という時代もまた万博を必要とした。その歴史的な役割や機能は，つぎの三つの視点からとらえられよう。第1は資本主義と産業振興の視点から，第2は大衆動員と都市・消費・娯楽の視点から，そして第3は帝国主義とナショナリズムの視点からである。以下，それぞれの視点で概観しながら，万博の基本的性格を確認したい。いまや万博の黄金時代は過ぎ，マルチメディアの時代となって，その存在意義は明らかに低下している。さまざまなデジタルメディアが発達し，世界にアクセスするのも容易になったが，「世界」というものを欲望・経験し，そして主体化していくということでは，万博は歴史的なルーツといってよい（以下，吉田，1985；吉田編，1985；松村，1986；鹿島，1992；吉見，1992，参照）。

▷2 万博の呼称と系譜
日本では「万国」博覧会と称するのが一般的だが，「万物・万有」を理念とした歴史的な系譜もある。通常，イギリスでは"Great Exhibition"，フランスでは"Exposition Universelle"，アメリカでは"World's Fair"と呼び，国際博覧会事務局は"World Expos"を用いている。この事務局は，それ以前は最初のロンドンから21の万博を認定しており，それ以後は今日にいたるまで50以上を組織している。国際博覧会条約は改定を重ねており，現在は大規模で総合的な「登録博覧会」と，テーマなどに制限がつく「認定博覧会」に大別される（BIEウェブサイト，2018年9月現在）。

2 資本主義と産業振興の視点から

万博はまずもって，産業革命を経た資本主義世界の一大イベントであり，機械産業と科学技術を称揚・推進する原動力となった。図1-1を参照してほしいが，そこに示された19世紀産業構造の，いわば縮図といえるのが万博である。1851年のロンドン万博は，"The Great Exhibition of the Works of Industry of All Nations"が正式名称であり，イギリスが世界に先駆けて達成した産業革命の集大成という性格をもつ。工業生産と自由競争による「進歩」を理念とし，ヴィクトリア朝の経済的繁栄を誇示しながら，パックス・ブリタニカの絶頂を謳歌したのが，この最初の万博だった。その後も万博のたびごとに，産業と社会の発展を約束する最新のテクノロジーやデザインが披露され，出品者は審査と褒賞を経て品質保証や宣伝材料を獲得した。

▷3　マルクスと最初の万博
カール・マルクス（Karl Marx, 1818～83）は，ヨーロッパ大陸での1848年の革命を経てイギリスに亡命し，その後は万博が開かれたロンドンで，大英図書館に日参しながら経済学研究に打ち込んだ。その研究を大成したのが資本主義社会の体系的な理論書であり，20世紀の世界の思想や政治を大きく動かした『資本論（Das Kapital）』全3巻である。

▷4　機械文明のスペクタクル
蒸気機関は性能と用途を拡大し，各種の改良型が注目を集めた。1878年と1889年のパリ万博では，4サイクル（オットーサイクル）と2サイクル（クラークサイクル）がそれぞれ紹介され，内燃機関の主形式がそろう。新しいエネルギーとなる電気が実用化するのも万博からで，1893年のシカゴ万博での発送電システムは家庭配電への道を開いた。高層化を可能にした鉄材による建築技術，情報化時代の先駆けとなる大量印刷技術や，一般家庭に最初に入り込んだ機械であるミシン，日常生活に深く関わることになる電話，タイプライター，電化製品，自動車など，万博で脚光を浴びた発明は数えればきりがない。

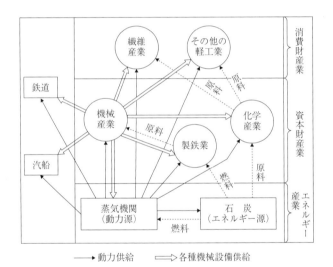

図1-1　19世紀の産業構造概念図
出所：福井（1998, 23ページ）。

機械文明をもたらした主要なものは19世紀末までに出そろうが，万博での展示は先端技術や工業製品で占められたわけではない。美術工芸品や教育・学術，衣食住の日用に関するものから，いろいろな地域の原料・特産や珍品類まで出展されている。イギリスと張り合うフランスがリードした芸術分野では，コンサートといった形で音楽さえも対象となり，さらにはさまざまな意匠や風俗を身にまとった人間すらアイテムとなった。それらは時空を超えた特異な巨大空間にパノラマ的に配列されたが，その基調は近代産業に導かれる文明の精華を競い，確かめ合うアリーナという点で一貫していたのである。

③ 大衆動員と都市・消費・娯楽の視点から

　万博はまた，これまでにない多くの人びとを一時に都市空間に向かわせ，来たるべき消費社会をあらかじめ指し示すとともに，新たな娯楽の世界を切り拓くことにもなった。大衆社会を先どりした風景が，ここにあらわれたといってよい。かえりみれば，19世紀のヨーロッパが経験した未曾有の人口増加は，政治・経済・社会のあり方に広範な影響と甚大な変化をもたらした。工業化と大量生産が進展したのは，豊富な労働力の供給が可能となり，消費市場が形成されたからである。都市化も進んで中間階層が増大し，人口集中が顕著となる。図1-1にもみえる鉄道や汽船が，交通・物流を一変させたことは前述のとおりである。会場にひしめく群集は，こうした時代の波に洗われ，また棹さす人びとだった。端緒を開いたロンドン万博の会場は，シンボリックな鉄とガラスの大建築である水晶宮(クリスタル・パレス)で，入場者はのべ600万人に達した▷5（図1-2）。

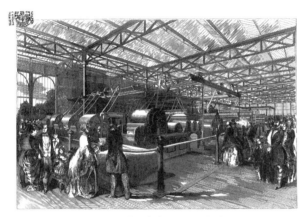

図1-2　水晶宮内の展示と人びと
出所：*The Illustrated London News*, Vol.19, No.512, August 23, 1851, Reprint, Tokyo, Kashiwashobo, 1999, p. 256.

　こうして大規模な群集が一挙に生じるという，人類史上空前の出来事は，さまざまな社会階級の人たちが同じ空間をともにするという，かつてない経験をもたらした。貴族もブルジョアも労働者も，まるで階級間の対立など忘れたかのように会場内を行き交い，革命する群集は消費する大衆へと変容する。「万国博覧会は商品という物神(フェティシュ)の霊場である」と述べたのは，文明批評家のヴァルター・ベンヤミンである。ベンヤミンはいう，「万国博覧会は商品の交換価値を神聖化する。それが設けた枠の中では，商品の使用価値は後景に退いてしまう。博覧会がくりひろげる目もあやな幻像に取り囲まれて，人間はただ気散じをしか望まない」と（ベンヤミン，1970，16ページ）▷6。

　必要な物を必要なだけ必要なところで買うという，それまでの消費スタイルはもはや過去のものとなった。大衆化した人びとは，ところ狭しと陳列された

▷5　入場者数と都市空間
第二帝政期から第三共和制期にかけての一連のパリ万博では，1855年のときが510万人，1867年が680万人，1878年が1600万人と増加し，1889年には3200万人を超える入場者数を記録した。オーストリアでの1873年のウィーン万博は，720万人である。アメリカでも1876年のフィラデルフィア万博は1000万人，1893年のシカゴ万博はその倍の2000万人以上を動員している。地方を置き去りにして会場周辺の都市空間も変貌を遂げるが，百貨店が進出してエッフェル塔が建設されたパリなどは，万博のたびごとに改造・整備された近代都市である。

▷6　ベンヤミンと現代社会
「パリ――19世紀の首都」と題したヴァルター・ベンヤミン（Walter Benjamin，1892～1940）晩年のエッセイの一節だが，「経験の貧困」を憂えたかれの洞察は現代社会の行方を鋭くみすえたものである。ここで述べるのは，商品には人間の欲望を満たす有用性（使用価値）と，他の商品と交換しうる有用性（交換価値）があるという，資本主義経済の基本的な考えに裏づけられており，「自己からの，また他人からの疎外を享受」することになるという。商品の交換価値が使用価値を凌駕したところに生じる危うさのなかに，今日のわれわれはどっぷり浸っているのであろう。

▷7 会場のアーキテクチャー
水晶宮をはじめて質量ともに凌駕したとされるこの万博では、地球全体を象徴する巨大な楕円形の展示場が建設され、フランスを中心に世界の「万物」が部門別（同心円状）・国籍別（放射状）にアレンジされた。周囲には異国情緒あふれるパビリオンが林立し、世界一周を疑似体験しながら自国の位置どりを実感するしくみになっている。こうしたアーキテクチャー、つまり人びとの行動や意識をコントロールする計画的な空間構成、人工的な環境構造が

モノ＝商品世界に圧倒・眩惑され、知らないうちに欲望と衝動に駆られて「気散じ」に満ちた消費社会にはまり込むのだ。万博自体も娯楽化の傾向を強めていき、アミューズメント空間として人びとをさらに魅了する。消費・都市・娯楽が一体となって大衆を動員していく文化装置、それが万博だったのである。

4 帝国主義とナショナリズムの視点から

　万博はさらに、帝国主義世界を広報・宣揚する祭典であり、国民国家編制を促進する権力装置でもあった。国民国家(ネーション・ステート)とは、そこに住む人びとが一つの国民としての意識を共有する、主権国家のあり方をいうが、その編制は支配の拡大を図る帝国主義と絡んで強力に推進されたのだ。万博の世紀がそうした時代と重なるのは、けっして偶然でない。それは国家的なプロジェクトにほかならず、人びとを国民化する政治的意図が張りめぐらされた。前述した世界が一体化する動きは、ヨーロッパが「発見」した各地を支配下に置き、資本主義体制の周辺に組み込むことを意味する。図1-1の産業構造が成立するには植民地支配が不可欠であり、原料・燃料の供給地と生産された商品の消費市場としての役割を負う。1851年のロンドン万博は、イギリスの広大な植民地からの出品全体を帝国の展示としてまとめあげ、会場にあふれる群集は、大英帝国の「豊かさ」とイギリス国民の「優秀性」を実感したのである。

　第1回万博の栄光を奪われたフランスでは、1855年と1867年にナポレオン3世が帝政の威信と繁栄のため、その崩壊後はフランス政府が第三共和制を広く宣揚するために、万博が繰り返し開催された。この一連のパリ万博でも、植民地に関する展示は欠かすことがなく、多数の先住民までその対象となっていく。会場の建築物や展示方式にも帝国を体感させ、ナショナリズムを喚起するしかけが施されるが、1867年パリ万博の会場設営などは、その後の万博に大きな影響を与えたものである（図1-3）。◁7

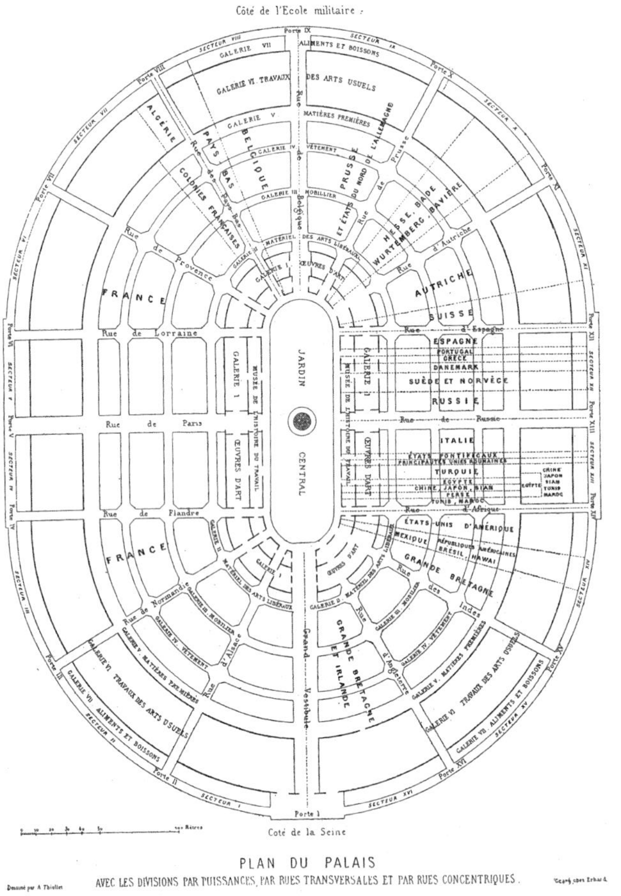

図1-3　1867年パリ万博の会場平面図
出所：*L'Exposition universelle de 1867 illustrée*, Tome II, 43e Livraison, Reprint, Tokyo, Hon-No-Tomosha, 2000, p. 205.

第1章　世界のなかの日本の教育をどうとらえるか

　ヨーロッパの動向に触発されたアメリカ合衆国の場合，万博を通してナショナリズムを発揚しようという国家的意思は，その名称にも込められた。この国で最初の本格的な万博となった1876年のフィラデルフィア万博は，"The Centennial Exhibition"つまり独立百年を記念したもので，先住民を閑却した公的な記憶を想起・祝祭しながら，国民としての一体感をもたせようとしたのだ。万博に付随して発展したイベントにオリンピックや各種の国際会議があるが，帝国主義とナショナリズムの国家的プロジェクトという点では共通する性格をもつ。万博は「万国」の祝典以上に「帝国」の祝典だったのであり，欧米各国が国民国家の建設をめざす時代の申し子だったのである。

どの万博の会場にも開花した。

▷8　名称があらわす国家的意思
1893年のシカゴ万博は"The World's Columbian Exposition"であり，コロンブスのアメリカ大陸「発見」から400年を記念したものである。本章ではふれないが，明治政府も参加したこの万博は，その歴史的展開に画期をもたらしたといわれる。

3　イギリスの国民形成をめぐる万博と教育

1　万博と教育

　万博という近代文明のメディアは，「教育」と二重に関係しているといえる。一つはこれまでみてきたように，万博が「世界」の見方を視覚的に体得させ，人びとを教化・誘導する装置であるとすれば，それは広い意味で教育的な力をもつことになる。つまり万博は広義の教育のメディアであり，国際博覧会条約もその主たる目的を「公衆の教育」に置いている。もう一つは，そこに世界中のさまざまなモノが集められたとすれば，そのなかに自前の制度をもつ教育に関する展示も存在する。つまり万博というメディアのなかに教育があり，博物学的なまなざしのもとで学校を中心とした教育の営みもまた，国力のバロメーターとして比較・対照しえたのだ。

　とりわけ19世紀後半は欧米でも日本でも，公教育をいかに制度化するかが模索された時期であり，こうした万博と教育の入れ子的な結びつきはみのがせない。ここでは上述した万博の歴史的性格を押さえたうえで，先駆者たるイギリスの動向から教育との影響関係をみていく。それは次節にみる，日本の近代化における両者の関係を考えるうえで有用だろう。イギリスは正確には連合王国（United Kingdom：UK）であり，イングランド・スコットランド・ウェールズ・北アイルランドで構成される。イングランドが「ケルト辺境」を統合して成立した歴史をもつが，この時期のスコットランドとの関係にも目配りしたい。

　あらためて振り返れば，1851年ロンドン万博の総裁を務めたヴィクトリア女王の夫・アルバート公は，開催にあたって文明と人間の「進歩」を手放しで礼賛し，世界のリーダーたるイギリスの未来を確信に満ちたことばで演説した。しかしながら実際に万博が開幕すると，明敏な観察者たちは，盤石に思えたこの国の支配的地位とその将来に不安を覚えずにはいられなかった。たしかに出

7

品物の審査では大多数を受賞したが，他のヨーロッパ大陸国やアメリカ合衆国が予想外に健闘し，一部の工業分野では劣勢に甘んじることが明らかになったからである。アルバート公を会長とし，万博を主導した技芸協会（Society of Arts）の関係者たちは，競争相手国の出現に脅威を感じ，早めに手を打つべきことを訴える。繁栄の絶頂は衰退の契機を宿していたのであり，国家による組織的な教育に注目が集まるのである（以下，三好，1975；木畑，1991，参照）。

2 教育ナショナリズムの動き

「世界の工場」へと導いた産業革命の成功は，けっしてロンドンの政治的指導力のゆえでも，意図的・計画的な近代教育の成果でもない。それはスコットランドでの技術革新と経済発展がイングランドを牽引し，多くの技術者や資本家が最前線に立って大英帝国を支えていたからである。しかもその発明や応用は，作業場のなかの経験的思考やアマチュア的な創意工夫によるものだった。そのため万博後にまず手をつけたのは，イングランドを中心とするその組織化であり，産業と直結した科学・技術教育の整備であった。1852年，ロンドンに実用技芸局（Department of Practical Art）が発足し，翌年，科学技芸局（Department of Science and Art）へと改組される。この国家的な機関は，科学・技術教育を振興する一大センターとして立ち上げられた，万博の直接的な所産といえる。

水晶宮を上回るスケールとなった1867年のパリ万博では，かれら先覚者たちの不安が的中し，その憂慮が現実のものとなった。イギリス産業の立ち遅れはもはや決定的となり，トップランナーからの脱落は歴然たる事実となる。コンクールでの受賞率は，最初の万博とは比べようもないほど下がった。前述した会場設営のあり方は，自他の優劣をいっそう引き立てたであろう。ここにあらためて警告が発せられ，イギリスは周辺諸国に比べて科学・技術教育が不備で，その組織化が著しく遅滞していることが問題視される。フランス・ドイツ・アメリカなど競争相手国の動向を無視しえず，それら諸外国の実情を本格的に調査する必要に迫られるのである。この万博ショックから組織的な調査活動がはじまり，科学・技術教育に関する大部な報告書がつぎつぎにまとめられる。

イングランドでは1870年に初等教育法（Elementary Education Act）が制定され，公教育の制度化を大きく前進させたが，これもその万博の衝撃と影響を抜きには語りえない。立案者の名前からフォースター法と通称されるが，これは労働者階級への選挙権の拡大に対応したもので，かれらのデモクラシー要求に応えながら体制内化を図ったものだ。しかしそれだけではなく，3 R's，つまり読（reading）・書（writing）・算（arithmetic）といった基礎学力を中心とする教育の欠如が，工業生産のための労働力を育成するうえで，また科学・技術教

▷9 初等教育法（フォースター法）
グラッドストン自由党内閣のもと，枢密院教育委員会次長のウィリアム・エドワード・フォースター（William Edward Forster, 1818〜86）が起案・提出したもので，イングランドの完全な統治下にあったウェールズにも適用された。労働者階級に教育の機会を与えようと，新たに学区を導入して学務委員会を設置し，公費（地方税）による学校の普及と就学の増大を図った。

育を推進するうえで大きな障害になっていたからである。

　スコットランドでは1872年に教育法（Education (Scotland) Act）が制定され，イングランドと呼応・連動して公教育の制度化が進展する。立案者の名前をとってヤング法と通称されるが，これはスコットランド近代教育の出発点に位置づけられるもので，初等教育を対象としたフォースター法より包括的・統制的なものだ（角替，1974）。この時期には大英帝国の覇権をもたらした，イングランドの対等なパートナーとしてのスコットランド・ナショナリズムも高まる。海外に向かうスコットランド人も少なくなかったが，かれらは帝国意識を介してイギリス国民(ブリティッシュ)として振る舞ったのである。

▷10　スコットランド教育法（ヤング法）
「スコットランドのすべての人びと」に対する教育を対象にしたもので，教育行政を制度的に整備して教会の統制から国家の統制へと移行させた。これを成立させたジョージ・ヤング（George Young, 1819〜1907）は，フォースターの信任厚い人物だった。

3　科学・技術教育の制度化へ

　このように万博のインパクト，とりわけ1867年パリ万博ショックは，イギリスの科学・技術教育への自己省察を促し，その基礎としての初等教育の制度化を求めながら，イングランドとスコットランドの公教育を方向づけた。帝国主義が本格化するなか，万博という国家的プロジェクトは，ナショナルな他者と自己を造形し，教育ナショナリズムを刺激したのである。これが万博の教育力のあらわれとするなら，その巨大メディアのなかの教育にも注目して，その後の展開をもう少しだけ追いたい。教育の展示は万博が相次ぐなか，規模を大きくして比重を高めている。強大な産業国家となるには人づくりが大事であり，国民国家の建設には教育の制度づくりが不可欠という認識が，帝国主義競争に臨むどの国にも共有されるようになるからだ。教育に関する出品を組織したのは1855年のパリ万博から，出品部門として独立したのは1873年のウィーン万博からである。そしてイギリスでは1884年，教育を一つのテーマに掲げた万博がロンドンで開催されることになる（平田，2003）。

　この万博は1883年から1886年までの各年，のちにエドワード7世となる皇太子を総裁に政府が主催した，テーマ別万博の一つである。ヴィクトリア黄金期を甦らせようと，30年以上前になる水晶宮の再来を企図したシリーズで，夢をもう一度と，万博幻想を追いかけた万博といえよう。1884年のテーマは国家的関心事だった「衛生」と「教育」だが，一般に万国衛生博覧会（International Health Exhibition）と称された。バーンハード・サミュエルソンを委員長とする王立技術教育委員会（Royal Commission on Technical Instruction）が，3年余の活動を経て最終報告書を提出したのは，ちょうどこの万博の開幕と重なっている。

　この委員会は諸外国と自国内をつぶさに調査したが，イギリスの科学・技術教育の実態は依然として悲観的なものであった。このときの通称サミュエルソン・レポートは警世の書というべきもので，他の欧米各国の卓越ぶりを率直に

認めながら，中等教育での技術教育の組織化や基礎教育への実業科目の導入など提言する。万博はこのサミュエルソン・レポートの実物拡大版といってよい。彼我の落差を確認させ，国民的な関心と自覚を喚起しながら，その提言を具体化する方向へ教導しようとしたのだ。国際教育会議があわせて開かれ，委員会の活動や報告に言及しながら議論が交わされたのもみのがせない。

イギリスでは繰り返し警鐘が鳴らされたが，国家が主導する科学・技術教育の制度化はなかなか進まなかった。そこに横たわっていたのは自由意志と私的活動を重んじる，レッセフェールの思想とヴォランタリズムの精神である。産業界は実地的な経験主義から抜け出せず，教育界には古典的な人文教養が根強かった。それが万博を通したサミュエルソン・レポートの一大デモンストレーションを経て，ようやく1889年に技術教育法（Technical Instruction Act）が制定されたのは画期的だった。これは地方自治体が技術教育のために公費（地方税）を徴収することを認め，その後の中等教育制度の整備を促していく法律である。いまや科学・技術の問題は初等教育のみならず，国家主義の観点から中等教育の改革にまで及び，ここにも万博が一つの役割を演じたのである。

「産業革命は，すべての仕事を労働に置き換えた」とみなしたのは，政治思想家のハンナ・アレントである。アレントは生命として生きるために必要なモノをつくり出す労働（レイバー）と，肉体的な生命を超えて存続する「世界」をつくり出す仕事（ワーク）を区別しながら「人間の条件」を論じた。労働が消費と切り離せないとすれば，人間を労苦と困難から解き放ったその機械化は，「世界」さえ消費の対象とし，リアリティーを遠ざけよう（アレント，1973，3章）。万博をプロモーターとして国家的に整いゆく教育は，仕事から労働への移行に棹さし，万博が差し出した「世界」は，アレントが危ぶんだ「世界」だったのではないだろうか。

4　日本の近代化をめぐる万博と教育

1　万博と日本

ここでようやく，日本の近代化過程における万博と教育の関係をみていくことになる。日本が万博の情報に接するのは開国前だが，その伝わり方は驚くほど早い。徳川幕府に提出された1851年および翌年の別段オランダ風説書に，最初の万博のあらましや水晶宮のことが紹介されている（松方，2012）。じかに接するのは，1862（文久2）年に開催された二度目のロンドン万博である。日本の物品が展示されたのも，幕府の使節団が訪れて見学したのも，この万博がはじめてだった。これは初代のイギリス公使ラザフォード・オールコックが準備・手配したものである。その使節団には，若き福沢諭吉がいた。福沢はベス

▷11　3 D's（スリーディーズ）
基調講演を行った主催者のレイ卿は，科学・技術を教育に取り入れる意義について力説し，フランスやベルギーなどの先進的な取り組みにふれながら，これからの学校は3 R'sに独占されてしまうのでなく，3 D'sすなわち，描写（drawing）・練習（drill）・技巧（adroitness）も大切なのだと説いている。

▷12　アレントとその思想
ハンナ・アレント（Hannah Arendt, 1906～75）は，全体主義の思想史的な分析や現代社会の精神的危機への鋭い洞察で知られる。主著『人間の条件（The Human Condition）』は労働・仕事とともに活動（アクション）を挙げているが，ギリシア・ローマの古典古代の人間観を規準にして労働優位がもたらす「世界」疎外を憂えている。ほか代表的な著作には，『全体主義の起源』『過去と未来の間』『革命について』『暴力について』など。彼女のことばに，「悪は悪人がつくり出すのではなく，思考停止の凡人がつくる」。

▷13　最初の万博と日本の意外な関係
最初の万博と日本の直接的な関係はないが，ロンドンの会場で人目を奪ったアメリカ女性の服装が，のちに日本の教育や社会と関わりをもつ。その人物はアメリア・ジェンクス・ブルーマー（Amelia Jenks Bloomer, 1818～94），つまり1990年

トセラーとなった帰国後の著作『西洋事情』（初編，1866年）のなかで，みずからの体験に基づいて万博を紹介している。

　福沢はいう，「西洋の大都会には，数年毎に産物の大会を設け，世界中に布告して各々其国の名産，便利の器械，古物奇品を集め，万国の人に示すことあり。之を博覧会と称す」と。これは「相教へ相学ぶの趣意」により「智力工夫の交易を行ふ」もので，「愚者は自から励み智者は自から戒め，以て世の文明を助くること少なからず」と述べている。万博が各国の相互認識と採長補短の場であり，「西洋」と括られる文明と教育のメディアであることを，かれは看取したのだ。日本の近代化にとって，「西洋」が「世界」「万国」を相手どった万博のもつ意味は非常に大きい。以下ではその西洋の教育の発見と受容，そして日本の教育の生成と紹介に分けながら，それぞれ具体相をみていきたい。

　徳川幕府が正式に参加したのは，これまで言及してきた1867（慶応3）年のパリ万博である。フランス公使のレオン・ロッシュの勧めで出品し，徳川昭武を将軍の名代とする使節を送るが，しかし薩摩藩と佐賀藩も独自の出品を行い，日本の代表をめぐり現地でつばぜり合いを演じてしまう。醜態をさらした幕末の外交史上の一事件として知られるが，これも万博が国家単位の参加を基本としていることから生じたトラブルといえる。そうした意味では明治新政府が統一国家として初参加した，1873（明治6）年のウィーン万博の歴史的意義は大きい。明治維新のさなか，西洋を先進モデルとする近代国家づくりの一環に組み込んだ大事業であり，1871（明治4）年に文部省を創設し，翌年「学制」により近代学校制度をスタートさせた矢先のことだ。新生日本の国際舞台へのデビューであって，これ以後，相次ぐ万博に参加していくのである。

2　西洋の教育の発見と受容

　ウィーン万博はオーストリア皇帝の治世25周年を記念した，当時としては最大規模の万博だった。新政府は博覧会事務局を立ち上げ，幕末のパリ万博を経験した旧佐賀藩の佐野常民を中心に，お雇い外国人のゴットフリード・ワグネルの指導のもと，大がかりな参加態勢を固めている。すでに政府の主要な人物が岩倉使節団として出発していたにもかかわらず，佐野やワグネルをはじめ70名を超える人員が派遣されたのだから，この事業にかける並々ならぬ意気込みがしのばれよう。目的としては，この万博を西洋文明の学習と導入の機会とすること，つまりその教育のメディアとしての性格を重要視している。具体的には，「現今西洋各国」の物産や学芸を調査し，優れた産業テクノロジーを伝習するとともに，「御国」と自称する日本に博物館を開設し，博覧会を開催する基礎を整えることがめざされ，万博そのものも移植の対象となった。

　はじめて教育を独立部門としたこの万博からは，近代教育の制度づくりに必

代まで体育の授業で女子全員が着用を義務づけられた，ブルマーの生みの親である。1900年前後に日本に紹介されはじめるが，もともとのブルーマー・コスチュームは，女子体操着として普及したそのスタイルとは異なるもので，活動的な服装として考案された女性解放のシンボルだった（高橋ほか，2005）。

▷14　岩倉使節団
1871（明治4）年に欧米に派遣された，右大臣の岩倉具視を特命全権大使とする使節団で，留学生や随従を加えると総勢100名を超え，1年10か月をかけて12か国を歴訪した。政府の主要メンバーを含む，これほど大規模でこれほど長期にわたる使節団の派遣は，世界史上に類例がないといわれる。任務は新政府の披露のほか，条約改正のための予備交渉と各国諸制度の視察・調査だったが，前者は早々に挫折し，重点は後者に移行した。公式報告書としての性格をもつ，久米邦武の『米欧回覧実記』（1878年）があり，教育制度については，文部省から理事官として随行した田中不二麿の『理事功程』（1873〜75年）がある。日本の近代学校制度の基礎を定めた「学制」は，実は使節団と留守政府が交わした，大幅な政策変更はしないという約定を破って出されたものである。

要な情報も得ている。メディアのなかの教育への注目にほかならないが，その具体的なあらわれは，佐野が中心になってまとめた『澳国博覧会報告書』全17部のなかの教育部と，海軍兵学寮の近藤真琴による『博覧会見聞録別記 子育ての巻』である。ともに帰国後の1875（明治8）年，博覧会事務局から刊行されている。『澳国博覧会報告書 教育部』は上下2冊で，オーストリアの学校制度，フランス人のみたドイツの教育体制，そしてイギリス人によるヨーロッパ各国の教育概観という，いずれも原典があって翻訳したものに佐野の意見書が加わる。ここから浮き彫りになるのは，普仏戦争（1870～71年）に勝利してフランス第二帝政を崩壊に追い込んだ，ドイツの教育制度への関心の大きさと評価の高さである。前節でみたイギリスの場合と異なり，西洋諸国間の優劣を当事者に語らせながら，「国家ノ大本タル教育」の指針を示したのである。

この報告書でもかなり詳しく記述し，『博覧会見聞録別記 子育ての巻』で実際の様子をわかりやすく紹介しているのが，「童子園」つまり幼稚園である。この書は翻訳ものでなく，直接見聞したことを日本とも比較しながら，豊富な挿絵と平易な文章で伝えている（図1-4）。幼稚園（キンダーガーテン）は1840年フリードリッヒ・フレーベルによって創始され，やがてドイツをはじめ世界各地に広まるが，そうした動きを反映して万博の会場内には子ども館が特設されていた。近藤が子育てや幼児教育に刮目したのは，遊具遊びや事物観察を通した子どもの心身の発育が，産業国家の形成に寄与すると考えたからである。国家富強の基盤は人民の富強にあり，人民の富強は幼児期からの教育にかかっていることを，かれは主張したのである（石附，1985，7章；湯川，2001，3章）。

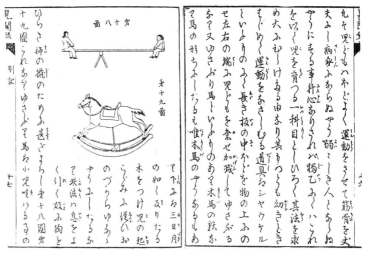

図1-4　ドイツの遊具の紹介
出所：近藤（1875, 16～17ページ）。

先述したように3年後の1876（明治9）年，アメリカ合衆国でフィラデルフィア万博が開かれた。この万博はウィーン万博以上に教育にウエイトが置か

れ，連邦教育局の影響力を拡大しようとするジョン・イートン長官の主唱により，国際教育会議まで催している。このときも明治政府は国家的事業として参加を果たすが，出色なのは文部省が自前の教育視察団を派遣していることである。陣頭に立ったのは岩倉使節団で欧米各国の教育調査を担当し，当時文部大輔として「学制」下の教育行政をリードした田中不二麿である。お雇い外国人のワグネルやデイビッド・マレーも協力するが，その中心人物が文部省を留守にして率先して関与するあたり，この万博が近代教育の制度づくりにとっていかに重要だったかがうかがわれる。田中は帰国後，その成果を『米国百年期博覧会教育報告』（1877年）および『米国学校法』（1878年）として刊行し，教育行政の最高顧問というべき学監という地位に就いたマレーと「学制」改革に着手する。そこでは幼稚園を含むアメリカの教育制度が，さまざまな形で参照・摂取されたのである（石附，1992，4章；橋本，2000；湯川，2001，4章）。

ウィーン万博を契機とした博物館と博覧会の国家的構想は，このフィラデルフィア万博のあと実を結ぶ。博物館は曲折を経て，文部省の「教育博物館」が1877（明治10）年に東京の上野に開業し（現在の国立科学博物館），内務省から農商務省に引き継がれた「博物館」がその5年後にやはり上野に開業する（現在の東京国立博物館）。博覧会は殖産興業を推進する内務省の主導により，これも1877年にはじめて内国勧業博覧会が上野で行われている。当初この構想をリードした佐野によれば，博物館も博覧会も「眼目の教」「眼視の力」による制度であり，同一のコンセプトでとらえられる。このことはそれぞれに異なる，ヨーロッパの歴史や思想に根ざした本質的な理解を欠いていることを意味するが，これも万博という文明のメディアを欲望・模倣し，性急に受容しようとしたことから生じたことといえよう（松宮，1995）。◁15

3 日本の教育の生成と紹介

明治政府が積極的に万博に参加した，もう一つの大きな目的がある。それは日本の自己アピールであり，国力を宣伝するということだ。ウィーン万博やフィラデルフィア万博はもちろん，その後の万博でも政府は，「御国ノ栄誉」という大義のもとで熱心なPRを展開する（吉田，1990）。これは直接には日本の産品の販路拡大と輸出増進を図るものだが，とりわけ近代黎明期においては，国家の浮沈と存亡をかけたイメージ戦略という意味合いが色濃い（図1-5）。アヘン戦争以降の中国の惨状を目のあたりにしながら，幕末の不平等条約を引き継がざるをえなかった明治政府は，帝国主義の世界のなかで，西洋列強の植民地にされるかもしれないという危機感を潜在的に有していたからである。一日も早く一人前の文明国となり，条約改正を成し遂げることは，明治政府の悲願だった。前述した岩倉使節団の一行はウィーン万博も訪れたが，随行

▷15　博覧会と博物館
博覧会と翻訳されたエクスポジション（exposition）と，博物館と翻訳されたミュージアム（museum）は，そもそも理念的・原理的な方向性を大きく異にしており，前者が「文明」と結びつく未来（進歩）志向であるのに対し，後者は「文化」と結びつく過去（伝統）志向であるとされる。ミュージアムとはもともと，博物館や美術館，図書館・資料館などを束ねるユニット概念，あるいは観念体系だが，万博という国家的プロジェクトの一環として，博覧会＝博物館の枠組みで教育と絡んで出発したことは，その後の歴史的展開と相まって日本の法制を複雑に規定している。1951（昭和26）年に制定された博物館法という法律があるが，これは1949（昭和24）年の社会教育法の精神に基づくもので，ここに定める公立や私立の博物館は社会教育施設にあたる。ところがそうした近代黎明期に発足し，今日では独立行政法人として存在する国立の博物館は，この法律の対象外である。それに美術館法というのは存在せず，これも国立を別とする美術館は，法制上博物館に含まれる。

図1-5　1876年フィラデルフィア万博の日本の展示
出所：吉田編（1985，150ページ）。

した久米邦武が公式報告書というべき『米欧回覧実記』（1878年）のなかで，福沢などよりはるかにシビアに「太平ノ戦争」と読み解いているのは興味深い。西洋からの受信だけでなく，西洋への発信が不可欠であり，どんな自己イメージを演出していくのか，教育もその戦略に組み込まれることになる。

　日本のイメージ演出をめぐる基本的な態度は，じつは幕末の万博参加を通して，ほぼ枠づけられたといってよい。ひとことでいうなら，それは西洋にはない日本趣味あふれる特産品を全面的・集中的に出品し，東洋をめぐる異国趣味つまりエキゾティシズムを最大限に喚起するということである。◁16 当時は日本は中国とほとんど区別のつかない対象だったが，こうした展示が好奇のまなざしをもたらし，やがてジャポニズムの流行まで生じて

▷16　エキゾティシズムとオリエンタリズム
このエキゾティシズムは，エドワード・ワディ・サイード（Edward Wadie Said, 1935～2003）が論じた「オリエンタリズム（Orientalism）」に棹さすような，ギリギリのところでの媚態ともいえる。ポストコロニアル理論を確立したかれの概念化したオリエンタリズムとは，西洋が東洋を一方的に表象・編成する支配様式であり，二分法的な言説体系に基づく知と権力のあり方である（サイード，1986）。

いく。前述したように1862年ロンドン万博への出品は，イギリス公使オールコックの集めたコレクションだが，漆器や版画など精巧な美術工芸品が賞賛を浴びた。1867年パリ万博では，日本風の茶屋と着物姿の芸者が大きな人気を博している。こうして極東の未知の国に対する興味を刺激し，好意的な関心を高めていったことは，明治政府になっても経験則として引き継がれ，ある意味で戦略として選びとられていく。その最初のウィーン万博では，ワグネルの指導のもとにエキゾティシズムが演出され，やはり成功を収めているのである。

　このようなイメージ戦略は，西洋の文明の尺度から切り離されたところにあえて自己イメージを配置し，比較されることで著しい遅れが発見されてしまうのを巧みに回避しているとみられる（佐野，1999）。しかしながら欧米の視線を浴びる日本は，いつまでもエキゾティックな極東の一小国にとどまっているわけにもいかなかった。国際社会の成員として認められるには，西洋的な近代化を推し進め，文明国の資格があることを示す必要があったのだ。日本の教育の紹介はその役割の一端を担うわけで，ウィーン万博では西洋からの受信面がほとんどだったのが，フィラデルフィア万博ではさっそく西洋への発信面に転じることになる。前述のイギリスの教育法と同時期に成立した「学制」が施行されて3年余，この万博の教育部門の重視に呼応するように，文部省は数多くの教育関係物品を準備・展示する。そのなかには開設前にもかかわらず，フレーベルの創案した教育的遊具である「恩物」など幼稚園に関わる出品もあった。

　注目しなければならないのは，文部省がマレーらお雇い外国人の参画のも

と，*An Outline History of Japanese Education*（『日本教育史略』）という冊子を編纂・出版したことである。これは日本の教育に関する対外的な公式刊行物の先駆けで，内容的には歴史的な記述に重心をかけながら，古代からの学校中心の沿革と広く文化史・社会史的な変遷から，明治維新による教育の近代化を説明している。それは西洋と異なる文明史的な視野に立ちながら日本の独自な教育の歩みをたどり，新たに踏み出した近代化のプロセスとそれを可能にする歴史的なバックグラウンドを強調したテキストだった。国際教育会議でも日本の教育事情が紹介され，その近代化ぶりが熱心に伝えられる。会議ではアメリカへの里帰りとなったマレーがスピーチし，公教育をどのように制度化しようとしているかを知らせている。こうして万博で日本での「教育の進歩と普及」が披露され，イートン長官らアメリカ指導者の保護者的（パターナル）なまなざしをくすぐりながら，文明国への脱皮を図りつつあることを印象づけたのである（平田，1999）。

4 世界＝西洋に枠づけられる虚像と実像

それから8年後の1884（明治17）年，教育をテーマの一つとする万国衛生博覧会がロンドンで開かれたことは，前節で述べたとおりである。大蔵卿の松方正義による緊縮財政下だったが，この万博にも明治政府は参加することになり，近代的な教育の進展ぶりを強くアピールする。当時といえば，田中らが立案した教育令（自由教育令）を全面的に改正し，1880（明治13）年末に公布した第二次教育令（改正教育令）の時期にあたるが，国家的な統制を強化しながら「学制」以来の近代学校制度がようやく軌道に乗りはじめている。このとき事務官として派遣されたのは，フィラデルフィア万博への文部省の視察団に加わっていた，東京教育博物館（教育博物館を改称）長の手島精一である。手島は先述したサミュエルソン・レポートに注目し，文部省はこれを数年かけて訳述・刊行している。この万博では科学・技術教育への関心の高まりに応じて，1881（明治14）年に創設された東京職工学校をはじめ，文部省による産業教育制度化の最前線を紹介しようとする。出品物の一部が火災に遭うというアクシデントにみまわれたが，文部省からの出品総数は過去最高にのぼっている。

このとき国際教育会議での日本側の演説や発言はみられないが，注目したいのは，文部省が *General Outlines of Education in Japan*（『日本教育概覧』）という小冊子を編纂・出展したことである。これは英文の『日本教育史略』に次ぐ，日本の教育についての対外公式報告書の第2弾と位置づけられるが，分量的にみて大幅に簡略化しただけでなく，内容的にもかなり趣を異にしている。それは歴史的な記述はごくわずかで，学校制度を中心とした客観的な現状説明に主眼があり，近代化のプロセスやバックグラウンドではなく，その達成度を強調したテキストだった。このことはやはり当時の条約改正交渉の進捗と関係

▷17 *An Outline History of Japanese Education*（『日本教育史略』）
この英文冊子は200ページを超えるボリュームで，1876年にニューヨークで刊行された。構成ははしがきと目次，序章に続いて，第1章「概略」，第2章「初期の時代の教育」，第3章「幕府下の教育」，第4章「維新後の教育」，第5章「日本の言語と学問」，第6章「日本の技芸と科学」となっており，付録として文部省の組織と沿革，歴代天皇一覧，年号一覧，フィラデルフィア万博への文部省出品目録を収めている。翌1877年には『日本教育史略』として日本語でも出版され，師範学校の教科書として使用されるようになるが，これは日本教育史テキストの嚆矢とされるもので，海外からの視線に裏づけられて成立したのは象徴的である。なお1878年のパリ万博に出品されたリプリント版は，タイトルが *An Outline History of Japanese Education, Literature and Arts* となっている。

▷18 *General Outlines of Education in Japan*（『日本教育概覧』）
この英文冊子は日本語の『日本教育概覧』を英訳したもので，ともに1884年に刊行・出品されている。緒言や序文を欠き，本文は30ページに満たない。「地理」「邦制」「政治」「文部省」「教育沿革概略」「幼稚園」「小学校」「中学校」「大学校」「師範学校」「専門学校」「農学校」「商業学校」「職工学校」「高等女学校」「各種学校」「教科書」「図書館及教育博物館」「海外留学生」「教育会」「学事奨励」「学資金」「学校地」

という,23の項目に分かれる。日本の地理的・政治的概観にはじまり,第二次教育令下の当時の制度的説明がなされ,学校種別ごとの概説と文部省の各種事業の略述が展開されている。

するとみられ,鹿鳴館に象徴されるような極端ともいえる欧化主義を採用して,文明国としての対外的認知に努めた外交戦略と符合するものである。

だが明治政府のねらいとしては,それだけでなく近代化の遅滞したアジア,とりわけ中国との差別化を同時に意図したものとみられる。この時期,壬午軍乱(1882年)や甲申事変(1884年)が勃発し,朝鮮をめぐって日本と中国が対立,福沢などは「亜細亜東方の悪友を謝絶する」と,脱亜論を唱えるようになる。近代化と文明化の達成ぶりを売り込む日本の教育の紹介は,明治国家が東アジアの帝国主義国家として姿をあらわすこととリンクしていたといってよい。ただみのがせないのは,イギリス側が中国への対抗意識を巧みにあおりながら日本の意欲的な出品を促し,好評を博することが確実視される「茶屋」や「侍女」まで望んでいたことである。政府は期待に応えるようにエキゾティシズムに根ざした出展も行っているが,ここには二重のまなざしにさらされるなかでの,その後の世界を先どりするような「太平ノ戦争」を垣間みることができよう(平田,2003)。

世界のなかの日本の教育の黎明としてみれば,つぎのようにもいえる。そもそも「日本」も「教育」も,近代に入るまで一般化したことばでなく,この時期から普及することを考えると,「日本の教育」とはこうした対外紹介を通してつくられた,テキスト化された虚像ともいえる。『日本教育史略』と『日本教育概覧』には対照的な異同があるが,どちらも人びとの教育的営為のさまざまな実態をすくい上げているわけではない。もちろんそれらをすべて語り尽くすことなど不可能だが,みすごせないのはそのどこかを切り取って語ろうとするとき,西洋中心の「世界」が不可避的な基準になっていることである。歴史的な蓄積を誇るにしても,近代化への猛進を訴えるにしても,西洋のまなざしになって選択されたものだ。こうして西洋＝「世界」を与件として語るや,今度はその虚像が実像を逆規定することにもなる。なぜならそれは,二つのテキストの開きや揺れが象徴するように,「日本の教育」とはなにかという問題を呼び込み,そうでないものを析出・排除する力をもつからである。「世界」を前提とする問いの磁場として生成したのが,「日本の教育」という語りなのである。

5 世界の表象と教育の行方

おわりに現代の万博の動向にふれながら,グローバルを冠する世界像と時代像に立ち返り,あらためて教育の行方について原理的に考えてみたい。万博の存在価値や教育との影響関係は,これまでみてきた近代黎明期にきわ立っており,マルチメディアに囲まれた現代では,全盛期を過ぎて使命を終えたように

みえる。けれども第二次大戦後の復興を遂げた日本は，国際博覧会事務局の承認を受けながらみずから万博を開催し，とりわけ高度経済成長が止むころから長期的な万博ブームが到来した。具体的には，1970（昭和45）年の日本万国博覧会（大阪万博）にはじまり，1975（昭和50）年の国際海洋博覧会（沖縄海洋博），1985（昭和60）年の国際科学技術博覧会（つくば科学博），1990（平成2）年の国際花と緑の博覧会（花博），そして2005年日本国際博覧会（愛知万博）と続く。それは高度成長のシンボルとしての大阪万博を原点とする，万博幻想を追い求めた戦後史であり，万博は「文明」ということばに代わって，経済効果をもたらす「開発」と結びついたメディアとなった（吉見，2005）。

　もはや欧米中心を脱してアジア各国でも開かれるようになり，現在（2018年）また日本は2025年の万博を大阪に誘致・開催することになったが，このことを歴史的な視野からどうとらえたらよいのか。万博とリンクして発展したオリンピックもそうだが，これらは国民国家を前提としながら，それと相互構築的な国際的メガイベントである。冒頭で述べたグローバル化の語りによれば，ヒト・モノ・カネそして情報が国境を越えて自由に行き交い，いずれ国民国家はなくなるとみられたことも一時はあったが，どうやらそれは見当外れだったようだ。「国家」と「国民」からなる国民国家にはもう一つ，そのことばにはあらわれない「資本」が欠かせないが，現代は巨大企業に代表される資本が世界の市場化を主導し，巨額の経済効果がみこまれる万博もまた大きく動かしている。いまや国家は資本と結託してグローバル化のエージェントとなり，国民からは退却しながら新たな関係づくりに入っているとみられよう。ことほどさように国民国家はしぶとい，ともいえようか（平田，2012）。

　ここで注目したいのが，国民国家論をリードした西川長夫の見方である。西川はグローバル化ということばを批判的に相対化しながら，植民地主義という用語を用いて「文明化の最終局面」ととらえている。植民地主義は近代とともに終息したわけではけっしてなく，「第2の植民地主義」という植民地なき植民地主義として，いっそう危機的な形で世界を支配しているというのが，西川の時代診断である（西川，2006）。文明化（シヴィリゼーション）とは，否定すべき「野蛮」「未開」を必要とする植民地主義のイデオロギーなのであり，たとえそれが「開発」と言い換えられても，克服すべき「低開発」「後進」「貧困」を欲望しながら植民地主義は継続するのだ。そうだとすれば，万博というメディアはその教育的な影響力を駆動しながら，どのように「世界」をつくり・みせてきたのか，さらには「世界」に簡単にアクセスしうる今日的なメディアで，なにをみて・なにがみえていないのか，われわれはあらためて問わなければならない。そして繰り返すなら，グローバル化の語りに寄りかかって「世界」がわかった気になってしまうのは，やはり危うい。

世界のなかの日本の教育をどうとらえるか——本章が論じてきたのは，その「世界」というのが西洋中心に再構成されたものであり，「日本の教育」はその従属変数として成り立つということであった。「世界」が凝縮・仮構された万博をめぐる歴史的経験は，その巨大メディアが教育ナショナリズムの原動力になったことを教えてくれるが，みずから率先して「世界」を表象したイギリスと異なり，その「世界」に表象される客体にすぎなかった日本は，自己のイメージをフリーハンドで構築しえたわけではない。このことは現代にも当てはまることで，今日の教育政策の基調を探れば，流動化する不透明なグローバル世界を所与としながら「日本」の自画像を欲望し，そこから逆算して教育の現在と未来をはじき出すという構図が潜んでいよう。「世界」への準備をなすのが教育の仕事だとすれば，それはグローバル世界のなかで生きのびるためばかりでなく，グローバル世界という「世界」を解きほぐし，その世界を当事者として救うためだという考えも成り立つはずである。世界はなにも遠い彼方に君臨するのではなく，私たち一人ひとりのなかにも確実に存在し，その一人ひとりが担い手となって実在するのだから。

Exercise

① 本章に書かれた万博の歴史的な流れ，イギリスの国民形成と教育改革の動き，日本の近代化と教育の制度化について，年表風にまとめてみよう。そして同時期の世界でどんな出来事があったのか，チェックしてみよう。
② これまでに開催された万博を一つ取り上げ，日本の教育がどのように表象・紹介されたのか，調べてみよう。その際，万博が開かれた政治的な意図や社会的な文脈を考慮して，そこでなにが求められたのかを探ってみよう。
③ 万博の歴史的な役割や機能を振り返りながら，今日そして今後のメディアと教育の関係について，いろんな角度から考えてみよう。

📖次への一冊

駒込武『植民地帝国日本の文化統合』岩波書店，1996年。
　　近代日本の歴史は帝国日本の歴史であり，台湾・朝鮮・「満洲国」・中国（華北占領地）における教育政策の実態を分析・考察した研究書。本章では植民地や占領地の教育にふれていないが，世界のなかの日本の教育を歴史的にとらえるためには，欠かせない見方・考え方がここにある。
平田諭治『教育勅語国際関係史の研究——官定翻訳教育勅語を中心として』風間書房，1997年。

世界のなかの日本の教育をどうとらえるか，その歴史的な実践と経験の解明として位置づけられる研究書。1890年に発布された教育勅語の翻訳と紹介に焦点づけて，その危うさを考える。

宮寺晃夫・平田諭治・岡本智周『学校教育と国民の形成』小島弘道監修・講座現代学校教育の高度化第25巻，学文社，2012年。

　グローバル化の進行とともに問いなおされる学校教育と国民形成の関係について，専門分野を異にする3人が大局的な見地から論じたもの。国民国家の来歴や構造もつかむことができる。

三好信浩『ダイアーの日本』異文化接触と日本の教育3，福村出版，1989年。

　日本の工業教育の基礎を築いたスコットランド出身のお雇い外国人，ヘンリー・ダイアーについての評伝的研究。「教育実験のブーメラン現象」をもたらしたイギリスと日本の教育交流史が描き出される。

吉見俊哉『万博幻想――戦後政治の呪縛』ちくま新書，筑摩書房，2005年（講談社学術文庫版2011年，改題『万博と戦後日本』）。

　1970年の大阪万博から2005年の愛知万博まで，開発主義と結びついた戦後日本の万博の系譜を政治史的に探究したもの。著者の前著『博覧会の政治学』とともに，万博について歴史的にみつめ，根底的に考えるための必読書である。

引用・参考文献

アレント，H., 志水速雄訳『人間の条件』中央公論社，1973年（原著1958年，ちくま学芸文庫版1994年）。

石附実『西洋教育の発見――幕末明治の異文化体験から』福村出版，1985年。

石附実『世界と出会う日本の教育』教育開発研究所，1992年。

伊豫谷登士翁『グローバリゼーションとは何か――液状化する世界を読み解く』平凡社新書，平凡社，2002年。

鹿島茂『絶景，パリ万国博覧会――サン・シモンの鉄の夢』河出書房新社，1992年（小学館文庫版2000年）。

木畑洋一「イギリス近代国家とスコットランド，ウェールズ」『シリーズ世界史への問い』第9巻（世界の構造化），岩波書店，1991年。

近藤真琴『博覧会見聞録別記　子育ての巻』博覧会事務局，1875年。

サイード，E. W., 板垣雄三・杉田英明監修，今沢紀子訳『オリエンタリズム』平凡社，1986年（原著1978年，平凡社ライブラリー版1993年）。

佐野真由子「文化の実像と虚像――万国博覧会に見る日本紹介の歴史」平野健一郎編『国際文化交流の政治経済学』勁草書房，1999年。

園田英弘『西洋化の構造――黒船・武士・国家』思文閣出版，1993年。

園田英弘『世界一周の誕生――グローバリズムの起源』文春新書，文藝春秋，2003年。

高橋一郎・萩原美代子・谷口雅子・掛水通子・角田聡美『ブルマーの社会史――女子体育へのまなざし』青弓社，2005年。

角替弘志「スコットランド教育史」梅根悟監修，世界教育史研究会編『世界教育史大系』第8巻（イギリス教育史Ⅱ），講談社，1974年。

西川長夫『〈新〉植民地主義論――グローバル化時代の植民地主義を問う』平凡社，2006年。

橋本美保「教育令制定過程における田中不二麿のアメリカ教育情報受容――アメリカ教育制度の研究とウィリアム・T・ハリスの影響を中心に」『日本の教育史学』第43集，教育史学会，2000年。

平田諭治「1876年フィラデルフィア国際教育会議と日本」『広島大学教育学部紀要』第1部第47号，1999年。

平田諭治「1884年ロンドン万国衛生博覧会における日本の教育の紹介」『筑波大学教育学系論集』第27巻，2003年。

平田諭治「万国博覧会と教育改革」鈴木正幸・添田晴雄・背戸博史編『比較教育論』近畿大学豊岡短期大学通信教育部，2004年（本章は，この拙稿を大幅に改稿したものである）。

平田諭治「問題系としての「国民国家」」宮寺晃夫・平田諭治・岡本智周『学校教育と国民の形成』講座現代学校教育の高度化第25巻，学文社，2012年。

福井憲彦「ヨーロッパの世紀」『岩波講座 世界歴史』第18巻（工業化と国民形成），岩波書店，1998年。

ベック，U.，島村賢一訳『ナショナリズムの超克――グローバル時代の世界政治経済学』NTT出版，2008年（原著2002年）。

ペルクゼン，U.，糟谷啓介訳『プラスチック・ワード――歴史を喪失したことばの蔓延』藤原書店，2007年（原著1988年）。

ベンヤミン，W.，川村二郎編『ヴァルター・ベンヤミン著作集』第6巻（ボードレール），晶文社，1970年。

松方冬子編『別段風説書が語る19世紀――翻訳と研究』東京大学出版会，2012年。

松宮秀治「万国博覧会とミュージアム」西川長夫・松宮秀治編『『米欧回覧実記』を読む――1870年代の世界と日本』法律文化社，1995年。

松村昌家『水晶宮物語――ロンドン万国博覧会1851』リブロポート，1986年（ちくま学芸文庫版2000年）。

三好信浩「イギリスにおける工業化と教育の歴史的関連の考察――万国博の教育史的意義を中心にして」『社会経済史学』第40巻第5号，社会経済史学会，1975年。

湯川嘉津美『日本幼稚園成立史の研究』風間書房，2001年。

吉田光邦『改訂版 万国博覧会――技術文明史的に』NHKブックス，日本放送出版協会，1985年。

吉田光邦編『図説万国博覧会史1851-1942』思文閣出版，1985年。

吉田光邦監修『万国博の日本館』INAX，1990年。

吉見俊哉『博覧会の政治学――まなざしの近代』中公新書，中央公論新社，1992年（講談社学術文庫版2010年）。

吉見俊哉『万博幻想――戦後政治の呪縛』ちくま新書，筑摩書房，2005年（講談社学術文庫版2011年）。

L'Exposition universelle de 1867 illustrée, Tome II, 43e Livraison, Reprint, Tokyo, Hon-No-Tomosha, 2000.

Findling, J. E. ed., *Historical Dictionary of World's Fairs and Expositions, 1851-1988*, New York, Greenwood Press, 1990.

The Illustrated London News, Vol.19, 1851, Reprint, Tokyo, Kashiwashobo, 1999.

BIEウェブサイト（https://www.bie-paris.org/site/en/）2018年9月28日閲覧。

第2章
読み書きができるということは
どういうことか

〈この章のポイント〉
　一つの言葉を聞いたり話したりできることは，生活環境に恵まれればさほど困難ではない。それは乳幼児がいつの間にか言葉を話していることからも知れる。しかし文字を読み書きできるということはそれほど簡単ではない。文字の読み書きは，一定の意図的な学び――教えの営みがないと可能にはならないものである。本章では，文字を読み書くということはどういうことか，読み書きをどのように学んだのか，また読み書きができることで世界はどう変わったかについて学ぶ。

1　古代・中世社会における読み書き

1　文字を読み書くということ

　文字を読み書きできると一言で言っても，実は簡単ではない。日本を例にとっても，まず文字とは何を指すかから議論を始めなければならない。日本語は，現在ひらがな，カタカナ，漢字の3種類の文字を使っていると考えられるが，ほかにもさまざまな文字が存在する。近年SNSなどで用いられている絵文字もその一つで，世代によってはまったく読み書きができない。あるいは，英語はもちろんのこと，フランス語やドイツ語，さらには韓国語，中国語などの外来の文字も街中に氾濫している。
　さらに「リテラシー」という言葉にいたると途端にその対象が広がる。最近では「コンピュータ・リテラシー」「メディア・リテラシー」「情報リテラシー」などと，「○○リテラシー」の大はやりである。そこでの「リテラシー」という言葉が含意することは多様である。歴史的にみれば，ある時は「いろは」を使って筆で名前を書けることであるし，あるときは漢字を使った本や新聞を読めることであり，近年ではパソコンで文章を作成するだけでなく，さまざまな図形を使ったプレゼン資料をつくることまで広がっている。「メディア・リテラシー」ともなると，本来の「読み書き」からずれてきている側面もある。いずれにしろ，時代が求める「読み書き能力」が欠如した場合，社会の少数的弱者としての生き方を強いられてしまったり，場合によっては排除されかねない。
　このように誰にとっても普遍的に必要とされる識字能力というものがあるわ

けではない。その地域，時代によって生活に必要なリテラシーは変化する。

　こうした多様なメディアのなかにいる現代日本であるが，最初の文字はどのようにして形成され，またその読み書きは学ばれたのであろうか。日本における文字が，漢字の輸入によってもたらされたことはよく知られているが，日本人が文字を使って日本語でみずからの意思を表現したごく初期のものに『万葉集』▷1 がある。これは万葉仮名といわれるように，漢字の音を日本語の発音に合わせて表音文字として使ったもので，それによれば61の清音と27の濁音が書き分けられている。現在の日本語では母音は5つであるが，奈良時代ではさらに多くの母音がもちいられており，それらを漢字を使って書き分けていた可能性がある（山口，2006，34〜40ページ）。

　ところで古代社会では，漢字は情報の伝達・記録手段にとどまらず，支配の道具であり，また時として宗教的権威をもった。例えば，古くは中国の科挙▷2 の落第答案を惜字炉（せきじ）という焼却炉で焼いていた。「惜字」とは文字の書いてある紙を尊重するという意味である。文字を神聖視していた中国社会では，文字が書かれた紙も粗末に扱うことをせず，集めて焼却することで功徳を得，試験に合格することを願ったのである（宮崎，1963，102ページ）。日本でも起請文などでは書かれた文字が特別な力をもつものとして考えられてきた。17世紀の作家井原西鶴▷3 の作品『好色一代男』の「夢の太刀風」では，主人公世之介（よのすけ）がそれまで捨てた4人の女の化物に襲われたが，一命をとりとめて周りをみると，世之介が4人の女に書かせた起請文がさんざんに切り破られていた。しかし「神おろしの所々は残り侍る」（神々の名を連ねたところはそのまま残っていた）のである。この話は，「これおもふに，仮にも書かすまい物は是（起請文）ぞかし」（『西鶴集　上』1957，115ページ）で結ばれる。ここでは神の名の部分だけが残って霊力を示す話であり，現在でも神文を書いた紙を燃やす行為が宗教行事等でみられる。

　また，職人や漂泊の民の歴史的根拠を示すものとして扱われ，その集団の権威付けと結束をもたらしたものにいわゆる偽文書がある。例えば，瞽女（ごぜ）▷4 集団は，妙音講を組織するなかで瞽女の歴史的由来を記した「瞽女縁起」という文書をもって職能集団としての権威づけをしている（ジェラルド，2014，61ページ以降）。こうした偽文書は，その内容もさることながら，文字そのものを神聖視していた文化の一端を示している。あるいは，現在も東日本一帯に多数分布している三匹獅子舞において『大日本獅子舞来由』という由来書が存在し，この巻物が「獅子舞の歴史の確かさを保証する証拠の品となっていた」が，しかし「巻物は中を開けてはいけない，開けると目がつぶれるとされていた」のである。すなわち民俗世界では，書かれたものが神聖にして犯すことができないものと考えられていた（笹原，2009，205ページ）。

▷1　万葉集
8世紀末ごろまでに成立した歌集。全国各地の各階層の4500余首を掲載している。

▷2　科　挙
随の時代から清末の20世紀にいたるまで実施されていた官吏任用試験。儒学の文献や詩文の作成などが課された。

▷3　井原西鶴（1642〜93）
17世紀後半を代表する戯作者，俳諧師。代表作は，『好色一代男』（1682年），『好色一代女』（1686年），『日本永代蔵』（1688年），『世間胸算用』（1692年）など。西鶴作品における読み書き問題については，木村（2018）を参照。

▷4　瞽　女
視覚障害の女性による三味線や歌の芸人。近世では，越後（現在の新潟県）を中心に組織化され，全国各地を主に独特の節回しをもつ瞽女うたなどを演じながら主に門付け巡業を行った。

読み書きができるということ，あるいは書かれたものを有していることは，単に情報などの伝達・記録手段を有しているということにとどまらず，統治者であり指導者である証ともなり，時に自らの地位の根拠となる聖なるものとして位置づけられたのである。

　平安時代になって，漢字を崩したひらがなと漢字の一部から作ったカタカナが登場することによって，読み書きは格段に普及したと考えられる。その象徴的な表れの一つがよく知られた『源氏物語』や『枕草子』などの女性による王朝文学の登場である。かなを「仮名」と書くのは，公文書を作成する漢字を「真名」と呼んだことの裏返しである。すなわち，あくまで公的な記録は漢字・漢文で書くのが古代から中世にいたる習慣であった。かなは，漢字に対して一段劣るものとされ，主に女性が使うものであるとされたのである。有名な紫式部が清少納言の悪口を言ったとされる『紫式部日記』の一節「清少納言こそ，したり顔にいみじう侍りける人。さばかりさかしだち，真名書きちらして侍ほども，よく見れば，まだいと足らぬこと多かり。（清少納言こそしたり顔でひどく得意顔の人。あのようにかしこぶって，漢字（真名）を書き散らしているけれども，よく見ればまだ非常に不足している事も多い）」（『土佐日記　蜻蛉日記　紫式部日記　更級日記』1989，309ページ）は，これらの状況をよく表している。一方で，かなの発明は，漢字では表しにくい話し言葉をそのまま文章にすることができ，豊かな感情表現が可能になった。

２　文学の隆盛と読み書きできない貴族・武士

　では，こうした漢字やひらがなはどのようにして学ばれたのであろうか。その学習過程は充分には明らかになっていない。現在のような学校制度がない時代のことであり，おそらく各家で教授していたか，あるいは当時の知的集積所であった寺院に通って学んだものと考えられる。しかしながら当時の貴族たちは，職務を遂行するためにも，あるいは女性たちと愛を語らう手段であった和歌を交換するためにも，全員が文字の読み書きができたと考えるのは早計である。もちろん多くの貴族たちは読み書きができたのであるが，なかには読み書きが不自由であったと思われる貴族も散見される。彼らは，当時の記録のなかに「一文不通」などと書かれているが，おそらく漢字の読み書きができなかったものと考えられる。平安時代も後期になると，藤原氏を代表とする特定の家系の出身者が既得権として高位につくが，そのなかには読み書きの学習を怠り，「一文不通」のまま役職についたものがいたのである（鈴木，2014，47～89ページ）。

　戦国時代，戦いに明け暮れた人々は，読み書きを学ぶ機会にはめぐまれなかった。近世中期の教訓書『武道初心集』（大道寺友山著）では，「乱世の武士

と申は生れて十五六歳にも罷成候へば必初陣に立て一騎役をも相勤申候義なれば……一切の武芸をも手練不致しては不叶義なれば見台に向ひて書物を開き机にもたれて筆を執べき身の暇とてはさのみ無之を以おのづから無学文盲にして一文字を引事さへならぬごとくの武士戦国にはいか程も有之候」（1943, 33ページ）と述べ, 戦国期の武士には, 一文字も読み書きができないものが多かったことを記している。

3 文字学習と宗教

　古代および中世社会において最大の識字層は, 僧侶である。僧侶は, 漢字で書かれた経典を読む必要があり, そのための学習が求められていた。例えば, 中世日本で最大の「学校」とされ, また1549年に来日したF. ザビエルが「坂東の大学」と記した足利学校も, その主な学習者は僧侶であった。

　現在でも中心的な仏教経典の多くは漢文で書かれており, 一般大衆はそれを読むことも難しく, ましてや意味を知ることは一層困難である。漢字で書かれた言葉や呪文などを和訳することで, 言葉のもつ神秘的な力を失うことを恐れて, 長い間日本の仏教界は, 経典を漢文のままで継承してきた。また写経として経典の文字を書くことで信仰を深めようとした。昭和期になって教育勅語の筆写を子どもたちに強いたのも, 同じ発想であろう（小野, 2018, 66ページ）。

　こうした状況に一石を投じたのが親鸞と蓮如である。親鸞は,「唯信鈔」を重視し, 繰り返し熟読するように求めているが, その文意が一般人でも理解できるように『唯信鈔文意』を表した。その意図について,「ヰナカノヒトビトノ文字ノココロモシラズ, アサマシキ愚痴キワマリナキユヘニ, ヤスクココロエサセムトテ, オナジコトヲタビタビトリカヘシトリカヘシカキツケタリ。ココロアラムヒトハオカシクオモフベシ, アザケリヲナスベシ。シカレドモオホカタノソシリヲカヘリミズ, ヒトスヂニオロカナルモノヲココロニヤスカラムトテシルセルナリ」（『親鸞全集』4, 1986, 284〜285ページ, 一部表記を改めた）と述べている。すなわち, 田舎の人びとの文字が読めず意味もわからない状況を打破するために,「大方のそしりを顧みず」わかりやすいようにほとんどカタカナで『唯信鈔文意』を書いたのである。こうした試みは, 和讃にもみられる。『正像末和讃』には, 教えが七五調で説かれているが, これは文字をもたない民衆の耳に届きやすいようにとの配慮である。さらに浄土真宗の歴史をたどると浄土真宗中興の祖として知られる蓮如の『御文』（『御文章』）も注目される。これは, 遠隔地の門徒への手紙（消息）という形をとったものであるが, それだけに漢文で書かれた経典とは違い民衆に理解され受け入れられやすかった。このように, 漢字文化の象徴のような仏教においても, 文字をもたない民衆に対してさまざまな工夫を行っていた。

▷5　足利学校
下野国足利荘（現在の栃木県足利市）にあった教育施設。創設については諸説あるが, 上杉憲実（1410？〜66）によって再興された。主に仏教僧が学び, 蔵書なども充実していた。

▷6　唯信鈔
法然の弟子聖覚が法然の教えを受けて, 信心の心構えを説いたもの。親鸞は, この書を重視し,『唯信鈔文意』という注釈書を執筆した。

▷7　正像末和讃
親鸞が著した三帖和讃の一つ。1257年ごろの制作とされる。

一方『正像末和讃』の最後には,「ヨシアシノ　文字ヲモシラヌヒトハミナ　マコトノココロナリケルヲ　善悪ノ字シリガホハ　オホソラゴトノカタチナリ」(『親鸞全集』4,1986,580ページ,一部表記を改めた)と述べ,文字を知らずにひたすらに信心する人に比べて,へたに文字を知る人が偽りの信心になることを戒めている。文字学習への警戒は,禅宗の「不立文字」の思想と通じる。この言葉は,文字によって教えを立てないということであり,禅の教えの本質は,文字や教典ではなくその精神を直接的に捉えることを目指した。この警句は今日でも重要なことを教えてくれる。私たちは文字を通して知識を記録・伝達し,また学習しその内容を深めてきた。しかし物事の本質は文字に拠らない生活経験によって獲得されることも多く,またそうした生活経験は直接的に精神に働きかけるものである。文字や言葉だけによって獲得された知識のもつ空虚さと,生活経験のもつ豊かさと重要性にもっと目を向けなければならないのではないか。

それでもまだ文字が読めなかった人向けには,絵文字でつづった経典も作成された。現在でも「絵文字般若心経」をみることができるが,経典を直接音として読んでみたいという願いに応えるこうした取り組みは貴重である。

一方で,積極的に宗教布教のために文字を使おうとした例もある。その一つが,1549年のザビエルの来日以来布教活動を繰り広げたイエズス会である。イエズス会は,軍隊ともいわれる厳しい内部統制の一方で特徴的な布教戦略をもっていた。一つは学校であり,もう一つは出版である。各地にコレジヨ,セミナリヨなどの学校を作って信者の教育にあたるとともに,その学校で用いる教材をヨーロッパからもち込んだ活版印刷によって多量に作成した(木村,2014)。その教材は,キリスト教関連にとどまらず日本の古典にまで及び,日本人信者の学習のみならずヨーロッパ人宣教師の日本語学習にも利用された。

▷8　イエズス会
キリスト教・カトリックの修道会。1534年に,イグナティウス・デ・ロヨラ(1491〜1556)やフランシスコ・ザビエル(1506〜52)らがパリで結成した。学校教育に熱心に取り組み,また世界各地で宣教活動を行った。ザビエルは,1549年に日本に渡って布教活動を行ない,豊臣秀吉や江戸幕府から弾圧を受けるまでの間に西日本を中心に各地で学校(コレジヨ,セミナリヨ)などを建て,教育を行った。

2　読み書きが当たり前の近世社会

1　読み書きが当たり前の社会の成立

17世紀後期の社会を描いた井原西鶴の作品には,読み書きをめぐるエピソードが多いが,そのなかにも読み書きができない武士の例がある。『西鶴名残の友』巻四「無筆の礼帳」に,「家久しき武士に,無筆なる人あり。筋目にて,弐百石の知行はもらいながら,今の世にあはぬ奉公人なり。物には類に集まり,めしつかひの家の子,はや五十におよべど,我名をさへ書事ならず」という始末であった。この無筆の家来が新年の玄関番を勤めたところ,訪問者の名前を文字で書けない。礼返しに行こうと主人が礼帳をみると,「鳥居と太鼓と

摺鉢とを絵に書置けるを，旦那合点して『是は宮川備前殿か』といふ」(『武道伝来記』1989, 552ページ)。つまり鳥居が「宮」を，太鼓が「皮」(川)を，すり鉢が「備前」(備前焼からの連想か)を意味した。武士でありながら文字が書けない家来は，絵文字で記録したのである。

　こうした武士がいる一方で，17世紀後期の上方社会では読み書きが普及していた。当時の様子を表す面白いエピソードを紹介しよう。『世間胸算用』巻五「つまりての夜市」に，大晦日に金に困って書道の免許を得た人の花押まである手本が売りに出された時のやり取りがある。この手本がせりにかかったものの，5分(5ふん，0.5匁)の値しかつかず，売主が紙だけでも3匁の値があると主張すると，客が何も書いてなければそうであるが，「たとへいかなる人の筆にもせよ，これをふんどしといふ手じゃ」と言い返した。「それはいかなる事ぞ」と問うと，「今の世に男と生れ，是程かゝぬものはないによつて，これをふんどし手」(今の世に生まれて，これくらいの字を書かないものはないからふんどし手)(『西鶴集　下』1960, 295ページ)と言って笑ったというのである。つまり，誰でも褌をするように下手な文字なら誰でも書くことができるというのである。それほど読み書きが浸透していたのである。

　近世社会に文字が普及したことと並んで注目しておきたいことは，当時の幕府の統治下にあった北海道南部から九州まで書体が統一されていたことである。中世まではカタカナがまじる文章などが散見されたが，近世になると御家流(青蓮院流)▷9と呼ばれる書体が普及し，全国ほぼ文書による意思の疎通に支障がなくなっている。武家の公文書が御家流であったことから各階層に浸透したものと考えられるが，全国的な流通が確立していくうえで，共通の書体が定着していったものと考えられる。一方では，唐様▷10と呼ばれるような独特の書体が趣味人にもてはやされた。「売り家と唐様で書く三代目」(金持ちの三代目は仕事に身を入れず趣味に生きるために家を売り出す羽目になるが，その売札は唐様で書いている)と川柳に詠まれるようになった。

2 寺子屋(手習塾)の普及と拡大

　17世紀後期ごろ読み書きできて当たり前の社会が都市部を中心に形成されていくためには，それだけの学習機会が広がっていなければならない。中世社会では，各家での教育か，寺院における世俗教育が多くの場合文字学習機会を提供していた。西鶴の作品にも，武士を中心に寺院において読み書きを学習した例が登場する。

　一方で，西鶴作品には新しい傾向も現れる。寺子屋▷11の普及である。『世間胸算用』巻五「才覚のぢくすだれ」には，数百人の子どもに手習いを教えた師匠の話が出てくる。また『西鶴織留』には，老夫婦や浪人が世過ぎのために手習

▷9　御家流(青蓮院流)
京都の青蓮院の門跡である尊円法親王を祖とするとされる書法。近世には公文書の書体として採用され，また庶民にも広く普及した。

▷10　唐様
近世中期に主に学者のなかで流行した中国風の書法。

▷11　寺子屋(手習塾)
近世において主に読み書き算盤の基礎を教えた小規模な塾。当時の文献では，手習所などの呼び名もあった。手習いが中心であったので，学術用語として手習塾とも呼ぶ(石川，1978)。

いを教える場面がしばしば登場している。さらには『好色一代女』の主人公の女性も手習い師匠として生活している。こうした手習いを生業とする師匠が町中に登場したことは、手習教授で世渡りができほどに文字学習のニーズが高まったことを意味する。

寺子屋では、最初は「いろは」や数字などを教え、次に単語、さらには手紙の例文などを書いて覚えさせた。中世以来模範的な手紙の往来をテキストにしてきたために、寺子屋のテキストを一般的に「往来物」と呼ぶ。しかし「往来物」の内容は、単語だけのものから模範的手紙文、図2-1のような教訓書など多岐にわたっている。さらには、謡、儒学の基本的テキストである「小学」や「大学」などの漢籍までも教えている寺子屋があった。街中には基本的な読み書きだけにとらわれず基盤的な教養を獲得する場がたくさん成立していた。

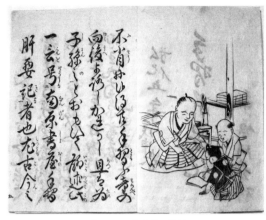

図2-1　寺子屋の教材
出所：山田重遠『手習肝要記』1848年（筆者蔵）。

▷12　謡
能の台詞や言葉に節をつけて演じる歌。

3　文字文化の爛熟

寺子屋での謡教授に代表されるように、近世では多くの文字文化や芸能が普及浸透した。その代表的なものが、俳諧である。西鶴自身も作家になる以前は俳諧師匠として名をなしており、短時間で膨大な俳句を作るなどの興行を行い、衆目を集めていた。俳諧の歴史をみれば、17世紀に活躍した松尾芭蕉や18世紀に活躍した与謝蕪村、19世紀初頭にかけて活躍した小林一茶などがあげられるが、その基盤をつくったのは西鶴らの俳諧師による普及である。俳諧などの文芸趣味は、現代でいう文芸サークルであり、号を名乗ることで身分や階層を超えた社交界を形づくった。都市部はもちろん、農村部でも上層階層に位置づく人びとは付き合いのための嗜みとして一定の文芸創作能力が必要とされ、単に文字の読み書きにとどまらない学習が必要とされた。

全国的な流通網が整備され商業活動において読み書きが必要とされた商人とは別に、農村部では別の側面で読み書きが必要とされた。幕藩体制の基本的政策として兵農分離が実施され、支配・統治階級としての武士は城下町に集住することになる。一方で武士がいなくなった農村部では、村役人が農村支配を担当し、多様な統治行為を城下と連絡を取って行った。その際重要であったのが、文書の作成である。藩当局からの布令や指示は文書によって伝えられ、また支配地からの連絡も文書によって藩当局へあげられた。加えて、年貢の徴収などの村の支配に必要な書類も膨大に作成された。近世中期の農政マニュアルである『地方凡例録』には、代表的村役人である庄屋・名主の素質として「算

▷13　松尾芭蕉（1644～94）
芭蕉は、近世を代表する俳諧師。蕉風と呼ばれる芸術性の高い俳諧を創設した。代表作に『奥の細道』がある。

▷14　与謝蕪村（1716～84）
蕪村は、近世中期を代表する俳人。

▷15　小林一茶（1763～1828）
一茶は、芭蕉、蕪村と並んで近世を代表する俳人。代表の作品に、『父の終焉日記』『おらが春』がある。

▷16　『地方凡例録』
近世の農政のマニュアル書。執筆したのは、元久留米藩大庄屋大石久敬で、久留米藩の百姓一揆に関係して久留米藩から逃亡し、のち高崎藩に仕えて本書を執筆した。

筆も相成もの」があげられるほどである。

　このように読み書き能力は，藩などの支配に役立つ一方で，民衆が獲得した読み書き能力を用いてさまざまな自己主張をしはじめたことも注目される。民衆が多少とも読み書き能力を身につけたことで，各種の記録を検証することができ，また自らも記録を残すことができるようになり，その結果，支配者の不正などをみぬき，自らの意思を主張しはじめたのである。その典型的な現象が，近世後期に各所で頻発した一揆と村方騒動である。一揆は全国各地で頻発したが，そのなかには一揆の訴状を寺子屋の教材にした例も現れる（八鍬，2001；2017）。これは，一揆訴状という農民の自己主張を次世代に伝えることで，一般農民の政治的な主体の形成を行ったことを意味する。また，村方騒動は，村役人の年貢徴収や公費の不正使用をめぐって起こったもので，その背景には村の年貢関連帳簿や村費の帳簿を検証しうる能力をもった一般農民の存在がある。

　読み書き能力が普及したといっても，地域差，階層差，性差などが大きいが，全体としてみれば確実に普及拡大したことは間違いない。この普及拡大は，単に記録や情報の広がりなどにとどまらず，学習した主体の変化ももたらしたのである。

▷17　村方騒動
近世中期以降に農村部で発生した村政をめぐる騒動。農民の階層分離にともなって，年貢負担や労働の供出，村政の進め方について村内の政治的対立が顕著となり，一般農民が村役人層を追求した。小前騒動ともいう。

3　近代化と読み書き

1　学校制度の成立・定着と読み書き

　1872（明治5）年に発布された「学制」によって国家規模での学校制度が構想される。維新政府が学校制度を構築した背景には，近代的な国民国家形成を急いでいたことがあるが，この国民形成において重要な問題が言葉の統一である。近世までは，話し言葉と書き言葉の二種類があり，書き言葉については，主に用いていたのは漢文もしくは漢字かな交じり文，時には漢字カタカナ交じり文である。「候文」などは，書き言葉の典型である。この書き言葉をめぐっては，文字の多様性と話し言葉との差異が教育のうえでは問題となる。

　まず，使用する文字であるが，近世までは漢字についても書体には楷書，草書，行書などの書体があり，またひらがなについても変体仮名が数多くあった。例えば，「あ」という音には現在は「あ」の一文字しかないが，明治初年までは「安」「阿」「愛」「悪」「亜」などの文字が当てられ，またそれぞれの文字も微妙に異なるくずしがあり，「あ」だけでも多くの書体を学習する必要があった。近代国民国家建設のための国民教育の確立をめざす視点から日本語改革が議論になったが，その中心は漢字の廃止ないし制限と言文一致である。

もっとも急進的なものとしては、漢字を廃止してかな表記やローマ字表記にすることまで主張された。

さまざまな経緯を経ながらも、文字については1900（明治33）年の第三次小学校令に伴う「小学校令施行規則」第16条で、仮名字体の一定すなわち変体仮名の廃止、さらには字音仮名遣いの改正（表音式に改め、長音符号を採用）、そして使用漢字の3つの表を示した。これ以降、多少の変遷を経つつも国語教科書は言文一致の教材が主流となっていき、1910（明治43）年の国語教科書は、すべて口語文の教材となった。

２ 音読と「本読み」

近代になって文字を読むことが一般化したが、その読み方は現在とは異なり、音読が主流であった。しかも家族に読み聞かせるということが多かった。岩手県気仙沼の小野寺綱治（1872〜1956）の事例をみてみよう（以下、気仙沼の事例は、川島、1994、83ページ）。

> 主に秋になると、子や孫に「ハナシッコ聞かせるから集まれ」と言って炉端に集めて昔話を聞かせた。大人は縫い物、子供は豆もぎなどの夜ナベの手伝いをしながら聞いた。昔話の中でも「扇屋お鶴」や「鍋島騒動記」などは講談のように節があった。自身が本を読むときにも節を付けた読み方をしていて、年越しの晩などには『義士銘々伝』や『那須与一』などの本を大人や子供に読んで聞かせた。酔って床に入ったときなどは『義士銘々伝』などを大声で空読みしていた。

こうした「本読み」は、近世社会から継承してきた読書法である。例えば、「太平記読み」[18]と呼ばれる一種の講釈が近世初期に成立し、口承という手段からやがて書物という手段に変化しつつも、広がりをみせていた（若尾、1999）。明治以降も、本を読み聞かせるという習慣は継続しており、とりわけ小説は個人が占有するものではなく家族で共有するものという考えのもとに、音読されていたのである。ここには「読み手と聞き手とからなる共同的な読書の方式」（前田愛、1993、170ページ）が存在していた。

この「本読み」の習慣の背景には、日本の家の生活様式と識字の水準の低さがあると前田は指摘する（同前、171ページ）。すなわち日本の家屋には個人が占有できる空間が乏しく、家族が共有しながら時をすごす場が中心であった。したがって、読書にしても娯楽にしても家族が集まった場でなされざるをえなかった。また明治維新から時代が経ても、なお読み書きに不自由している人は女性を中心にかなりいた。例えば、野口英世[19]の母である野口シカが英世あてに

▷18　太平記読み
『太平記』は、南北朝期の動乱を中心に書かれた軍記物語である。この『太平記』を読み講釈すること、またはその人。芸能の一つとして中世から近世にかけて盛んであった。

▷19　野口英世（1876〜1928）
医学研究者。福島県に生まれ、苦学の末医学研究者となった。アフリカで黄熱病の研究に従事、現地で病没。その経歴から偉人として顕彰され、現在でも肖像が千円札に採用されている。

書いた書簡（1912年）をみると，当時の東北・福島の農村部の女性の識字能力を想像することができる。当時60歳前後であった野口シカは，幼少期に多少の読み書きは学習したといわれているが，ほとんど字を書く機会がなかったと考えられる。この金釘流で書かれ，また正確な文章ではないシカの文書は，当時の女性の識字の状況を物語っている。

　おまイの。しせ（出世）にわ。みなたまけ（みんな驚ろき）ました。わたくしもよろこんでをりまする。（中略）べん京なぼでも（勉強をいくらしても）。きりかない。（中略）はるになるト。みなほかいド（みんな北海道）に。いてしまいます。わたしも。こころぼそくあります。ドか（どうか）はやく。きてくだされ。

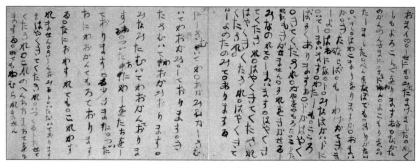

図2-2　野口シカから英世への手紙
出所：（公財）野口英世記念会蔵。

　その一方で，「本読み」という手法を使って娯楽だけでなくさまざまな情報を得ていたことも注目しなければならない。小野寺綱治の例にあったように，音読も節をつけて読んでいたことは，当時の口承文芸の流れを物語っており重要である。小野寺と同じ気仙沼の尾形丑之助（1889～1976）は，「鰯網の『漁待ち』のときや観音講などに講談本や『歌津敵討ち』などを読んでくれた人である。講談本は『岩見重太郎』・『塚原卜伝』・『義士銘々伝』などがあった。（中略）節を付けた読み方で，観音講に集まったお婆さんたちは涙を流しながら聞いたという。学校で本を読むような読み方は下手な読み方と言われていた」という（川島，1994，85ページ）。ここでは，「本読み」が，家ではなく「ムラ」の「本読み」になっていたことがわかる。節をつけて読む技法が，学校で読む技法とは異なっており，大衆に受容されたのは節つきであったことは興味深い。この節とは，「奥浄瑠璃やデロレン祭文や講談などの芸能に似た節であり，本来は門付けの座頭や祭文語り，興行の巡業などによって得られていった節と思われる」（川島，2000，18ページ）という。

　そもそも長い話やむずかしい教義などを教えていく技法は，近世に大きく発

▷20　奥浄瑠璃
近世以降に東北に伝えられた古浄瑠璃。

▷21　デロレン祭文
ほら貝を吹いて説教や講談を歌ったり語ったりした門付け芸。

展した。とくに仏教僧は，談義という説教技法を用いて宗派の教えを平易に信者に説くことが多かった。例えば浄土真宗では節談説教(ふしだんせっきょう)と呼ばれる説教が流行り，説教者は節を付けることで聴者の情念に訴えながら教えを説き，信者は高座にすわった説教師の教えに涙しながら仏教の話を聞いていた。これが講談や落語などの近世芸能の母体となったともいわれている。仏教の経典は，確かに意味は難解であっても口誦すると一定のリズムで読誦することになり覚えやすくなる。さらに前述した『正像末和讃』のように七五調になっているとその効果はいっそう高まる。現代では口承文化は限られた範囲でしか残っていないが，識字率が低かった近世や明治・大正期では情報や思想の伝達の手法として重要な地位を占めていた（関山，1978）。

3　作文教育の始まり

　明治維新以降の作文教育は，学校教育のあり方の変遷と日本語改革の動きとのなかで大きく変化を遂げた。文章を綴る教育については，仲新が，(1)近世以来の往来物の系統，(2)漢文の系統，(3)新しい形式のものの3つの系統があったことを指摘している。すなわち(1)の系統では，定型の文章，とくに往来物にみられる書簡や証文の模範文をもとに文章を作成する技法が学ばれていた。(2)では漢字・漢文学習を基礎とした漢文調の文章を綴ることも広く学ばれていた。これらは雅文調とも呼ばれる文章で，主に詩文の作成の際に用いられた技法である。(3)では，文法を意識しつつ，文字から単語，単語から短句，そして文章作成へと移っていった（仲，1949，222〜223ページ）。

　1881（明治14）年の「小学校教則綱領」によって，従来の読み書き教育が以下のようにまとめられた。

▷22　小学校教則綱領
1880（明治13）年に改正教育令により，小学校は6歳から14歳までの8年を学齢とした。さらに8年を，初等科（3年），中等科（3年），高等科（2年）に区分した。また3年の就学義務を明確にした。改正教育令の翌年に「小学校教則綱領」を定め，教育課程などを明示した。第3章も参照のこと。

　第十一条　読書　読書ヲ分テ読方及作文トス
　　初等科ノ読方ハ伊呂波，五十音，濁音，次清音，仮名ノ単語，短句等ヨリ始メテ仮名交リ文ノ読本ニ入リ兼テ読本中緊要ノ字句ヲ書取ラシメ詳ニ之ヲ理会セシムルコトヲ務ムヘシ。中等科ニ於テハ近易ノ漢文ノ読本若クハ稍高尚ノ仮名交リ文ノ読本ヲ授ケ高等科ニ至テハ漢文ノ読本若クハ高尚ノ仮名交リ文ノ読本ヲ授クヘシ。（中略）
　　初等科ノ作文ハ近易ノ庶物ニ就テ其性質等ヲ解セシメ之ヲ題トシ仮名ニテ単語，短句等ヲ綴ラシムルヲ初トシ（以下略）
　第十二条　習字
　　初等科ノ習字ハ平仮名，片仮名ヨリ始メ行書，草書ヲ習ハシメ其手本ハ数字，十干，十二支，苗字，著名ノ地名，日用庶物ノ名称，口上書類，日用書類等民間日用ノ文字ヲ以テ之ニ充ツヘシ。

ここでは、読方に「読本中緊要ノ字句ヲ書取ラシメ」るとあるように習字と内容的には重複するものを含みつつも科目としてはまだ分離されている。作文においては、身の回りの庶物の性質を理解させながら単語や短句を漢字カタカナ交じり文で綴らせている。こうした作文教育は小学校教則綱領の数年前から試みられており、例えば1876（明治9）年刊行の『初等小学作文書』（大塚完斎編）をみると、「朝〇較冷カナリ」「兄〇弟ヲ愛ス」「烏賊〇海〇産ス」などの短句が示され、適当な助詞を〇のなかに入れるようになっている。こうした文章を定義文と呼ぶが、このような形で論理的な文章を書く練習を始めたのである。

一方で、中等科、高等科になると漢文と漢字かな交じり文の2種類の教科書が登場し、まだ漢文学習が子どもたちに求められていたことがわかる。作文においてもその影響は大きく、子どもたちは大人世界の文章をそのまま模倣して作文することも多かった。例えば子どもの投稿雑誌であった『穎才新誌』[23]（1879年1月）に掲載された当時11歳の作文はその典型である。

観楓記
秋色爽々然トシテ青空一点ノ翳ナク冷風衣ヲ吹キ霜露紅葉ヲ染ム余独閑居ニ幽懐ヲ抱キ酒ヲ酌メドモ酔ハズ詩ヲ賦セントスルモ亦成ラズ（以下略）

この作文からは、それまでの伝統的な文字文化であった雅文調と呼ばれる漢詩の表現方法がそのまま模倣されていることがわかる。11歳の子どもが酒を酌めども酔わず詩を作ろうとしてもできなかったという表現には、大人をまねして背伸びしている子どもの姿が見て取れるが、そこでわかるように子どもが率直に感じたこと、思ったことを表現する作文という考え方はまだなかったのである。

こうした定義文や漢文調の雅文などは、教師側が示す模範的な文章の枠組みのなかで文章を綴ることに終始していた。あるいは、長文を書いたとしても教師が求める一定の方向にそった内容を書かせる作文が主流であった。

4　『赤い鳥』と生活綴方教育

それまでの作文教育に転換をもたらしたのは、芦田恵之助[24]である。芦田は、形式化した作文教育に飽き足らず、随意選題綴方、現代風にいえば自由作文を提唱した。すなわち、子どもたちに自由に作文のテーマを選ばせ、感じたまま、考えたままを書かせた。この考え方は、明治後期から大正期にかけて日本にもたらされてきた新教育[25]の考え方の流れを受けている。当時は、自由画[26]、児童文学など、新しい文化運動が盛んになっており、また社会にも労働運動や女性解放運動、社会主義運動など新しい社会建設に向けての機運が高まってい

▷23 『穎才新誌』
日本で最初の子ども向けの全国雑誌。製紙分社（東京印刷会社）から1877年創刊。論説文などのほかに、子どもから作文の投稿を多数掲載し週刊で発行した。発刊当時は、雑誌のなかで最も多い発行部数を誇っていたとされる。この雑誌は作文教育の教材として多くの学校で用いられていた。

▷24　芦田恵之助（1873〜1951）
国語教育、とくに作文教育の実践者。兵庫県生まれ。従来の作文教育へ批判から随意選題綴方の提唱者。

▷25　新教育
20世紀初頭に始まった新しい教育を模索する流れ。それまでの教師中心、教科書中心ではなく、子ども中心主義、経験主義、生活主義などを特徴とする。ドイツでは改革教育、アメリカでは進歩主義教育などと呼ばれる。

▷26　自由画
明治以降の美術教育は、お手本を模写する臨画が中心であった。山本鼎（1882〜1946）は、大正期に子どもに自由に絵を描かせる自由画を推進し、また農民美術などの民衆芸術にも力を注いだ。

た。国家からの抑圧に対して市民社会が成立・成熟していくなかでの，一般民衆の自己主張が始まった時代でもある。そのなかに，作文を通しての子どもたちの表現があった。

随意選題綴方は，その後鈴木三重吉が1918（大正7）年に発刊した雑誌『赤い鳥』などに影響を与え，芸術教育運動につながっていく。『赤い鳥』には子どもたちの投稿欄が設けられていたが，鈴木は子どもが自由に書いた作文のなかに大人にはない子ども特有の感性やリズム，あるいは表現を発見し，それらの芸術性を高く称揚した。

鈴木三重吉の『赤い鳥』は，子どもの自由な文章表現のなかに子どもという存在の独自性を見出したが，そこには『赤い鳥』という媒体がもつ限界もあった。『赤い鳥』は市販の雑誌で，その購入のためにはそれなりの資産が必要であった。その購読者層は，主に都市部の中産階級以上の家庭であり，子どもの多数を占める農山漁村部の子どもたちや都市部の下層階層の子どもたちには手が届かなかった。また，鈴木が子どもたちの作文の芸術性を高く評価したことから，一般大衆の子どもたちの生活実態とは乖離した投稿内容が採録されていた。

一方で，貧しい農山漁村の子どもたちを目の前にした教師たちのなかから，子どもたちの生活をそのまま作文に書かせる実践が生まれた。生活綴方運動である。この実践は，1929（昭和4）年に小砂丘忠義らによって創刊された雑誌『綴方生活』を一つの画期として全国に広がっていくが，とりわけ東北地方に浸透していった。同年に秋田で『くさかご』（図2-3。第4号から『北方文選』と改称）が発刊され，さらに1930年には，同じ秋田で「北方的環境に根柢を置く綴方教育研究雑誌」（創刊号宣言「吾等が使命」）をめざした『北方教育』が創

▷27 鈴木三重吉（1882〜1936）
明治末から昭和初期にかけて活躍した小説家，児童文学者，雑誌編集者。広島県生まれ。小説『千鳥』によって文壇にデビューしたが，後は『赤い鳥』の編集・発行に力を注いだ。

▷28 『赤い鳥』
鈴木三重吉が発刊した童話，童謡などを中心にした子ども向け雑誌。1936年に廃刊。執筆者には，芥川龍之介，有島武郎，北原白秋などの当時の流行作家がいた。また，子どもからの投稿欄があり，そこへの掲載が子どもたちに大きな影響を与えた。一方でその「童心主義」的方針は，子どもたちの生活実態から遊離しているとの批判もあった。『赤い鳥』については，河原（1998）を参照。

▷29 小砂丘忠義（1897〜1937）
生活綴方教育運動の初期に指導的役割を果たした。高知県生まれ。高知県内の小学校を歴任した後，上京して綴方関連の雑誌の発行・編集などにあたった。

▷30 『北方教育』
秋田の青年教師を中心に発刊され，子どもたちの生活に即した綴方教育を模索した。こうした東北を中心とした生活綴方を中核にした教育運動を北方性教育運動という。

図2-3 『くさかご』『北方文選』の表紙
出所：白い国の詩編『児童文集「くさかご」「北方文選」』東北電力，1989年。

刊された。当時の東北は，不作や不況によって農村部の荒廃が進み，子どもたちの生活を取り巻く状況は厳しさを増していた。そうしたなかにあって，生活を文章に表現し鑑賞する『赤い鳥』のような「生活再現の綴方」ではなく，「生活建設綴方」へという流れができてきた（滑川，1983，465ページ）。すなわち，生活をそのまま綴ることを通して子どものものの見方，感じ方，考え方を成長させ，現実社会を科学的に認識し改善に向かう主体性を育てようとしたのである。そのためにも，自らの生活をそのまま綴るだけではなく，身の回りのことについての調べ学習の成果を作文にするなど多様な取り組みがなされた。

全国に広がった生活綴方ではあったが，戦時体制などの締めつけが厳しくなった。ついには「生活綴方事件」（1940年）と呼ばれる生活綴方に取り組む教師の一斉検挙などの影響を受け，この実践は終息してしまい戦後まで復活することはなかった。

4 戦後社会における読み書き

1 戦後社会における非識字者と生活綴方教育の復活

敗戦後の混乱のなかにあって学校教育が取り組まなければいけないことは，多かった。新たな目標としての民主的で平和的な国家建設が構築され，その一環としての学校制度の改革も行われた。

しかし，まだまだ日本社会には非識字者が多く存在していた。例えば，戦後の学校を描いた石坂洋次郎の小説『青い山脈』にも，保護者の理事会で元芸者の女性が「私は子供のころ，ほかのおけいこが多くて，字の方はゴブサタしてしまった」と発言する場面があるが，こうした非識字者はまだまだ珍しいものではなかった。とりわけ，旧植民地出身者や貧困層には数多くの非識字者が存在した。こうした非識字者は，多くの場合過酷な労働条件の下で働かざるをえなかった。例えば，近代日本の礎を築き，戦後の復興を支えた炭鉱労働者のなかには，数多くの非識字者が含まれていたが，その背景には「いろはを習うよりスラ（石炭をいれる竹かご）を曳け」（上野，1967，10ページ）という考えがあった。明治時代に坑夫の子として炭鉱に生まれて戦後も坑夫として働いた人々のなかでは，小学校教育を満足に受けた人は少なく，当然読み書きに不自由をしていた人も多かった（上野，1967；林，1983）。

現在まで続く夜間中学校や各地で展開される識字学級で学ぶ人たちの多くは，こうした民族差別，部落差別，さらには女性差別，加えて貧困という重層的な差別構造のなかで，生活に必要な文字すら学ぶ機会が奪われていた。

その一方で，戦前に政府から弾圧されてその灯が消えたかに思われた生活綴

▷31 『青い山脈』
1947年に朝日新聞に連載された石坂洋次郎の小説。青森の高等女学校における男女交際についての意見の対立などをめぐって，戦後の教育の民主主義化，男女の平等などの議論が戦わされる。後に原節子主演の映画にもなり，また藤山一郎による主題歌もヒットした。

方は，新たな歩みを始めた。その象徴的な存在が無着成恭の『やまびこ学校』である。山形県の山深い山元中学校の教師無着と中学生の間で交わされた成長の記録が，生徒の作文集という形で1951（昭和26）年に世に出され，大きな反響を呼んだ。後には今井正監督により映画化された。この文集は生活記録集であるが，雪深い山元村での生活がそのまま綴られている。生徒たちは，自らの生活をありのままに綴る一方，「教科書代」「〈調査報告〉学校はどれくらい金がかかるものか」といった調べ学習の成果も文章にすることを通して，自らの生活，生き方，社会のありようを考えることになった。

戦後復活した生活綴方は，各地の学校に受け継がれており，現在も日本作文の会などによって実践されている。

▷32 無着成恭（1927～）
1927年山形県の寺院に生まれる。山形県山元中学校に勤務した時の学級文集を『やまびこ学校』として刊行した。後に明星学園教諭，僧侶などへ転ずる。

▷33 日本作文の会
1950年に「日本綴方の会」として発足。翌年「日本作文の会」と改称。戦前からの作文教育や生活綴方教育の実践の継承と発展・交流を目指して活動している民間教育団体。

2 夜間中学校と識字運動

敗戦後，新憲法のもとで教育を受ける権利が保障されたが，しかしさまざまな状況のなかで教育を受ける権利が実態化されないことがあった。とりわけ戦後の教育改革のなかで義務教育として子どもが通学することになった中学校において，不就学の生徒が数多く存在していた。また，それ以前の小学校の不就学児も存在した。こうした状況に対して，1949年神戸市の駒ヶ林中学校で「夜間中学校」が開設されたが，これは，不就学の子どもたちが存在するという実状への，現場教師たちの立ち上がりであった。神戸市教育委員会も文部省も，昼間の中学校に通わないことを認めるかのような夜間の中学校を簡単に容認することはできなかったが，法制度的に中学校の「二部授業」ということにし，昼間の中学校に通うことができない子どもたちに学ぶ場を保障する場として存在し続け，現在も各地でさまざまな形で教育活動が続いている（尾形・長田, 1967；大多和, 2017）。

また，一方で識字運動に目を向けると，部落解放教育の取り組みの一つとして識字学級が全国で展開された。最初の識字学級は，1963（昭和38）年12月に福岡県行橋市に開設された開拓学校である。部落解放運動の学習会で，活動を担う人びとのなかに文字を読めない人がいるという実態がわかり，大人のための識字学級が開設されたのである。子どもの学力問題は，子どもを支える家庭の文化的資本に大きく影響を受けるが，被差別部落の多くの家庭はその文化的資本が乏しかったのである。こうして数多くの識字学級が開設され，子どもを真ん中にして親と教師が結びつく運動がはじまった。この識字運動は，この後全国に広がっていく（部落解放同盟福岡県川崎町連絡協議会, 1976）。

3 文字を学ぶことの意義

現代日本社会に住む人は，基本的に日本語を通して情報を得ており，また自

己を表現し伝達するために，読み書きは生活上必要不可欠なものである。しかし，文字を読み書くということは，必ずしも価値中立的ではない。

　菊池久一は，「まず，識字術を教えるときに，中立の技術として教えないことである。読み書きは，単なる『読み書き』という中立的技術では有り得ない。読み書きには，『何かを』という目的語が伴うものであると理解しなければならない。『何かを読み書きする』ということは，『読み書き』を教えるときにその『何か』を選ぶことを意味し，すでに政治的にも中立ではありえない。また『何か』を省略した読み書きを教えることも，実際には不可能であると知る必要がある」（菊池，1995，178ページ）と述べて，読み書き能力が中立的な技術（識字術）としてあるのではなく，政治的価値などの諸価値と深く結びついていることを指摘している。確かに，読み書きを学ぶということは，文字を通して既存の価値や認識の体系を学ぶことでもあり，人を「枠づけ」する側面があることは否定できない。

　しかし一方で，文字を獲得したことで自らの思考や価値の枠組みを自覚し，そこから自由になることもあることを忘れてはならない。例えば成人がはじめて文字を手にしたとき，何が起こるのだろう。福岡市立千代中学校で開かれている自主夜間中学校「よみかき教室」での生徒の文章からみてみよう。

　　ときどき三もじがよめることがあります。たばこ，おでん，うどん，たたみ，はかた，はがき，ごあんない。ぎゅうにゅうをあけようとおもったら，じがかいてあるからよんでみたら，「あけぐち」とかいてあった。びっくりした（『一年のあゆみ』4号，2001，18ページ）。

　この文章を書いた高齢の女性は，ひらがなから勉強し，数年の後この文章を書いた。その体験を聞くと，やっと覚えた文字が目に飛び込んでくるという。また別の女性は，字を覚えた時のことを「白黒テレビがカラーテレビになったごたる（ようだ）」と語った。さらに別の女性は，「せんせいたちとべんきょうしてはんとしになりました。先生たちにおしえてもらって，めがあいたみたいです」（『一年のあゆみ』1号，1998，14ページ）とも書いた。

　これらの文章からは，文字を獲得した結果，世界が違ってみえる経験をうかがい知ることができる。また文字を覚えることは，単に手紙を書けることや本が読めるということにとどまらない。文字を学習する過程で，これまで受けてきた心無い扱いや待遇が，「差別」と呼ばれる許されない行為であることを知るのである。厳しい差別構造のなかで，身を隠すように生きてきた人たちも多い。そのような人たちが，自己を肯定的にみることができ，また自信をもって生きていくきっかけになっている。

Exercise

① 読み書きを学ぶことで人はどのように変わるのだろうか。とくに，読み書きができなかった成人にとってはじめて字を書いたときの変化を考えてみよう。

② 本の読み方は時代によって，読む状況によって違っている。その違いの背景に，どのような社会のあり方があっただろうか。

③ 作文教育の歴史を，教える側（教師・国家）と学ぶ側（子ども）の関係がどのように変化したのかという観点からみた場合，どのようにまとめられるだろうか。

📖 次への一冊

ルビンジャー，R., 川村肇訳『日本人のリテラシー 1600-1900年』柏書房，2008年。
大戸安弘・八鍬友広編著『識字と学びの社会史──日本におけるリテラシーの諸相』思文閣出版，2014年。
　ともに，日本社会における読み書きの問題を扱ったものである。ルビンジャーの研究は，アメリカにおける日本文化研究の到達点を示しており，刺激的な論が展開されている。また大戸らの本は，古代から近代にかけての日本社会における読み書きとその学習をめぐる問題を，7名の教育史研究者が研究した成果を集める。

フレイレ，P., 柿沼秀雄訳『自由のための文化行動』亜紀書房，1992年。
　社会的な被抑圧者の立場に立って教育や学校を批判したフレイレは，一方で識字運動を提唱したことでも知られている。国連識字年にもつながる思想の源流を知るうえでも重要な書である。

辻本雅史『思想と教育のメディア史──近世日本の知の伝達』ぺりかん社，2011年。
　近世教育史研究者による新しい教育史像構築の試みとして注目される。それまでの学校類型論的な教育史研究を乗り越え，メディアという視点から新しい教育概念と教育史像を結ぼうと試みている。

『シリーズ〈本の文化史〉』全6巻（現在4巻まで刊行），平凡社，2015年〜。
　出版と読書という活動を文化として総合的にとらえようとしている。近年盛んになった書物をめぐる研究の集大成ともいえるものである。本を読むという行為が社会に定着していく過程がわかりやすい。

引用文献，参考文献

『土佐日記　蜻蛉日記　紫式部日記　更級日記』（新日本古典文学大系24），岩波書店，1989年。
『親鸞全集』4，春秋社，1986年。
『西鶴集　上』（日本古典文学大系47），岩波書店，1957年。

『西鶴集　下』（日本古典文学大系48），岩波書店，1960年。
『武道初心集』大道寺友山，岩波文庫，1943年。
『武道伝来記　西鶴置土産　万の文反古　西鶴名残の友』（新日本古典文学大系77），岩波書店，1989年。
『一年のあゆみ』（自主夜間中学校・よみかき教室「文集」，1998年～）。
石川松太郎『藩校と寺子屋』教育社歴史新書，1978年。
上野英信『地の底の笑い話』岩波書店，1967年。
大多和雅絵『戦後夜間中学校の歴史——学齢超過者の教育を受ける権利をめぐって』六花出版，2017年。
尾形利夫・長田三男『夜間中学・定時制高校の研究』校倉書房，1967年。
小野雅章「教育勅語の内容と実施過程——教育勅語は学校教育に何をもたらしたのか」日本教育学会教育勅語問題ワーキンググループ『教育勅語と学校教育——教育勅語の教材使用問題をどう考えるか』世織書房，2018年。
川島秀一「『本読み』の民俗——宮城県気仙沼地方の事例から」『口承文芸研究』17，1994年。
川島秀一「文字を聞く・文字を語る——ホンヨミの民俗誌」『福島の民俗』28，2000年。
河原和枝『子ども観の近代——『赤い鳥』と「童心」の理想』中央公論社，1998年。
菊池久一『〈識字〉の構造——思考を抑圧する文字文化』勁草書房，1995年。
木村政伸「キリシタンの信仰を支えた文字文化と口頭伝承」大戸安弘・八鍬友広編著『識字と学びの社会史——日本におけるリテラシーの諸相』思文閣出版，2014年。
木村政伸「西鶴作品にみる17世紀後期の識字能力と教養の形成」『九州大学大学院教育学研究紀要』20，2018年。
グローマー，G.『瞽女うた』岩波書店，2014年。
国分一太郎『小学教師たちの有罪——回想・生活綴方事件』みすず書房，1984年。
笹原亮二「巻物のある風景——三匹獅子舞の上演に用いられる文書類の諸相」笹原亮二編『口頭伝承と文字文化——文字の民俗学　声の歴史学』思文閣出版，2009年。
鈴木理恵「『一文不通』の平安貴族」大戸安弘・八鍬友広編『識字と学びの社会史——日本におけるリテラシーの諸相』思文閣出版，2014年。
関山和夫『説教の歴史——仏教と話芸』岩波書店，1978年。
仲新『近代教科書の成立』講談社，1949年。
滑川道夫『日本作文綴方教育史　3　昭和編Ⅰ』国土社，1983年。
林正登『炭鉱の子ども・学校史——納屋学校から「筑豊の子どもたち」まで』葦書房，1983年。
部落解放同盟福岡県川崎町連絡協議会『「あいうえお」からの解放運動』たいまつ社，1976年。
前田愛『近代読書の成立』岩波書店（同時代ライブラリー版），1993年。
前田勉『江戸の読書会——会読の思想史』平凡社，2012年。
宮崎市貞『科挙——中国の試験地獄』中央公論社，1963年。
無着成恭『やまびこ学校』岩波文庫，1995年。
八鍬友広『近世民衆の教育と政治参加』校倉書房，2001年。
八鍬友広『闘いを記録する百姓たち』吉川弘文館，2017年。
山口仲美『日本語の歴史』岩波書店，2006年。
若尾政希『「太平記読み」の時代——近世政治思想の構想』平凡社，1999年。

第3章
なぜ学校に行かなければならないのか

〈この章のポイント〉

「なぜ学校に行かなければならないのか」，しばしば，かつ，いろいろな人たちから発せられる根源的な質問であり疑問である。無論のこと，この問いに対する答えは一つではないし，それらの答えのうち，どれに納得するかは問う側の年齢や学校段階や立場に依存するだろう。本章では，現在の日本において「学校に通わなくてはならない」時期を指し示す「学齢」や学習の始期・終期の成り立ちをたどることで，子どもが「学校に通う存在」として位置づけられるようになった歴史的過程を学ぶ。

1 「学齢」という期間

今日では「義務教育」という制度があり，保護者にはその子どもを学校に通わせる義務が課せられているし，子どもや保護者を取りまく社会は，子どもの就学を保障する義務を負うことが法令によって規定されている。しかし子どもが「なぜ学校に通わなくてはならないのか」という疑問を発するとき，それは恐らく法令レヴェルの事実を確認したいのではなく，「なぜ学校に通うことが当たり前とみなされるのか」ということを知りたいのだろう（念のため確認しておけば，子どもを学校に行かせる義務は保護者や社会に課せられているのであって，子どもが学校に通わなくてはならないという義務規定はない）。

本章の立場から上記の問いに関して一つの答えを用意すると，「社会の慣習だから」ということになる。「学校に通わなくてはならない」と子どもや人びとが受けとめる背景には，「みんなが当たり前のように学校に通っている」からということがある。今日の日本では6歳になれば入学式を待つのが当たり前だし，小学校には6年間通い，その後は3年間中学校に通うのが当たり前とされる。そうした「当たり前」が支配しているなかで，法令レヴェルとは関係なく，子どもは「学校に通わなくてはならない」存在になっているのである。

われわれは日常，義務教育の対象となる子ども，すなわち「学校に通わせなければならないとされている子ども」を「学齢児童（もしくは学齢生徒）」と呼ぶ。教育にかかわる法令のなかでは，小学校に通う者を「児童」と呼び，中学校および高等学校（中等教育段階の学校）に通う者を「生徒」と呼ぶ（学校教育法など）。「学齢」とは，当該社会において学校に行く期間として一般化してい

▷1 ライフサイクル
エリクソンの概念による。人間が一生のうちに通過する各時期を乳児期・幼児期初期・遊戯期・学童期・青年期・前成人期・成人期・老年期と名づけ，それぞれが接続し，関係し合う諸段階として位置づけた。なお今日では人間の成長発達にかかわることだけでなく，一般的な社会現象や市場のあり方，物品・製品の耐用期間のとらえ方についてこの語を用いることがある。

る人生の一時期であるといえる。このように現在では，多くの人びとのライフサイクルのなかに，一定期間，学校に通うことが確立されている。エリクソンがいうように「共同体の諸制度は，（幼児期全体に対してのみならず）各身体部位の機能に対して，文化的規範や共同体スタイルやその共同体の支配的な世界観を支える独自の意味を付与しようとする」（エリクソン，2001，36ページ）のである。いわば「学校に通わなくてはならない年齢や時期」が社会のなかで形成されることによって，子どもは「学校に通う存在」としての「意味」が「付与」される。このことが背景となって，われわれは「（ある年齢に至ったら）学校に通わなくてはならない」と受け止めるようになっていることに気づくだろう。その象徴の一つが「学齢（児童・生徒）」である。つまり「学校に通わなくてはならない」という考えが，年齢と分かちがたく結びついているのである。

ところで6歳から15歳という年齢幅を「学齢」として受け止め，学年進行と年齢とが一致・対応する，ということが通用するのは，日本に特徴的なことであるということはあまり意識されないのではないだろうか。戦前期から日本で一般化している「学齢」という概念は，「イギリス・フランス・ドイツ等の教育法規には，義務教育就学年限の規定はあるが，我国の学齢に相当する語は見当たらない」（阿部，1936，247ページ）というユニークなものであった。例えば，就学義務の発生期日が学年の始期と完全に一致すること，学齢未満児の就学を禁止する，といったことなどはその特徴的な点としてあげることができる。他方，諸外国の学校教育制度をみてみると，いわゆる義務教育の始期は5〜7歳までの幅がみられ，終期に関しても2〜3歳の幅を見出すことができるし（文部科学省生涯学習政策局編，2017），また入学年齢に幅をもたせている例もある（二宮，2014，17，43，199ページ）。このように「学校に通わせる期間」は各国の歴史や文化，慣行に依存している。

こうしたことが背景となって，「学齢」と学校段階とが一致している日本の学校教育に，学制や就学年数が異なる外国の子どもたちを受け入れる際にさまざまな課題が生じている（宮島，2014，2章；佐久間，2011，第Ⅳ章）。また国内だけみても，いわゆる"小一プロブレム""中一プロブレム（ギャップ）"の顕在化にみられるように，学校教育制度と子どもの成長発達とが必ずしも一致しないために起こると推測される事態はよく知られたところである。

歴史を遡ってみると，このように人びとの社会的役割を年齢で区切るのはおよそ近代以降のことといってよい。もとよりこうした年齢区分は「制度」の産物であるから，学校教育制度がなかった近世期にあっては，人びとの学習——学習開始・学習期間——も年齢で区切られることはなかったのである。これは学習に限らず，共同体の労働力となる場合も同様である。経験則として年齢と能力がまったく乖離していたとは言い切れないが，今日と比べれば年齢と社会

的役割との結びつきはきわめて緩やかなものであったと推測できる。

　日本の場合，「学齢」規定は1875年以来，基本的には変わらない（戦前は6歳から14歳までだったが，戦後新制中学校が義務教育化したことで1年延長）。ではその日本の学齢はどのようにして現在のような形になったのだろうか。

2　学習の始期と終期

1　学校がないころの学習の始まり方と終わり方

　江戸時代に入って社会が安定し，行政による庶民支配，商品の流通などが一般化すると，主に都市部に住む人々の間で文字学習や基礎的な計算能力が必要となり，教育機関もかつての寺にとどまらず，私的教育機関である「塾」が生まれることになる。こうした教育機関は「寺子屋」「手習塾」「手跡指南所」などと呼ばれる。

　これら「塾」の痕跡が各地に残っているため，近世期日本の学習意欲の高さや識字率の高さなどが強調されることもあるが，実態としてどの程度の人びとがどれだけ学習に従事しえたのかははっきりしないし，またどのくらいの人びとがどの程度文字が読めたのかということを明らかにする史料は，断片的にしか存在していない（高橋，2012）。日本近世期の「識字率」というのはあくまで"類推"にとどまらざるをえないのである。実際に読み書きができたのは一部のエリート層のみであり，"支配される"一般民衆は読み書き能力を向上させる環境にはなかったという研究成果もある（ルビンジャー，2008）。ただし幕藩政治体制の安定とともに文字をある程度理解し，またある程度使いこなすことに庶民の側からのニーズが生まれてきたことも事実である。

　もとより制度的な拘束はなく，塾自体が私的教育機関であったし，そこでの学習形態も学習者個別の必要性に依存していたから，学習の始期・終期・期間も，ある程度のパターンはあったとはいえ，一定している必要はなかった（梅村，1991；木村，2006）。すなわちある一定の年齢で子どもが一斉に学習を開始するという習慣はなかったのである。貝原益軒によって随年教育法が述べられ「六七歳より和字をよませ」などとされたりはしたが，それでも身分ごとの相違を前提としていたし，必ずしも「一斉」であることを唱えたものではなかった。ましてすべての子どもが義務として学ばなければならないというものでもなかった。

　日常的に労働に従事している庶民層において，「教育」による文化伝達はもちろん行われていたが，人びとの日常生活で最も重要なのは，生産活動としての労働であった。また庶民は権力側にとって支配の対象であり，学習の目的も

▷2　随年教育法
江戸時代の儒学者，貝原益軒（1630～1714）が『和俗童子訓』（1710年）で示した，子どもの年齢と発達に応じた内容や教材による教育方法。『和俗童子訓』は日本で最初の体系的教育論書ともいわれている。6歳から数の名，東西南北の向きと名前を教え，成長の程度や個性に応じて6～7歳から仮名，書き方を習わせることとし，次いで7歳，8歳，10歳，15歳，20歳の教育内容や程度が示されている。

「今の時世にしたがひ，をのをの分限に応じ，手を習ひ学問といふ事を，人に尋聞て，こゝろを正し，忠孝の志をおこすべし」（西川，1942，177ページ），などとされたように，統治の円滑化，社会の安定のために必要とされるものであり，したがってそれぞれの「分限」の範囲に収まるものであった。庶民層に必要な学習・知識とは，「只，物かき・算数をのみをしえて，其家業を専にしらしむべし」（貝原，1961，237ページ）とされたように，あくまでそれぞれの労働，および被支配に必要な範囲のものであり，職業知識・労働知識・行政手続き（年貢納入や法令理解）の範囲を超えた，知識や能力の発展を期待するものでもなかったし，まして広く，すべての階層に共通するような知識や教養をもつことも求められていなかった。このような背景があって，子どもの学習の始期も終期もとくに共通したものはなかったのである。

なお，ここで制度としての学校はなくとも，子どもが教育を受ける必要性が社会のなかで共有されるようになってきたことに留意しておく必要がある。「行きは牛帰りは馬の手習子」「手習子腹が痛いと母に言ひ」「師匠様風邪を引いたと嬉しがり」（渡邊，1995）などといった川柳にもみられるように，すでに子どもは学習したくなくとも，行きたくなくとも塾へ通わなくてはならなかったのである。しかし同時にそれが「すべての子どもではなかった」という留保条件も押さえておきたい。

2 学校のある社会へ

約300年にわたってその体制を維持した幕藩体制は，西欧列強諸国による「開国」という形で終わった。事実上，西欧諸国の科学技術知識に裏づけられた武力に屈する形での体制変化であったから，新体制（権力組織）の喫緊の課題は，市民革命も産業革命も経験しなかった日本を，それらの革命を経験した西欧諸国並みに再組織化することであった。

1869年3月の「府県施政順序」には，「小学校ヲ設クル事」があげられ「専ラ書学素読算術ヲ習」わせ，文書作成や計算に事欠かないようにすること，「国体時勢ヲ弁ヘ」，「忠孝ノ道」を知り，「風俗ヲ敦ク」し，才能と学業が優れた者は，「其志ス所ヲ遂ケシムヘシ」とされた。翌1870年には中小学規則が定められ，小学は「子弟凡ソ八歳ニシテ小学ニ入」るものとされた。ここで日本の子どもたちは，はじめて学習すること，学校に通うことを"お上"から「ヘシ（ベシ）＝しなければならない」とされた。

日本の学校教育制度は，日本最初の総合教育法令「学制」が1872年8月に公布・施行されたことにより，本格的にスタートした。新たな国家体制の早期樹立をめざすうえで，国民の知的レヴェルを欧米列強並に引き上げることは，文部省にとって喫緊の課題であった。当然人材育成＝教育の範は欧米諸国となっ

▷3 学 制
1872年に制定された日本最初の総合教育法令。諸外国の学校教育制度を参照しつつ作成・制定された。起草は急速に行われ，財政的な裏づけも不十分なまま実施され，実際には条章に規定されたとおりの学校教育制度が現実化したわけではなかった。7年間の施行の後，1879年全廃。替わって「教育令」が制定・施行された。

たから，文部省は欧米諸国の教育制度を調査し，「学制」を作成したのであった。

「学制」の画期性の一つに，初等教育＝小学校教育に関しては「国民皆学」をめざしていたことがある。すでに欧米諸国では，18世紀末頃から一般大衆向けの「義務教育」が構想されつつあり，制度化も進みつつあったから（世界教育史研究会，1977），日本も急速にそのような状況に追いつかなければならなかったのである。しかし先にもみたように近世期庶民の教育慣行として「皆学」という概念は存在しなかった。それゆえ明治政府，そして文部省は，まず国民に学習の必要性を説き，自発的に学校に通うこと，学習のための費用や期間を割くことを理解させなければならなかった。そのために「学制」に添付されたのが「学制布告書」であり，この文書は子どもを学校に通わせないのは「父兄ノ越度」と位置づけ，広く国民に自ら教育を受け，また受けさせる必要性を説いたのであった（川村・荒井，2016）。

「学制」が制定・実施されたとはいえ，国家体制はいまだ不安定だったし，西欧流の教育方法は多くの人びとにとって未知のものであった。また「学校で学ぶ」ということ自体庶民の学習観にはなかったから，初等教育就学率は「学制」施行当初，男女平均で30％前後であり，その後およそ20年は，安定的上昇をみることはなかったのである（図3-1）。学校に通うことはけっして「当たり前」ではなかったといえる。

学校教育制度の導入によって，庶民の教育のありようは，近世期までの教育慣行から大きく転換することとなった。近世期までは，学習者自身の学習ニーズに依存して行われていた教育が，国家が用意する計画に従って学習内容を習得することとなったのである。

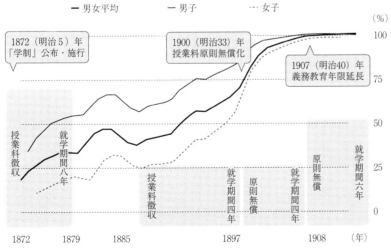

図3-1　明治期の初等教育就学率
出所：各年度『文部省年報』をもとに作成。

「学制」に基づく小学教則は，下等第八級から上等第一級まで6歳から13歳までの年齢をあてはめていた。ただし府県の教則などをみると，「児童七才ヨリ」とか「小学生徒ハ年齢ノ制限ナシ」としたところもあった（柏木，2012，138〜139ページ）。実際に「学制」に定められた「尋常小学四年＋高等小学四年」という就学期間は各地の実状に応じて斟酌することとしていたから（文部省「小学教則」1872年10月），実態として8年間の「完全就学」はほとんど実現しなかったといってよい。後にみるように就学率が低迷するなかで，入学者の年齢を限定することは事実上不可能だったし，基本的には学力重視だったので，年齢はおおまかな参照基準でしかなかったという側面もあった。

　また進級のあり方も，実態として学校に通う児童の年齢層を分散させる要因となっていた。開国政策の一環である「学制」の実態は"国家のため"の教育制度であったから，学校教育制度も学習（知識習得）の徹底，人材選抜機能をその基本的性格としてもつことになる。それゆえ，児童は学習到達度に基づいて「等級」に分けられ，進級の可否は厳格な試験によって決定された。進級・落第を決定する試験は半年ごとに行われ，成績を確認する試験はおおむね毎月行われていたから児童の集団を固定する必要はない。

　退学せずに原級に止まったとしても，落第者が多ければ当該等級は当然に学習程度や年齢がまちまちな子どもによって構成されることになり，系統だった授業を行うことは難しくなる。図3-2の京都府の報告をみると，各級とも子どもの年齢層に集中がみられるが，それでもその集中の程度には，およそ3年程度の幅があることがわかる。

　進級試験に「落第」した子どもは，必ずしも原級に止まって再度試験を受け，学習を継続したというわけではなく，退学してしまう者が多かった。事

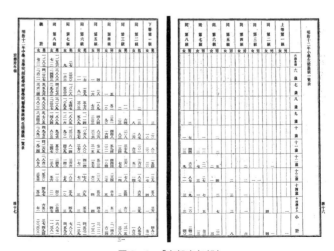

図3-2　「京都府年報」
出所：『文部省第七年報』1879年，46〜47ページ。

実,「村落市井ノ別ナク満六歳ヨリ満十四歳ニ至ル迄学科ヲ修了スル者ハ千万人中実ニ僅々」であって,長い者でも3～4年,短い者では半年ないし1年程度であるという報告もある(『福島県伺』『文部省日誌』明治11(1878)年第1号,24～25ページ)。もとより当時の子どもは「八歳の男の子には,草を刈らせ牛を逐わせ,六歳の妹には子守の用」があり,たとえ学校に通う・通わせることを望んだとしても「其子は今日家内の一人にして,之を手離すときは忽ち世帯の差支」となる存在であった(福澤,1981,104～105ページ)。子どもは「学校に通わなくてはならない」存在である以前に,家族とともに働かなくてはならない存在だったのである。なお就学率が低い時期にあっては,入学時期を限定すると,それ以外の時期に入学を希望した子どもの入学を拒否することになってしまうので,児童を入学させる時期も各地,各学校でまちまちであった。したがって今日のような入学式もなかったのである。

▷4 入学時期
「学制」施行当初,小学校は随意入学,中等以上の学校は欧米に範を取って9月入学であった。現在では学校への入学時期および学年開始の時期は原則的に4月になっているが,文部省が4月の学年開始を全国に指示したのは1892年のことであり,それが法文上に規定されるのは,1900年第三次小学校令からである。

日本の教育制度のありようを大きく変えた「学制」は,教育の制度化にかかわるさまざまな課題を浮き彫りにした。各地で学校設置と就学督促が進められたものの,学校に通うこととされた年齢層の子どもは就労期にある存在であった。そうしたことが背景となって,子どもは容易に「学校に通う存在」とはならなかったのである。

3 日本における「学齢」の定着過程

1 「学齢」概念の展開と就学期間の試行錯誤

このような課題を抱えつつも始まった日本の初等教育制度は,皆学=すべての子どもが学校で学ぶことの実現を課題として展開する。「学制」第13章では就学者・不就学者の人数を毎年提出することとなっていたので,教育行政担当者としては就学対象者の督促,また就学統計の提出のために就学の対象者を把握しなければならなかった。人びとはここではじめて「学校に通わなくてはならない」ということを行政担当者から迫られることになる。

次いで1875(明治8)年,文部省布達第1号によって「学齢」が6歳から14歳と定められた。「学制」における小学校の課程に合わせるような形で定められたこの年齢層を「学齢」として明確化したのは,就学統計の対象を限定するためであった(湯川,2017,446ページ)。いよいよ6歳から14歳までの子どもが「学校に通っているか,通っていないか,通っていないならば理由は何か」と問われることになった。ただしこの段階では先にもふれたように不就学者の方が圧倒的に多かったから,人びとにとって「学齢」はそれほど大きな圧力として受け止められてはいなかったと推測される。

▷5 デビッド・モルレー (David Murray, 1830〜1905) 1873年，文部省に招かれ，翌年「学監」となり，日本文教政策の最高顧問として学制の実施を指導した。学制の実施状況を視察して日本の教育制度政策の改善方向を示し，教育令起草の参考として「学監考案　日本教育法」を作成している。1878年に帰国。

　このように，「学齢」という概念はいわば"大人"あるいは行政担当者の便宜・都合から子どもを年齢で識別するための区分だったのであり，子どもの学習開始や通学開始の能力や妥当性について踏み込んだ検討がなされた形跡はみられない。これに対して文部省御雇外国人デビッド・モルレー◁5は子どもが学校への行き帰りができるようになったら入学させ，職業に就くことができる年齢になったら卒業させるべきである，と端的に就学期間のあり方をあらわしたうえで，その年齢を満6歳から満14歳としている（「学監考案　日本教育法」）。すなわちモルレーは子どもの学習に適した年齢，就労との関係を念頭に置いた「学齢」概念を示したのであった。

　1879年，「学制」を廃止して，新たに「教育令」が制定される。この教育令は，「自由教育令」と呼ばれるように，「学制」の強制・画一路線から転換して，教育を取り巻く実情に合わせることに主眼を置き，かつ小学校制度の整備に比重が置かれた法令であった。この教育令により，小学校の設置や就学に関わる規定が大幅に緩和された。

　学齢規定は「学制」期と変わらず6歳から14歳までの8年とされたものの（第13条），学齢期間中，普通教育を受けるべき期間を「少クトモ十六箇月」（第14条）とした。公立小学校の課程については8年を標準としつつ，土地の便宜によっては8年よりも短い課程を認め，ただしその期間は最低でも4年とし，かつその4年間は，毎年4か月以上は授業をするものとした（第16条）。上等下等合わせて8年の日常的就学が原則と受け止められた「学制」に比すれば大幅な就学条件の緩和であった。年間の授業期間は最低4か月にまで短縮することで就学による負担を軽減しつつ，最低4年間の就学恒常性（通い続けること）を確保しようとしたわけであるが，同時に学齢と就学期間とを分離し，就学の始期および終期に最大4年の幅をもたせたことになる。

▷6　就労期と学齢期の重複
近世期の子どものライフステージ構成をみると，男子はおおむね10歳前後から就労を開始し，女子のそれは家事手伝いの開始期や結婚準備期と重なった（赤ん坊の子守はさらに早くから主に女子の役割となっていた）。近世期は男子に比べて女子の婚姻期は圧倒的に早く，また学校教育制度成立後も，女子に対して水準の高い教育を施すという考え方は広まりにくかった。このような実態から，男女別の学齢設定の必要性も議論された。

　こうした施策に現れているように，学齢が多くの子どもの就労期と重なっていることは政策担当者にも課題として意識されているところであった◁6。1885年，教育令再改正の審議過程では6歳から14歳までとなっている学齢規定に関して，12歳までと変更するよう異論が提出された。その理由は14〜15歳の子どもを小学校に通わせようとすると，保護者に「嫌悪心」を起こさせてしまう，労働力になる子どもたちを学校に入れようとするのは，保護者の収入を減らしてしまう，といったものであった（『元老院会議筆記』後期第二巻，1559ページ）。

　これに対して辻新次（内閣委員）は6歳から14歳という規定は，単に「就学ニ適当ノ年齢」であることを示しているだけで，子どもはおよそ6〜7歳にいたって体力ができてくるけれども，虚弱な子どもはすぐに就学ができない。だから8歳とか10歳で就学を始めることも考えなければならないから，仮に12歳までとすると，そういった子どもは卒業できないことになる，と反論した。

この説明に基づけば,「学齢」とはすなわち「就学適齢」であって, けっして学齢に達したと同時に学校に通わなくてはならない, というものではなかった。また, 8年制初等教育制度の実施が事実上不可能となった結果とはいえ, 子どもの多様な発育状況に対応しつつ, 子どもの就学を可能な限り確保するための概念となったということができる。家事手伝いや就労開始の時期の慣行を考慮するならば, おおむね6～7歳から12～14歳の間で, 数年間の就学が可能であるというのがこの時の認識であった。同時に, 画一的な基準をもって国民に一定の就学期間を課すことは不可能であるという認識があったことも留意しておく必要があろう。

　いずれにしろ6歳から14歳までの8年間が「学齢」とされたものの, それは就学期間とは一致しないものであり, いわば学齢8年間のなかで可変するのが就学期間＝学校に通う期間となったのである。

2　就学期間の一定化に向けて

　初代文部大臣森有礼は, いわゆる森文政と呼ばれる教育制度改革を実行した。「学制」や「教育令」のように初等教育から高等教育までを総合的な教育法令でもって規定せず, 1886年に帝国大学令, 師範学校令, 中学校令, 小学校令の諸学校令を制定・公布した。小学校令では小学校を各4年の尋常科と高等科に分け, 学齢の8年間において普通教育を受けさせる「義務」を保護者に課した(第3条), 就学させるのは尋常小学科卒業まで(第4条), もしくは「尋常小学科ニ代用」する, 3年以内の課程の「小学簡易科」(第15条)を卒業するまでとされた。すなわち8年のうちに4年間, もしくは3年間就学することを求めており, この点は教育令期の学習期間の捉え方を引き継いでいる。留意しておくべきは, これに加えて「六箇月以上十二箇月以内児童ヲシテ既修ノ学科ヲ温習シ且之ヲ補修セシムル」(「小学校ノ学科及其程度」)ための温習科を設けられるとしたことである。これにより簡易科＝3年, 尋常科＝4年に加え, 尋常科＋温習科＝4年半もしくは5年, というヴァラエティをもった小学校の課程が用意されたのであった。

　温習科の設定により, 小学校の課程に義務ではない半年ないし1年の課程が加わることとなった。地方ではこれ以前から小学校卒業後に「温習」の期間が設けられることがあったが, それが制度化されたことになる。就学期間を3年から4年に抑制しつつ, しかし教育期間の延長に対するニーズにも対応できるようにしていたのであった。短縮と延長, この真逆の方向性が一つの小学校制度に内包されることは, 当時の就学政策の難しさ, 国民の教育に対する意識の多様性を反映しているといえる。

　前述した学齢と学習期間との関係, すなわち8年の間に一定の課程を修了す

▷7　**義務教育**
1886年小学校令(後に同名の法令が作られるので, 便宜的に「第一次小学校令」と呼ばれる)は,「父母後見人等ハ其学齢児童ヲシテ普通教育ヲ得セシムルノ義務アルモノトス」と, 初等教育就学にあたりはじめて「義務」という用語を用いたが(第3条), 保護者の就学義務を規定したにとどまり, 学校設置義務, 就学保障義務を欠いているなど, 今日でいう「義務教育」の要件を満たす概念ではなかった。

れば，その始まりの年齢と終わりの年齢とは問わない，という見方は，1890年の第二次小学校令下で転換を迎えることになる。第二次小学校令の下では，学級は児童の学力と年齢とを「斟酌」して構成するものとされた（「学級編制等ニ関スル規則」第1条第3項）。この規定について，府県の学務担当者が「読書算術等」の教科目は，児童を年齢で分けて教授するのは困難である，と疑問を呈したところ，文部省は「学力ト年齢トハ通常相随伴スルモノ」（「府県学務官質疑」）と回答する。これは従来許容してきた学齢と学習期間とのズレを否定し，同じ年齢の子どもが同じ期間学べば，自ずと同じような学力が身につくという学習観および児童観を文部省が公式に示したことになる。

すでに進級試験の緩和は進められていたから，こうした年齢と学力との関係に基づくことにより，学校内の集団形成，学習進行が一定化することが期待できるようになった。結果として6歳から就学して，修業年限のとおりに課程を修了することが，初等教育就学の基本的なあり方として確立することになる。6歳からの就学開始期の妥当性についてはさまざまな議論があったものの，一定年齢の子どもが同じ期間で教育する方が計画的であり，手間も少ない。こうして子どもは「学齢」というワクの中におさめられてゆくこととなる。

ただしいつ（何歳）から学習を開始するのが妥当であるかということについては検討の余地が残っていた。1891年4月，全国教育聯合会の討議問題に「男女就学ノ年齢（男子ハ満七歳女子ハ満六歳）ヲ異ニスル可否」が提出された際に，私立富山県教育会から男女の就学年齢を分けることを可とする同会の決議が参考提出された。その理由をみてみると，まず児童が「活発」になる5～6歳という時期に必要なのは「自然」であるのに，教室内に閉じ込めて「無味ノ学業ト窮屈ナル則ト規」で束縛するのは，「其身心ヲ害スル」ことになると，そもそも6歳から就学を開始することが子どもの心身を「害スル」と指摘する。ゆえに7歳からの就学開始が望ましいが，女子については男子よりも発育が早いのは明らかなので，女子は6歳から就学しても構わない。女子は「家事ノ関係等」で早期に退学する者が少なくないし，成長するにしたがって「心力ノ発達男子ニ伴フコト能ハス」，そのために学業が遅れる傾向がある，と男女のライフコースや成長ペースの相違から男女別の学習開始年齢の設定を提案する。

他方，神奈川県津久井郡教育会は，男女の就学年齢を分けることを「否」と決議した。男子の就学開始を満7歳からとすることを否定はしないが，男子は女子と異なり高等教育を受けることも考えなければならない。また父兄の業務に応じて早期に「家政」を助けなければならない場合もあるので，女子と同年齢（満6歳）で就学するのが望ましいというのがその理由であった（『大日本教育会雑誌』108・112号，1891年）。

両者は可否正反対の結論に至っているものの，就学開始は7歳からが望ましいという点では一致している。そして早期の就労，進路選択をするために6歳からの就学開始を選択せざるをえないという点でもまた一致しているのである。その際女子は6歳からの就学開始を当然視しており，議論の主題は男子のライフコースをどう位置づけるかという点に集中していることにも留意しておきたい。

先にもみたように，本来学齢は「就学適齢」期であり，6歳から14歳までの間にいつ就学してもよいという解釈のはずであったが，日本の児童就労慣行は，「学齢に達したらすぐに就学を開始する」ことを子どもに求めるに至った。就労（進路選択）を含めたライフサイクル，ライフコースのあり方が「学校に行かなくてはならない」状況を形作っていたのであった。

3 第三次小学校令における学齢期の見直し

1900年8月制定・公布された第三次小学校令では，1941年まで維持される小学校の目的を確定し（第1条），尋常小学校の就業年限を4年間に統一した。また尋常小学校と高等小学校の教科を一校に併置する「尋常高等小学校」を設けるなど，義務教育年限延長を視野に入れた改革が施された。また小学校令施行規則第23条により進級試験を廃止し，児童の学習上の負担の軽減＝学年進行の安定化につながる改革も含まれていたのであった。

この他，学齢児童を雇傭する者に対して，児童が尋常小学校の課程を修了していない場合，就学を妨げてはならないことを定め（第35条），児童労働による就学の妨げに歯止めを設けた。さらに市町村立尋常小学校では，原則的に授業料を徴収しないことと規定し（第57条），児童の就学を成り立たせる経済的・社会的条件を整備した。

加えてこの小学校令にともなう小学校令施行規則第3章において，市町村長が翌年4月に就学する児童を調査し，「学齢簿」を作成すること，保護者に児童を入学させる期日を予め通知することなどが規定された。これにより6歳に達した子どもは，当然に翌年の新学年において小学校に入学する者として行政に把握されることになり，仮に就学の猶予や免除を願い出る場合，市町村長にその旨申し立てなければならなくなった。こうした就学事務手続きの整備によって，就学開始が遅れることは例外的なこととして位置づけられるようになったのである。

このような諸規定の整備を背景として初等教育就学率は急上昇し，第三次小学校令の施行後，形式的な数値とはいえ，初等教育就学率は男女とも80％を超える（図3-1参照）。日本の初等教育普及はここで一応の確立期に入ったのであった。およそすべての子どもたちが，同じ年齢で入学し，同じペースで卒業

▷8 小学校の目的
「小学校ハ児童身体ノ発達ニ留意シテ道徳教育及国民教育ノ基礎並其ノ生活ニ必須ナル普通ノ知識技能ヲ授クルヲ以テ本旨トス」なお1941年に小学校令を全面改正した国民学校令では，その目的が「国民学校ハ皇国ノ道ニ則リテ初等普通教育ヲ施シ国民ノ基礎的錬成ヲ為スヲ以テ目的トス」とされた。この国民学校令において就学の始期と終期とは国民学校の課程に一致することになったが，戦局の事情により実施はされなかった。また第三次小学校令では認められていた家庭で教育を受ける余地（第36条）がなくなり，教育の場は国民学校と私立学校に限られることになった（国民学校令第11条）。以来今日にいたるまで学校以外の教育の場は公に認められていない。

▷9 学齢児童の雇傭
1890年代に入って日本の産業化・工業化が大きく進むことになるが，このことは，女性および子どもが低賃金労働者として労働社会に組み込まれていくことをも意味していた。学齢児童の就労者は依然として存在し，劣悪な労働環境に置かれていたことは，1901年，農商務省によって行われた労働調査『職工事情』などをみれば明らかである。1911年に工場法が成立し，工場就労最低年齢を原則として12歳と定めたが，10歳以上の児童の労働を認める例外規定があった。1923年，工場労働者最低年齢法が制定され，最低就労年齢は原則として満14歳に改められた。しかしそれでも児童労働は容易に解消されなかったのである。

▷10 授業料原則無償制
1900年小学校令（第三次小学校令）によって規定された。ただし同第57条は、「特別ノ場合アルトキハ（中略）授業料ヲ徴収スルコトヲ得」という規定を含んでいたから、授業料無償はあくまで"原則"であって、完全無償制にはいたらなかった。なお、授業料を徴収する小学校が全国に比してとくに多かったのは東京府であった。

▷11 学齢簿
1900年小学校令施行規則第80条により、市町村長による作成が規定された、翌年4月に就学の始期に達する児童（学齢児童）の名簿。今日では学校教育法施行令第1条から第3条に、市町村教育委員会の任務として定められている。

▷12 三島通良（1866～1925）
武蔵国入間郡生まれ。1889年東京大学医学部本科卒業。文部省学校衛生事項取調嘱託、学校衛生主事を歴任。実地調査・研究に基づいて児童生徒学生の衛生実態を把握し、日本の学校衛生の制度化を進めた。『学校衛生事項取調復命書摘要』(1893年)、『学校衛生学』(1893年)、『学校児童発育取調報告』(1897年)、『就学年齢問題』(1902年)など。

するという小学校のありようが、形式的には成立することになる。

「すべての子どもたちが入学する」ということに関わって留意しておくべきは、小学校令法文上に学齢未満児童の就学禁止を法文上に明記し（第37条）、かつ就学の始期を「学年」の開始と一致させ（第32条、終期は課程の修了とする）、学年の始期を4月1日に、その終期を翌年3月31日に限定したことである（小学校令施行規則第25条）。

第三次小学校令における学齢・就学規定にかかわって、当時文部省学校衛生主事三島通良が、就学年齢確定の意図を説明している。

　親の心としては、誰しも匍へば立て立てば歩めと云ふのは当然でありますから、早く学校へ入れたいのは、尤もでありますけれども、成るたけ熟した所でやる方がよい、教育家や衛生学者の中には、既に七年にせよと云ふ議論があるほどですから六歳未満で就学させると云ふのは無論厳禁せねばならぬ（「（時論）改正小学校令に於ける学校衛生（承前）」『教育公報』第242号、1900年12月）。

ところで三島は第三次小学校令に先立って就学年齢に関する調査を行っていた（『学校衛生学』1893年、『学校衛生事項取調復命書摘要』同年）。この時三島は、就学年齢についてはなるべく遅く就学を始めるのが望ましいと述べ、それを裏づける調査結果も示している。

その後、1902年、文部省は『就学年齢問題』を刊行する。これは当時満6歳からの就学開始は、児童の教育にとって「不利益」なだけでなく、「保健上有害」であるので、就学開始を満7歳からに改めるべきであるという議論が起きたことに端を発した文部省衛生局による調査であり、調査の責任を担ったのは文部省学校衛生主事の三島であった。一斉教授に堪えられるか、通学に堪える体力ができているかということを軸にして学齢を再検討した結果、日本の児童の学習開始年齢に関して、欧州の児童と差をつける必要はないことを「証明」したとする。子どもの教育可能性、実現性を視野に入れつつ学齢を正当化したことは、一つの画期であったといってよい。

しかし他方で日清・日露戦争の経験を経たこのときに「欧州ノ児童」との比較が行われたことも見逃すことはできない。結果として三島は、先の『学校衛生学』『学校衛生事項取調復命書摘要』から方針転換をしているといえる。子どもが学習を開始するという節目は、こうした国家的要請を背景としながら、6歳という年齢に落ち着くことになる。

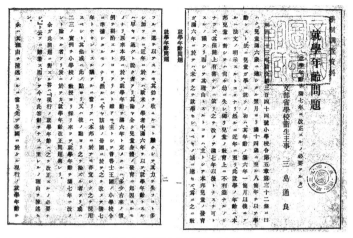

図3-3　三島通良『就学年齢問題』（文部省，1902年）

4　就学期間の形成――補習教育課程と初等教育期間の調整

1　補習教育課程による就学期間の調整

　第一次小学校令以降，「義務」とされた小学校の課程は3年，もしくは4年となり，地域によって多様な幅をもつことができた学制〜教育令期に比して著しく限定された。これは教育令期末期から進められていた路線の継承であるが，「必要最小限の教育内容」としての初等教育を，最も低廉な経費で推進普及しようとするものであった。学制以来の実態を踏まえて就学期間を短縮し，学習水準を下げることで，国民教育の普及と徹底を図ったのである（佐藤，2004，20〜30ページ）。他方で，第一次小学校令で温習科，その後第二次小学校令で補習科という，いわゆる補習教育課程が学校教育のなかに制度化された。"義務"教育の場を明確にしつつ，同時にそれに接続する形で"義務ではない"課程が設けられたのである。

　初等教育就学率がいまだ6〜7割程度のこの時期に，この義務ではない課程はどのように受け止められ，また利用されたのであろうか。「温習科」の名称にある「温習」とは，一般的な意味で言えば「さらう」こと，すなわち今日でも用いる「おさらい」であり，要するに「復習」である。「温習」という概念・用語そのものは学制〜教育令期にも府県の教則中に見出すことができる。それは小学校卒業後の学力不足，年齢不足を補うための数週間から数か月程度の課程であった。

　第一次小学校令および第二次小学校令下では高等小学校の設置が制限されたから，多くの子どもたちの就学期間は事実上3年もしくは4年に限定された。

こうした就学期間の短縮は，就学に関わって発生する人びとの機会損失の軽減をねらいとするものであったが，他方で4年の就学期間を不足とする人びとが顕在化していた。尋常小学校を卒業した段階では，職業に就かせる年齢になっていないとか（『教育時論』第90号，1887年10月），尋常小学校を卒業しても，「六な手助にもならぬ」から，あと1～2年とか2～3年は就学させておいてよい（『埼玉教育雑誌』第78号，1890年3月5日）というように，進学をして学習を継続するわけではないが，すぐに就労するわけではないので「学校に通わせてもよい」という動向が生まれていたのである。このように，3年程度から4年，あるいは5，6年程度と多様な就学期間が求められたのが1870年代から1890年末期の状況であった。

1890年第二次小学校令では尋常科4年または3年の課程に加え，補習科を置けることとした。第一次小学校令における温習科と同様，「義務」ではないオプションの課程を設置できることとしたのである。その目的は既修の教科目の「練習補習」させ，将来の生活で必要になる事柄を加えて，学習内容を実際に応用させるというものであった（「補習科ノ教科目及修業年限説明」）。すなわち既修科目の復習と実業的教育の補充が「補習」の意図するところであった。

第二次小学校令における尋常小学校の教育内容については，一般国民必須のものであるから，尋常小学校卒業をもって学校教育を終える子どもを対象に規定するのが基本方針であった。しかしそれでは尋常小学校卒業後，上級学校に進学しようとする者にとっては「多少ノ不便ヲ感スル」（「小学校教則大綱説明」）ものであるとも認識されていた。このように教育課程を必要最小限に抑えたことによる学力不足と同時に，卒業後，尋常小学校で学んだことの「応用」も促す必要があった。卒業後，就労した児童にあっても知識技能は確実かつ実用的でなければならないから，常に生活に必要な事柄を選んで教授し，「反復練習シテ応用自在」にすることを求めたのである（「小学校教則大綱」）。このように尋常小学校レヴェルの学力不足と小学校卒業後に必要とされる実業知識への要求に対応する場というのが，補習科の政策的な位置づけであった。

このため補習科の運営についても，通常の小学校とは異なり，各地方の人々の「実際ノ業務ニ最モ適応セシムヘキモノ」とした。文部省としては小学校卒業後に高等小学校へ進学せず，就労している子どもを補習科の対象とみていたから，補習科の開設時間は，就業している者の「便宜」のため，なるべく夜間，また休業日や通常の小学校の教授時間外に設けることとしていた（「小学校教則大綱」第24条）。ところが各地では補習科を正教科の時間内に開設する動きが相次いだ。補習科に通う児童が通いやすい時間は，夜間や休業日ではなかったし，まして小学校の教授時間外の時間でもなかったのである。

また補習科の毎週教授時間は4時間以上18時間以下とされていたが（「小学校

ノ毎週教授時間ノ制限」第3条），1892年5月の全国聯合教育会（大日本教育会主催）では早くも「補習科授業時間ヲ四時以上三十六時ト定メラレンコト」が議論された。その説明をみると，そもそも補習科設置のねらいは，夜間や休日などに学習させることにあったけれども，地方の実況をみると，尋常小学校を卒業した児童は，就業しようにも「年尚少ク学識亦不足ナルモノ」が多いし，かといって「高等ノ学校」に進学することはできない者が多い，という理由から設置していたのであった。要するに補習科に通う児童は就労するにもいまだその年齢に達しておらず「学識」も不足しているというのである。このような現実の補習科対象者像は，当初文部省が想定した「実際ノ業務」に就く者という対象設定とは大きく異なるものであった。

　ここまでみたような尋常小学校卒業時の学力不足，そして就労年齢にも満たないという2つの要素によって，補習科は存立の意義をもったことになる。小学校は単に学力獲得の場ではなく，小学校卒業後のライフステージに直結する必要があった。その意味で6歳に達した翌年から4年間とされた就学期間は，就労と接続せず，人びとはより長い就学期間を求めたのであった。

　また補習科の授業に高等科の教科用図書を用いる県も現れ，文部省もそれを追認した。補習科の教授内容は「練習補習」の域を超えることとなり，結果的に文部省は補習科の内容が上級教育機関に近づくことを公認し，また補習科の児童を正教科の児童と合わせて教授することを認めるなど，補習科の性格変化を促すような方針を採った。第三次小学校令の制定過程において文相樺山資紀は，小学校卒業後，児童が学習内容を忘れると「何ノ役ニモ立タヌ」から，補習科によって，義務教育の復習をすることができる，と補習科の有効性を述べていたことからもわかるように（『小学校令会議筆記　明治三三年八月八日九日』），文部省としても補習科は学習内容の忘却を防ぐという点で都合のよいものであった。

　このように，教育の受け手は彼・彼女らの必要とする教育内容・教育期間を求めて巧みに補習科を利用し，制度的位置づけを変更させたのであった。

２　六年制義務教育課程の成立と児童の就学

　1907年，義務教育年限を4年から6年に延長する小学校令改正が行われた（実施は翌年4月から）。「現行制度ニ於テ義務教育ノ終ルヘキ年齢」，すなわち10歳前後は「人ノ生涯中脳裡ノ印象ノ最旺盛ナル時代ニシテ，又心身ノ鋳型ニ最モ効力アル期間」と位置づけたうえで，この時期に義務教育を終えてしまうのは「国民ノ鍛練上不利益」であるとする。ゆえに義務教育年限を延長して「此ノ時ヲ使用」する，と義務教育年限延長の理由を説明した（『公文類聚』所収，牧野伸顕文相提出小学校令改正理由）。

２年間の義務教育年限延長は人々にとって大きな負担増となるはずであったが、この制度改革は尋常小学校と高等小学校とを併置した尋常高等小学校および尋常小学校補習科の普及という準備段階があったためか、経費上の懸念は残しつつも「円満ナル実施」（『日本帝国文部省第36年報』）をみるにいたった。

　しかし義務教育就学と、人びとの就労慣行を含むライフサイクルがここで一致をみたというわけではなかった。義務教育年限の見直しにあたって検討された事柄の一つに、就学の始期の問題がある。前節でもふれたように、第三次小学校令では学年の始期を各年の４月１日に統一し、学齢に達しない子どもの就学禁止を条文化した。学齢未満児童の就学は1884（明治17）年と1896（明治29）年との二度にわたって禁止されていたが、第三次小学校令ではこれを勅令上に明文化し、明確にしたわけである。この措置によって当該年度内に学齢に達する子どもは、翌年の４月１日まで小学校に入学できなくなる、いわゆる"早生まれ"と"遅生まれ"の問題を生み出すこととなった。

　このこととあわせて、第三次小学校令の草案段階では、児童の体力が十分と認められれば、就学の始期を三か月に限って繰り上げ可能とする条文も盛り込まれていたことに留意しておく必要がある（公布段階では削除）。すなわち、ある年の４月２日以降に生まれた者は、翌年の４月１日まで小学校入学を待たなければならないのだが、７月までに生まれ、「心身ノ発育」が十分と認められた者はその年の４月１日に小学校に入学できるということである。いわば学齢未満児童の就学を部分的に認めることが構想されていたのであって、早期入学・早期修了への要求に応えようとしたものとみることができる。この点、「学校に行かなければならない」とされる年齢については、いまだ十分な合意は確立していなかったといえる。

　義務教育年限延長実施の翌1909年には、小学校令施行規則が一部改正されて小学校の９月１日から翌年８月31日までを学年とする秋入学も制度化された。いわゆる二重学年制である。この制度改正は、義務教育年限の延長に際して、児童が就学しやすく、かつ卒業の時期を早めるものと説明されたとおり（小学校令施行規則改正に関する文部省通牒酉発普通172号）、２年の義務教育年限延長によって発生する卒業＝就労の遅延に対する負担感を軽減することをねらったものであった。

　人びとの就労慣行に配慮した二重学年制であったが、京都・新潟・長野などで１～３校程度が開設されたのみで、私立学校や師範学校附属小学校を含めてもピーク時で13～14校程度、設置期間もほぼ数年程度しか置かれなかった（『文部省年報』による）。その主な理由は春学年と秋学年とを同時に置くための経費負担増が課題となったこと、上級学校との接続関係ができていなかったことなどであった。全国で唯一、市単位で二重学年制に取り組み、市内８校で二重学

年制（「秋季学年制」）を実施した富山市でも，二重学年制は就労との接続に関しては順調であったものの，中学校が秋入学を実施しておらず，進学するためには結局半年の空白が空いてしまうという理由で廃止された。実は二重学年制の下では，9月卒業予定の児童は半年早く学習を終えて4月に卒業・進学するという"裏技"も使われたのだが（古島，1982，277ページ），義務教育期間を5年半で終わらせるというこの手法が一般化することはなかった。

二重学年制は，日本の初等教育制度がほぼ形を整えた1900年第三次小学校令以降，児童のライフコースに合わせて学習開始時期にバリエーションをもたせる可能性をもっていた。しかしこれが学校教育制度のなかに一般化することはなく，日本の子どもは「満6歳に達した日の翌日以後」，最初の学年の初め（＝4月）から学校に行かなくてはならず，誰もが同じ期間，学ぶこととなったのである。就学率が90％を超えたなかで，ほぼすべての子どもが同じ年齢で就学を開始し，同じ年数を学ぶという，日本における「学校に通わなくてはならない」ライフステージが共有されるにいたったのであった。

戦前期に義務教育期間とされた6年間という期間は，日本の人びとが子どもを学習に従事させる期間として，必要な学力や就労期と折り合いをつけながら自ら創り出した期間であるといえる。いわば学齢期をライフサイクルのなかに位置づけ，日本なりの学校に通う期間の合意をつくってきたのであった。「この時期から学校で学んでほしい」「この時期までは学校に通ってほしい」，その時期にかかわる合意や社会的期待が「学齢」という期間であるということができる。本章でみた経緯をたどって，日本に根づいた，学校に通わなくてはならない慣行，それが「学校に行かなければならない」理由の一つとなっている。

本章第1節で示したように，日本で一般化している「学齢」は世界のなかでもユニークな概念である。澤柳政太郎は戦前期日本の小学校教育の「特長」として，国民一般が貧富を問わず同じ年数・内容の教育を受けることにあるとし，当時の諸外国と比してその独自性を強調した。その理由についてはそのような共通の教育が施されることが「国民精神の統一上望ましい」（澤柳，1977，183ページ）と述べたのであった。このような意図が込められた戦前期日本の初等教育制度が，同質性，同調性を好む日本人の嗜好に合致したところも多かったのであろうし，まさに「日本的な自我形成のあり方」（森田・松浦，1991）を象徴するものとなったのだといえる。日本の学齢，就学の始期や終期のあり方については今日まで大きく見直されることなく，戦後には義務教育年限と一致することと相まって，子どもを「学校に行かなくてはならない」存在として位置づけ続けているのである。

Exercise

① 本章で取り上げた「学齢」以外に，子どものあり方を年齢で区切る制度や慣習にはどのようなものがあるか調べ，そこにどのような社会的期待があるのか考えてみよう。
② 日本以外の国々の義務教育年限や就学開始年齢を調べ，なぜそのようになるにいたったのか，それぞれの国で「子どもが学校に通わなくてはならない時期」ができた文化的，歴史的背景を考えてみよう。
③ 戦後，高等学校，大学への進学率が高まるなかで，「学校に通わなくてはならない」期間はどのように変化したのか，学習観や能力観の変化とともに考えてみよう。

次への一冊

佐藤秀夫『教育の文化史』2（学校の文化），阿吽社，2005年。
　「教育慣行史」を切り開いた佐藤の著作集全4冊のうち，学校文化に関わる論考を集めたもの。学校と年齢の関係だけでなく，広く教育に関わるモノ・コトの歴史が検証されている。
チュダコフ，H. P.，工藤政司・藤田永祐訳『年齢意識の社会学』法政大学出版局（りぶらりあ選書）1994年。
　アメリカ社会において，年齢が人の社会的位置づけと結びつくようになった過程を跡づける。学校教育はもとより医療，労働，大衆文化といった諸側面から考察が展開されている。
寺﨑昌男編『何故学校に行くのか』（日本の教育課題（3））東京法令出版，2000年。
　標題のテーマにかかわる資料が豊富に収録されている。的確な解説も付されており，日本の近代から現代にいたる「何故学校に行くのか」という問いと時代ごとの答えを俯瞰することができる。
柏木敦『日本近代就学慣行成立史研究』学文社，2012年。
　「学校に通う」ことを，人びとにおける「慣行」ととらえ，人びとの日常生活のなかに学校に通う期間がつくられる過程を検証したもの。

引用・参考文献

阿部重孝「学齢」阿部重孝ほか編『教育学辞典』第1巻，岩波書店，1936年。
アリエス，P.，杉山光信・杉山恵美子訳『〈子供〉の誕生――アンシァン・レジーム期の子供と家族生活』みすず書房，1980年。
犬丸義一校訂『職工事情』（全3冊），岩波書店，1998年。
梅村佳代『日本近世民衆教育史研究』梓出版社，1991年。

エリクソン, E. H. & エリクソン, J. M., 村瀬孝雄・近藤邦夫訳『ライフサイクル　その完結』〈増補版〉みすず書房，2001年。
貝原益軒，石川謙校訂『養生訓・和俗童子訓』岩波書店，1961年。
柏木敦『日本近代就学慣行成立史研究』学文社，2012年。
柏木敦「小学校における二重学年制の導入と実施状況――大正期富山市における秋季学年制」『日本教育史学会紀要』第7巻，日本教育史学会，2017年。
川村肇・荒井明夫編『就学告諭と近代教育の形成――勧奨の論理と学校創設』東京大学出版会，2016年。
木村政伸『近世地域教育史の研究』思文閣出版，2006年。
佐久間孝正『外国人の子どもの教育問題――政府内懇談会における提言』勁草書房，2011年。
佐藤秀夫編『明治前期文部省刊行誌集成』全11巻，歴史文献，1981年（第1巻に『文部省日誌』収録）。
佐藤秀夫『教育の文化史』1（学校の構造），阿吽社，2004年。
佐藤秀夫『教育の文化史』2（学校の文化），阿吽社，2005年。
三羽光彦『高等小学校制度史研究』法律文化社，1993年。
澤柳政太郎「我が小学校教育の特長」『澤柳政太郎全集』第9巻（世界の中の日本の教育Ⅱ），国土社，1977年。
杉村美佳『明治初期における一斉教授法受容過程の研究』風間書房，2010年。
世界教育史研究会編『義務教育史』世界教育史大系28，講談社，1977年
高橋敏『江戸の教育力』筑摩書房，2007年。
高橋敏『国定忠治の時代』筑摩書房，2012年。
チュダコフ，H. P., 工藤政司・藤田永祐訳『年齢意識の社会学』法政大学出版局（りぶらりあ選書）1994年。
辻本雅史『「学び」の復権――模倣と習熟』角川書店，1999年。
寺﨑昌男編『何故学校に行くのか』（日本の教育課題（3））東京法令出版，2000年。
西川如見，飯島忠夫・西川忠幸校訂『町人嚢・百姓嚢・長崎夜話草』岩波書店，1942年。
仲新編『富国強兵下の子ども』（日本子どもの歴史5），第一法規，1977年。
二宮皓編著『世界の学校――教育制度から日常の学校風景まで』（新版），学事出版，2014年。
花井信『製糸女工の教育史』大月書店，1999年。
土方苑子『近代日本の学校と地域社会――村の子どもはどう生きたか』東京大学出版会，1994年。
土方苑子「雑誌記事にみる小学校の「低就学率期」」『東京大学大学院教育学研究科紀要』第41巻，2001年。
福澤諭吉『福澤諭吉選集』第12巻，岩波書店，1981年。
古島敏雄『子供たちの大正時代――田舎町の生活誌』平凡社，1982年。
マクファーレン，A., 北本正章訳『再生産の歴史人類学――1300～1840年英国の恋愛・結婚・家族戦略』勁草書房，1999年。
三原芳一「明治の就学年齢」『花園大学研究紀要』第24号，1992年。
宮島喬・太田晴雄編『外国人の子どもと日本の教育――不就学問題と多文化共生の課題』東京大学出版会，2005年。
宮島喬『外国人の子どもの教育――就学の現状と教育を受ける権利』東京大学出版会，

2014年。

明治法制経済史研究所編『元老院会議筆記』後期第22巻,元老院会議筆記刊行会,1978年。

森川輝紀『近代天皇制と教育』梓出版社,1987年。

森田洋司・松浦善満編著『教室からみた不登校——データが明かす実像と学校の活性化』東洋館出版社,1991年。

モルレー,D.「学監考案 日本教育法,同説明書」大久保利謙編『明治文化資料叢書』第8巻,教育篇,風間書房,1961年。

文部科学省生涯学習政策局編『世界の学校体系』(教育調査第152集),ぎょうせい,2017年。

文部省編『文部省年報』(各年度版),宣文堂,1964—1971年。

ルビンジャー,R.,川村肇訳『日本のリテラシー 1600—1900年』柏書房,2008年。

湯川文彦『立法と事務の明治維新——官民共治の構想と展開』東京大学出版会,2017年。

渡邊信一郎『江戸の寺子屋と子供たち』三樹書房,1995年。

第4章
学校はどのように地域に根づいたのか

〈この章のポイント〉
　コミュニティスクール構想や学校と地域との連携が盛んに論議されている。この背景には，学校と地域は互いに良好な関係をもつべきという前提がありそうである。しかし日本において学校は百数十年前に立ち現れた制度であり，その瞬間から地域に根づいたとは考えにくい。本章では，小学校，中等学校，高等教育機関が地域住民の前にどのように現れ，どのような契機で定着していくことになったのか，戦前戦後をまたいで通覧することで，今後の変化する社会における学校と地域との関係も視野に入れながら学ぶ。

1　敵（かたき）から母校へ

1　怨嗟の対象としての学校

　1872（明治5）年，明治政府は「学制」を公布し近代的な学校制度の整備を目指しはじめた。とはいえ全国の自治体に向かって，一気に数万もの小学校の創設を求めることには無理があった。もちろん，いち早く学校制度を受容した地方も少なくない。例えば「学制」公布翌年，早々に寺院の跡地を利用して開校され，1876（明治9）年に擬洋風様式で新築された長野県松本市の開智学校は，地域住民が比較的好意をもって学校制度を受け容れたことを示すものであろう。

　しかし全国すべてで学校が好意的に受け止められていたわけではない。明治以前には存在しなかったこの制度を好ましく思わなかった地域も少なからずあった。石戸谷哲夫は当時の農村部での紛糾の記録から，新設小学校へ赴任するためにやってきた教師を村民が取り囲み，苛烈な暴行を加えて追い返したという事例を取り上げ，全体としての「小学校教員という集団は，民衆の心からの歓迎をうけて近代史上にたち現れたのではなかった」と述べている（石戸谷，1967，5ページ）。

　ほかにも，当時の新聞をみてみると人びとが一揆やコレラ騒動に乗じて，「学校などへ火を」放ったり（『読売新聞』1876年12月23日付），学校を「打毀し」（同，1879年8月14日付）たりしている記事をみつけることができる。

この章では、「学校はどのように地域に根づいたのか」を考える。それはすなわち、学校や学校制度はどのような経緯を経ながら地元に定着し、それによって私たちがどのように「自分たちの学校」に対する敬愛や愛着といってよい感情を寄せるようになっていったのかを確認することである。しかしそのような独特な感覚は、必ずしも学校制度発足時からすべての人びとや地域で共有されていたものではなかったことをまずは踏まえておきたい。学校を怨嗟の対象としてとらえていた人びとも存在していたのである。

2 設置義務と経済的負担

その理由の一つは地域や家庭の経済的負担であった。「学制」は小学校の設立をいくつかの郡町村によって編成される学区に任せようとした。国からの補助は皆無ではなかったが、建設費用の多くは賦課や寄付金で賄われた。加えて初発の義務教育は授業料を徴収することが原則であった。

義務教育は無償ということが当然な現代からみると、授業料を払って小学校に通うということには違和感をもつ。明治政府もできるだけ国民一般に負担をかけずに義務教育を定着させたかったが、同時にさまざまな近代的制度の整備を進めなければならなかった当時、財政を学校教育のみに傾けることは難しかった。「学制布告書（被仰出書）」は、学問は身を立てる「財本」であり、学費を負担してでも自ら奮って教育を受けるべきだと述べている。受益者負担と義務教育をセットにすることには無理があると承知のうえ、教育機会の享受により利益を得るのであるから、応分の負担は甘受せよと説かざるをえなかったのである。

3 市町村と小学校

ではどのように小学校は地域に受け容れられていったのであろうか。それを知ることは容易ではない。まず、「地域の学校」といっても、この「地域」自体が明治のはじめにはなかなか定まらず、したがって人びとはここからここまでの区域が私たちの地域である、といった感覚をもちにくかったからである。

江戸時代まで地縁によって形成されていた集落（自然村）は中央集権体制の末端の行政区画に再編成された。その区割りは1871（明治4）年の戸籍法によっていったん定められるが、翌年の大区・小区制によって再編成される。さらに1878（明治11）年の郡区町村編制法と1880（明治13）年の区町村会法制定によって自治体としての体裁が整えられていき、それに合わせて1879（明治12）年に制定された「教育令」が、小学校は町村が単独や合同で設置することを定めた。自治体の輪郭がはっきりしはじめ、住民の所属意識が高まっていけば、自治体が設置した小学校は地域の教育機関として受け容れられやすくなるかも

▷1　学制布告書（被仰出書）
1872（明治5）年に制定された「学制」の序文に相当する文書で、「学制」制定の意図を説明している。身分にかかわらず学問を修めるべきであるとして、国民皆学や教育の機会均等などについて言及する一方、教育を受けることによって自立ができるのであるから、その費用（授業料）は支払うべきとも述べていた。

▷2　教育令
1879（明治12）年に「学制」を改める形で制定された法令。アメリカの影響を受けたとされる田中不二麿が制定に関与している。地方の実情に合わせるため小学校の設置や就学に関する規定を緩和した。しかしかえって義務教育普及の後退を招いたとして、翌1880（明治13）年に教育令は改正される（第二次教育令または改正教育令）。

知れない。ただこの時点では，町村の数はまだ7万を越えていたといわれており，それぞれの自治体が独自に学校を設置運営するという現在のような仕組みが整えられるのはもう少し後になってからである。

また「学制」制定当初は，自前の校舎を確保することが難しく，やむなく寺院や私邸を間借りして授業を開始するところも少なくなかった。しかしやがて公有地を確保し，学校を新築する町村が増えていく。例えば，1876（明治9）年の茨城県ではまだ寺院を借用したり，廃寺を利用したりしていた小学校が4割程度あったが，一方で約3割の学校は新築校舎を確保しており，旧官舎などの利用を合わせると，公有地にある学校は4割近くに上っている。さまざまな自治体の市町村史を読むと，当時地域の有力者や名望家が自らも財産を拠出しつつ，住民に学校の建築費用の寄付を募っていた様子が伝わってくる。その寄付が善意や自発によるものか，半強制的な割り当てであったかという問題は残されるが，自らの負担で自前の校地に新しい学校が建築されることは，自分たちの学校という認識を深めることになるであろう。

その点で，学校の通学区域（学区）と市町村の区域（行政区）を一致させることになった1888（明治21）年の市制町村制施行は大きな意味をもつ。これにより，大規模な合併が促され，自治体の財政基盤が固まる。続いて1890（明治23）年に小学校令が改正され，児童の就学に必要な小学校は市町村が設置することとなった。つまり，この時から小学校は市町村が設置単位になることが決まったのである。言い換えれば，小学校は市町村住民共有の財産となるわけで，自分たちの学校という意識はさらに強くなるであろう。

▷3 小学校令
1886（明治19）年に初代文部大臣である森有礼は，教育令の規定を学校別に独立させた（諸学校令）。小学校令はその一つである（他に中学校令，帝国大学令，師範学校令があった）。最初の小学校令は，義務教育の年限を原則4年とし，義務教育の基盤が固まった。その後小学校令は1890（明治23）年に全面改正され（第二次小学校令），小学校は原則として市町村が設置することが定められた。

4 運動会と地域

1880年代から90年代の教育雑誌に目をやると，運動会に関する記事が散見されるようになる。当時の有力誌の一つであった『教育報知』をみてみよう。1886（明治19）年12月の号には東京浅草にあった複数の小学校が連合運動会を開催したという記事が掲載されている。当時運動会は大きな公園や広い河原などに集まり合同で催すことが多かった。この時期，たくさんの運動会に関する記事が掲載されているが，どれもその盛況ぶりを伝えている。もともと運動会は体育の振興を企図してはじめられた学校行事であり，来賓として郡長や医者といった地域の有力者，県庁の役人や知事が招かれることもあった。

それにとどまらず，全国各地で開催された運動会には保護者をはじめ多くの見物人が集まってきた。喝采の声で原野が鳴動した，多くの観客で広場が充満した，2500人あまりの見物客が環堵（垣根）のように取り囲んだ，といった賑やかな様子が盛んに取り上げられている。ときにはあまりの過熱ぶりに，子どもたちの服装が奢侈に流れることをいさめたり，運動会を祭礼視する風潮に釘

を刺したりする識者が現れたほどである。しかしこのような警告が必要なくらい，運動会は単なる学校イベントの域を越え，地域の一大行事として受け止められるようになった。

さらに1899（明治32）年に文部省令「小学校設備準則」が，「（屋外）体操場」の整備を促すように改正されると，各地の小学校では運動場の整備や拡充が進められ，自校で運動会を開催することが可能となった。佐藤秀夫は，この時期全国の神社が整理・統合されてしまったため心のよりどころを失った地域社会が，新たな祭りとしての機能を小学校の運動会に求めるようになり，運動会は単なる学校行事ではなく，地域全体の年間行事として位置づけられるようになったと指摘している（佐藤，1987，57ページ）。

なお，運動会に続いて定着した学校行事として学芸会もあげることができる。これも日頃の学習の成果の披露という本来の趣旨に加え，地域社会にとっては住民や来賓を招いてのレクリエーションとしても受容されている。こういった地域に開かれた学校行事の開催と定着が，学校と地域の結びつきを強くしていったといえるであろう。

5 心理的コミュニティとしての学校

このように学校が地域に根づいていくなかで何が起こるであろうか。多くの子どもが学校教育という共通の経験を経ることで，学校に特別な思いを寄せ，同時に学校を軸にした紐帯が形成されていく。前者は学校を「母校」と呼ぶ感覚につながっていくし，後者は同窓意識を生むことになる。

「母校」という呼び方がいつから定着したのかは不明であるが，明治時代の代表的な少年向け雑誌であった『少年世界』は1907（明治40）年2月号で，卒業に際し「諸君の胸には種々の感慨定めし多かるべし」と述べて「母校を去るの感」という題目で課題懸賞文を募集している。5月号には応募総数が6000通を越えたことが紹介され，そのうちの優秀作品が掲載されている。応募者数の多さからは，学校に寄せる心情を端的に示す「母校」という表現が定着していることを確認できる。入選作の多くは，母校を巣立つ嬉しさと悲しさがない交ぜになった名状しがたい感情を告白している。

また，その学校の卒業生が増えていくと，仲間意識から同窓会が組織されるようになる。日本の小学校における同窓会の発祥は定かではないが，1880年代に東京上野に開設された下谷小学校では，教師と一期生が発起人となり，二期生が卒業した1888（明治21）年に同窓会を立ち上げている。会則には「下谷小学卒業のものの結合して永く相互の関係を保存し交誼を厚」くするためという目的が掲げられている（下谷小学校同窓会，1891，2ページ）。

このような同窓会の設立は地方でもみられる。長野県上田市に「学制」制定

直後に設立された小学校では，1902（明治35）年になって「会員相互の親睦を厚くし智徳体の増進を計る」ため丸子学校同窓会が組織されている（丸子中央小学校百年史編集委員会，1973，327ページ）。

小学校同窓会としての主な活動は親睦会や恩師との懇親会を兼ねた定期的な集会であるが，それは心の拠り所である母校への愛着を再確認する機会となったかもしれない。

さらに年月が経ち，小学校の卒業生がその地域の中堅を担い，彼らの子どもたちが同じ小学校に通うようになると，学校はますますその地域において自明の存在となっていく。「校下」という言葉を見たり聞いたりしたことがあるだろうか。戦前は学区と同じような意味で用いられていた。校下は，城下（町）に由来しているのであろうが，義務教育が完成し，学校が地域に根づき，住民の多くがその学校で教育を受けることで，逆に学校が地域を形成するという状況をよくあらわしている言葉といえる。現在でも一部の地方ではこの「校下」が用いられている。例えば，○○校下学童クラブのように学童保育施設が通学区単位で設けられている愛知県一宮市のような例がある。また北陸地方では，種類ごとのごみの回収スケジュールを校下ごとに定めている事例がみられ，学校が地域の生活や行動に強く影響しているさまを今でも確認することができる。

2　中等学校・高等教育機関の争奪

1　義務教育の充実と中等教育の普及

経済的な負担をともないながらも，地域は次第に学校教育を受容していった。とりわけ義務教育を原則無償とした1900（明治33）年の小学校令改正（第三次小学校令）は決定的であった。就学率は順調に上昇し，明治後年には「学制」がめざしていた国民皆学がほぼ達成される。それに続いて1907（明治40）年に尋常小学校の年限が従来の4年から6年に延長される。これは義務教育を受けた児童がすべて中等教育を受けることができる年齢まで到達可能となったことを意味した。

戦前は，男子の普通教育機関である中学校，女子の普通教育機関である高等女学校，職業教育を施す実業学校が中等教育を担っていた。これらの学校は6年間の小学校教育を受けた者に対し最長5年間の中等教育を施していた。

義務教育としての小学校教育の普及によって，さらに進んだ教育を受けようとする動きが活発となる。つまり小学校制度が定着することで，地域では次に中等教育を提供する機関の設置が課題となっていくのである。図4-1は「学制」から戦後直後までの学校体系の変遷図である。戦前は義務教育が普及する

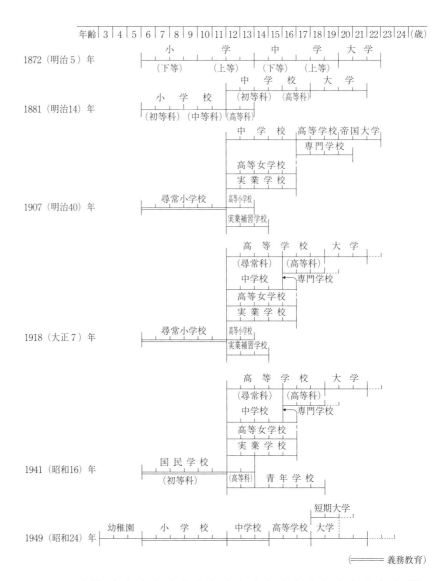

図4-1 日本の学校体系の変遷図
出所：教育制度研究会編『要説教育制度〔新訂第三版〕』2011年，41ページ。一部修正。師範学校の系統は省略している。

につれ，その後さまざまな中等教育機関や高等教育機関の整備が進み，学校体系がどんどんと分岐化していったことが理解されるであろう。

2　中等学校と設置者

　小学校の設置義務が，紆余曲折を経て市町村に課されるようになったことはすでにみてきた。では中等学校の設置は誰が担ったのであろうか。中学校は，当初府県が必要に応じて設置することとなっていたが1899（明治32）年の中学校令改正により，府県は一校以上を必ず設置することとされた。これに倣う形

▷4　中学校令
1886（明治19）年に制定された勅令。当初，尋常中学校と高等中学校に分かれていたが，高等中学校は1894（明治27）年に高等学校として独立し，尋常中学校が単に中学校と呼称されるようになる。はじめは普通教育または実業教育を施す機関とされていたが，1899（明治32）年の改正によって，男子に必要な高等普通教育のための学校とされた。

で同年制定された高等女学校令も高等女学校の設置は府県の義務と定めた。実業学校は必置とはされていなかったが、必要があれば文部大臣が府県に設置を命令することができることを同じく1899（明治32）年に制定された実業学校令が定めていた。

つまり中等学校の主たる設置者は府県（北海道では北海道庁）であった（以下、単に県、県立）。むろん都市部では私立の中等学校も数多く設けられたが、地方では県立を主体に中学校、高等女学校、実業学校が開設されていく。大正から昭和戦前にかけて、中等学校数と生徒数は劇的に増大していった。『学制百年史』によれば、1936（昭和11）年における中学校の数は中学校令が改正された1899（明治32）年に比べ2.9倍、生徒数は実に5倍に増加している。高等女学校ではさらに上回り、学校数では18.9倍、生徒数では36.2倍に増えている。明治から昭和にかけて、中等教育は急速に普及していった（図4-2参照）。

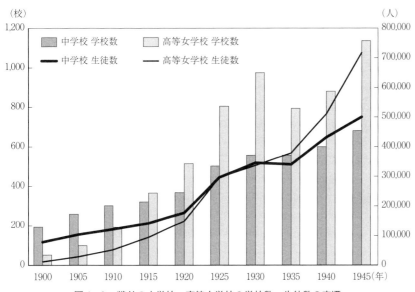

図4-2　戦前の中学校・高等女学校の学校数・生徒数の変遷
出所：『文部省年報』をもとに作成。

▷5　高等女学校令
高等女学校はもともと女子のための中学校として、中学校令で規定されていたが、1899（明治32）年に単独の勅令が制定され、女子に必要な高等普通教育を施す学校として定められた。修業年限が3～5年と弾力的であり、後に主に家政を学ぶ実科を設置できるようになったこともあり、地方の実情に応じた高等女学校が設立されるようになった。

▷6　実業学校令
1899（明治32）年は、中学校令改正、高等女学校令と実業学校の制定により戦前の中等教育制度が整った年であった。実業学校令はそれまで中学校の目的の一つであった実業教育を、農業、商業、工業といった産業別に施すための実業学校を規定する勅令である。

問題はこれら中等学校をどう設置していくかである。地方における県立中等学校の整備はおおむね次のような経過をたどる。まず県庁所在地に中学校や高等女学校が設置される。すると、それにつぐ地方都市が中学校の設置を要求するようになり、中学校が開設されると高等女学校の設置も求めるようになる。この一連の運動がさらにそれに準ずる規模の自治体へも広がっていく。しかし中等学校を開設するためには、施設設備や教員配置の点で、小学校に比べ格段に費用がかさむ。県としても各地の要望にそうそう簡単に応じることは難しかった。

そこで多くの県では、県立学校の新設費用の一部を地元に負担させるという

費用捻出策をとることになった。明治後半から昭和戦前の間に創設された歴史のある高等学校の学校史や，その高等学校が置かれている自治体の年史をみると，県立中等学校の設置に際し，住民が敷地を提供して，設置費用の一部を寄付するといった地元負担を引き受けていることがわかる。県当局が学校設置の条件としてはっきりと新設費用の負担を求めることも頻繁にみられたのである。

県内各地の中堅都市はこの県立中等学校の誘致に奔走する。図4-3は1905（明治38）年の秋，北海道内の地方新聞に掲載された風刺画である。この年，北海道庁は中学校，高等女学校，実業学校を一気に増設する計画案を北海道会（現在の北海道議会）に示したが，どの場所にどの順番で整備するかという計画は議会に任せることにした。中等学校を獲得するため道会議員が苛烈な争奪戦を繰り広げていることを揶揄している。このような誘致合戦は全国各地でみられるが，各地は競い合うなかで，地元負担を厭わなくなっていく。他地域との対抗意識が高まるなかで，県立の施設に地元負担を投入することに対する疑問は等閑に付されていった。

図4-3　道会議員による中等学校争奪戦を皮肉った風刺画
出所：『北海タイムス』1905年11月21日付。

3　地元負担の帰結

第1節で，自治体が小学校を自分たちの負担で公有地に設けることは，その施設をわれわれの学校であると認識する契機となるのではないか，と考えてみた。同様のことが中等学校にもいえないだろうか。つまり設置者は県であっても，敷地を提供し，設置費用を負担しているのはその学校周辺の地域住民である。新設された県立中学校や高等女学校に対し，自分たちの学校であるという淡い占有意識を寄せてもおかしくはない。後年刊行される市史などでは，誘致活動当時の模様が記されていることがあるが，そこでは地元負担は篤志的行為として表現され，県立学校の設立は町の名誉であり，その学校は必ず町の発展に寄与するから寄付金集めに奔走したのであろうと忖度されている。県立学校の開設は地域にとって，近くにあって通学に便利，という以上の満足感をもた

らすものであった。

　それは大正後期から昭和期にかけての県立中等学校の設置の仕方にも現れている。大正末期に郡制が廃止される。郡は府県と町村の中間に位置づく自治体であった。中等教育機関の需要が高まるなかで、町村どうしが協力し合って郡立学校を開設する場合があった。その郡が廃止された際、大半の郡立学校は県立学校へと移管された。とりわけ高等女学校が県立移管された事例は各地でみられる。そしてそのほとんどは、郡立学校を県に無償譲渡する形で進められており、なかには地域住民に校舎や備品の整備費用を負担させてから県立学校として引き取るようなケースも少なくなかった。これも遠回しであるが、県立学校の設立費用を地域住民に負担させたことになるし、住民たちからみれば自分たちが投じた費用によって自分たちの地域に県立学校を設置することができたことになる。しかももともと町村が合同で設置した学校が県立として衣替えすることになるので、自分たちの学校という意識はいっそう高まるであろう。

　一点着目しておきたいのは、このような市町村立あるいは郡立の学校が県立に移管される際、地域住民はこれを一種の「昇格」と受け止めていたことである。例えば、香川県のある町立高等女学校は戦時中に念願の県立移管を果たしているが、当時の校長は町立学校では卒業しても「嫁にいけない」という風評があったので困難を押して移管に尽力したと述べている（香川県立津田高等学校，1969，3ページ）。これは、市町村立の中等学校を県立の学校よりも格下であると考える風潮があったことを物語っている。戦後に編纂された市町村史でも県立移管を「昇格」と表記している場合がみられる（五條市史調査委員会，1958，722ページ）。この表現は法律的には適切ではないが、県立移管によって自分たちの学校がより格式の高い学校になったのだという心情をよく示しているといえよう。

４　高等教育機関拡張計画と地域

　義務教育の定着にともない、義務教育後の教育機関の増設が叫ばれ、各地で中等学校の設立が相次いだ。中等教育は進学準備を機能の一つとしている。中等学校が増えると、今度は高等教育機関の増設が求められるようになる。

　戦前の高等教育は、帝国大学とそこに入学するための教養教育を施す高等学校、そして産業や学問別に設立される専門学校が担っていた。高等教育機関は当初、首都圏や近畿圏といった大都市に集中していた。高等教育機関の運営には大きな財政負担がともなうことから、私学はいきおい人口が集中する大都市にとどまらざるをえない。教育要求の高まりにともない、明治後半から次第に専門学校や高等学校など比較的規模の小さい高等教育機関が全国の地方都市にも配置されるようになるが、その運営主体は国であった。つまり官立の高等教

▷7　高等学校
1894（明治27）年の高等学校令により、高等中学校は高等学校として独立した学校とされた。当初は専門教育と大学進学のための準備教育の両立を図ったが、専門教育は定着せずに大学予科としての性格を強くしていった。高等学校の学生は、大学進学がほぼ約束されたエリートとして教養教育を受け、独特な文化を形成していった。

▷8　専門学校
学問別、産業別の専門教育を独自に施す専門学校は、1903（明治36）年の専門学校令によって規定された。この勅令により、医学、薬学、法学、外国語、美術、音楽などの専門学校が誕生した。また従来実業学校令によって規定されていた実業学校のうち程度の高い学校は、この勅令により実業専門学校と位置づけられ、専門学校の一種として取り扱われるようになった。

育機関が戦前各地に分散していくのである。

　高等教育機関の増設の一つのピークは大正後年である。1918（大正7）年暮れ，当時の原敬内閣は，官立高等学校10校，専門学校19校（うち実業専門学校17校）を増設するという大規模な高等教育拡張計画を提示する。この機会に開設された専門学校とそれらが戦後どのような大学の学部になっていったのかを表にまとめてみた。この計画の実施過程をたどりながら，地域と高等教育機関のつながりについて考えてみたい。

表4-1　高等教育機関拡張計画によって開設された専門学校とその後継学校

開設年	学校名	後継学校
1921年（大正10）	三重高等農林学校 東京高等工芸学校 福島高等商業学校 大分高等商業学校 大阪外国語学校	三重大学農学部 千葉大学工芸学部 福島大学経済学部 大分大学経済学部 大阪外国語大学
1922年（大正11）	宇都宮高等農業学校 浜松高等工業学校 徳島高等工業学校 彦根高等商業学校 和歌山高等商業学校	宇都宮大学農学部 静岡大学工学部 徳島大学工学部 滋賀大学経済学部 和歌山大学経済学部
1923年（大正12）	岐阜高等農林学校 長岡高等工業学校 福井高等工業学校 横浜高等商業学校 高松高等商業学校	岐阜大学農学部 新潟大学工学部 福井大学工学部 横浜国立大学経済学部 香川大学経済学部
1924年（大正13）	宮崎高等農林学校 山梨高等工業学校 高岡高等商業学校	宮崎大学農学部 山梨大学工学部 富山大学文理学部
1925年（大正14）	熊本薬学専門学校	熊本大学薬学部

出所：筆者作成。

5　誘致運動の諸相

　当初，設置場所未定の学校も含まれていたため，この計画が明らかになると与党であった政友会の代議士の間で，これを地元へ誘致しようという奪い合いが活発になったことが報道されている（『読売新聞』1919年2月26日付）。ただこの計画は，未だ高等教育機関が設立されていない県を優先する方針をとっていたため，県どうしでの争いはそれほどみられなかった。しかし県下で激しい獲得競争を繰り広げた事例が散見される。

　例えば静岡県では，静岡市と浜松市が高等工業学校をめぐる激しい争奪戦を演じたことが伝えられている。結局，知事が仲裁に乗り出し，浜松に高等工業学校，静岡市には高等学校を設置するという折衷案で折り合いがついている（静岡県，1996，887〜888ページ）。また滋賀県では高等商業学校の誘致をめぐって大津と彦根市が激しく争った。競争が激化するなかで，大津市は設置に際

し20万円の寄付をすると県知事に申し入れており,時の市長は率先して400円を提供している。結局学校は国の意向で彦根に開設されることになったが,大津市長は最初から彦根に決まっていたのであれば,なぜ知事は大津市に誘致に向けて努力せよともちかけたのか,彦根からより多くの寄付金を引き出すため大津市を焚きつけたのではないかと不満を述べている(『大阪朝日新聞』1919年2月13日付,出典:神戸大学経済経営研究所,新聞記事文庫,教育(18-146))。

このように,官立の高等教育機関設置に際しては地方が設置費用の負担を担うことになった。例えば,長岡高等工業学校を誘致するために,新潟県と長岡市が創設費の負担や校地の提供など,総額60万円以上の多額の費用を分担している(長岡市,1996,481〜482ページ)。また,高等商業学校の誘致運動を展開していた富山県と高岡市は設立予算総額80万のうちその4割にあたる32万円を16万ずつ折半して負担している(富山県,1984,535ページ)。

先の県立中等学校が地元自治体の負担で設立されたのに対し,官立高等教育機関の際には,県と設置される自治体が共同で負担している点が注目される。金銭的な負担をした自治体が自分たちの中学校,高等女学校という意識を感じていたのと同様,官立の高等教育機関の場合では,県単位で「われわれ意識」を寄せやすいことになる。戦前に設立された官立学校のなかには,千葉高等園芸学校や富山薬学専門学校のように,県立専門学校を官立に移管した事例も散見される。このような経緯を抱えた学校は,郡立中等学校の移管と同様,地域の人びとに自分たちの学校が官立に格上げされたという認識を強くさせるであろう。

6　戦後の新制大学への影響

昭和戦前期に入っても,地域からの寄付を受けながら各地で官立の高等教育機関の設立が進む。皮肉なことに,エンジニアを育てる高等工業学校や,短期で医師を養成するための医学専門学校の増設は,戦時下において活発となった。これによって,複数の官立高等教育機関を抱える県も珍しくなくなっていった。加えて1943(昭和18)年の師範教育令の全面改正により,中等教育機関であった県立の師範学校は,国に移管されるとともに専門学校(つまり高等教育機関)へ改められたため,戦前の官立高等教育機関は各地に点在することになった。

これらが戦後どのような教育機関へ転換していったのかについてふれておく。戦後教育改革により,高等教育機関は一県一大学の原則をもって新制大学として統合された。例えば県内に官立の高等工業学校(戦時下には工業専門学校と改められていた)や高等商業学校(経済専門学校と名称変更),師範学校があった場合には,それぞれ工学部,経済学部,教育学部(学芸学部)に転換し,一

つの国立大学に再編されることになったのである。この措置によって，県内に学部が分散するケースが現れる。これがいわゆる「タコ足大学」である。

　これでは大学としての一体感が保ちにくいし，大学運営上も効率がよくない。そのため，戦後はキャンパスを統合する動きもみられる。実際，県内に分散していた学部を一箇所に集約できた国立大学もあった。しかしその一方，それぞれの学部を抱える地元から移転に対して強い反対があり，統合が進まずに現在に至る大学もある。

　なぜ地元は移転に反対するのだろうか。それほどまでに強く地域に根づいているからという説明がひとまず可能だろう。同時に地元負担を受忍してまで獲得した自分たちの学校がなくなってしまうのは忍び難いからだとすれば，地元負担を担ったことで，国立である教育機関の動向に，地域の意向を反映できる余地が生じたと考えることもできる。

3　六・三・三制の成立と中等教育

1　中学校用地の獲得と校舎の新設

▷9　**米国教育使節団**
戦後日本の占領政策にあたった GHQ（連合国総司令部）は，教育制度改革を進めるため1946（昭和21）年にアメリカから教育の専門家を招いた。この米国教育使節団は精力的に国内の教育機関を視察し，その後の改革を方向づける数々の提言をまとめた米国教育使節団報告書を残している。

　終戦後は，米国教育使節団の報告書に沿った形で，6年間の初等教育に続いて3年間の前期中等教育を施す新制中学校が義務教育機関として成立することになった。いわゆる六・三制（高等学校と合わせると六・三・三制）の単線型学校制度の発足である。後述のように，旧制の中学校などは新制の高等学校へ転換していったので，この新しい中学校については母体となる学校がない。つまり新規に教育施設を設立しなければならず，新制中学校の整備は市町村にとっては重い課題となった。しかもその発足は敗戦からわずか2年足らずの1947（昭和22）年4月と決められていた。当時の調査によれば，新制度発足時に独立した校舎をもっていた中学校は全体の15％程度しかなく，残りは既存の小学校などに間借りした状態であった（国立国会図書館調査立法考査局，1948，12ページ）。当時の新聞の表現を借りれば「学校には机も腰掛も黒板もな」く，「板の間にあぐらをかいて，ボール紙などを机がわりにしての座学」という状況であった（『朝日新聞』1947年6月4日付）。独立した自前の校地，校舎を備えることが喫緊の課題であった。

　貧弱な町村財政のなか，さまざまな工夫がなされた。船主から漁船を無料で借り，捕れた魚の売り上げを建築費に充てたり，村民が建築資材の工場を自前で運営して建設費用の削減を図ったり，六・三くじという宝くじを販売するなど学校設置に必要な費用を集める努力が続けられた（『朝日新聞』1948年3月21日付）。終戦から2年足らずで新しい義務教育のための学校を発足させることが

できたのは，このような地域住民の熱意によるところが大きかった。ただ，財源の幾分かは戦前と同じく，寄付金によって賄われ，これが地域住民に重くのしかかっていた。当時の新聞の投書欄を見ると，「新制中学建設資金の募集」が来たが「戦災による疎開者でタケノコ生活の底もみえてきておりますので，せめて五百円ぐらいにとお願いしてみましたところがどうしても千円出すようにとのことです」といったように寄付を強要される場合もあった（『朝日新聞』1948年11月7日付）。

小学校に加えて中学校を設立維持するためには，明治前期に形成された町村の規模では財政能力が足らず，さらに基盤を強化する必要があった。1953（昭和28）年に公布された町村合併促進法は，町村の標準的な人口を8000人以上と規定し，これに沿って合併が進められた。この8000という数字は新制中学校1校を運営するために必要と考えられた人口といわれている。これにより近接する町村が再編され，合併後の自治体が一つの中学校を設立する形で義務教育制度の整備が進んでいった。

合併前後の自治体には旧町村間の住民感情や利害関係の調整が必要となるが，中学校の建設は共同作業としてはわかりやすい事業といえる。町村立中学校の存在が地域住民の精神的なまとまりの形成に影響を与えたかもしれない。

2 新制高等学校と進学率の上昇

戦前の中等教育機関の大半は，戦後教育改革にともない新制の高等学校へと転換していった。制度発足当初，中学校から高等学校への進学率は平均すれば50％前後であり，しかも都道府県間の地域差，そして男女差が大きかった。しかしやがて進学希望者は，地域や性別を問わず右肩上がりで増加していく。

そこで高等学校の増設が必要となるが，設置主体が問題となる。学校教育法は，小学校や中学校の設置義務を市町村に課していたが，十分な数の高等学校を誰が用意しなければならないかについては定めていない。ただ，市町村が小学校や中学校の整備に汲々としていたこと，また新制高等学校のルーツであった戦前の中等学校の大半が県立であったことを考えると，公立の場合，県が設置者として期待されることになろう。しかし県の財政もけっして豊かではなかった。

1960年代を迎えると，戦後に生まれた数多くの子どもたちが中学生となり，急増する進学希望者への対応はますます切迫した課題となる。県は高等学校増設に対する国の財政的援助を求め，文部省も度重なる県当局や保護者らの陳情に応じ高校生急増対策に乗り出す。ただ，当時の文部省は進学希望者を全入させるのではなく，高等学校教育を受けるにふさわしい者を対象とすべきだという適格主義の立場をとっていた。そのため，文部省が予想する進学率の上昇

▷10　学校教育法
1946（昭和21）年3月の米国教育使節団報告書や，同年8月から発足した教育刷新委員会の建議を受けて，1947（昭和22）年3月末日に制定された戦後の日本における学校教育に関する基本的な法律。このうち，6年間の小学校教育と3年間の中学校教育は同年4月1日から実施することも定めていた。

と，実際の伸びには大きなズレが生じてしまった。このズレはどのようにして埋められたのであろうか。

3 県立新設費用の負担と公立高等学校の設置者

急増する高等学校進学者について一部は私立学校がこれを引き受けたが，それでもかなりの部分は公立高校の新増設で対処せざるをえなかった。しかし国からの十分な援助を受けることも難しく，県財政も良好とはいえない。そのようななかで新設高校を整備する費用はいったい誰が担ったのであろうか。

県は戦前と同様，県立高校が設置される市町村に再び地元負担を求めることになった。地域に高等学校ができればその住民にとって利益となる。「学制」以来の受益者負担の論理がここでも用いられた。新聞の報道によると，県立高校を新設する場合，用地は全額，建設費用の3分の1から半分を市町村負担や住民の寄付に頼っていたという（『朝日新聞』1963年3月19日付）。

この問題は国会でもたびたび問題視され，1963（昭和38）年，ついに国は地方財政法を改正し，県立高校設置に際してその経費を市町村や地域住民に負担させてはならないことを明文化した。

しかし，なぜ市町村や地域住民は校地の無償提供や設置費用といった負担に応じてまで県立高校の設置を望んだのであろうか。これを考える際の好例が残されているので，若干遠回りになるが，市町村立高校から県立高校への移管の例を確認してみよう。戦後公立高校の設置者は県が適当であるという暗黙の了解があったことは前述した。しかし例えば広大な面積を抱える北海道のように，道立高校の手が回らず，独自に高等学校を設置する町や村が多数みられる自治体もあった。多大な財政負担を負いながらも町や村の青年に後期中等教育を提供しようとする意欲的な取り組みであったが，町村立高校は振るわなかった。

そこで町や村は自分たちの学校を北海道へ移管しようとする。つまり町村立高校をまるごと寄付して道立高校を獲得しようとするのである。しかし移管に際し，道庁は校地校舎一切の無償譲渡に加え，校門やフェンスの整備，教員住宅の手当てなども町村に求めており，その条件は厳しいものであった。

それにもかかわらず多くの町村は条件を受け容れて道立移管を果たそうとした。それは言い換えると，町費や村費を支払って道立高校の看板を手に入れたということである。なぜ道立なのか。ある自治体が北海道教育委員会に提出した移管の申請書では，社会一般に町立高校と道立高校を区別する風潮があり，町立のままでは進学や就職に影響するのではないかと保護者が懸念していることが示されている。町村立高校がなかなか振るわなかった理由はそれであった。つまり同じ高等学校でも，道立に比べ町立や村立は格下であるととらえられて

いたのであった。北海道議会では，道立移管を「昇格」と発言する議員もいた（1979年7月14日）。こう考えると要求に応じ，町村費で道立学校を整備する形で移管を果たそうとした行動も理解できる。自分たちが費用負担してでも道立の高等学校が必要だったのである。戦前に中等学校が設置者移管された事例をみてみたが，その際とほぼ同じ動機を指摘することができよう。自分たちが建てた学校が県立の学校として公認されることはきわめて重要だったのである。

県立高校設置にあたり市町村や地域住民が地元負担に応じた際にも，その負担によって「自分たちの県立高等学校」を獲得することができるという心理が働いていたであろう。1970年代に数年来の悲願である県立高校誘致に成功したある町の期成会の会報は「"わが町の高校"をつくって行きたい」と述べている（鶴ヶ島町史編さん室，1992年，862ページ）。

法律で禁じられても，地元負担はさまざまな形で暗々裏に続いており，国会などでもその問題に対し批判が続いていた。しかし近隣との誘致競争が激化すれば地域は負担を厭わなくなるであろうし，県側も，戦前から連綿と続いてきた設置費用を地域に頼るという習慣からなかなか抜け出せなかったのである。

4 国立高等教育機関の増設をめぐって

1 国策としての技術者養成と地元負担

このような戦前からの地元負担の問題は，高等教育機関をめぐる国と地方自治体との関係においても引き継がれていた。それが最初にクローズアップされたのは，高等専門学校（以下，高専）が創設された際である。

1961（昭和36）年に，中学校卒から5年一貫で専門教育を施す高等専門学校制度が設けられた。この高専の設置主体はほとんどが国であったことからも，国策として高度経済成長を支える中堅技術者の養成が進められたことが理解できる。国はこの高専を全国各地に開設することをめざし，多くの地方がこれに応じて候補地として名乗りを上げた。

とりわけ一期校と呼ばれることになる最初の国立高専が開校される際には，各県どうしや，県内で激しい争奪が展開され，再び地元負担を競い合う誘致合戦が生じてしまった。

しかし国はこの状況を問題視せず，むしろ地元からの寄付を前提に政策を推し進めようとした。新設のための土地取得費用を予算に計上しなかった理由を国会で尋ねられた当時の文部大臣は，「国立の学校を設置しますときに，地元でそれを提供してもらうというのは明治以来の慣行」（参議院文教委員会，1961年10月23日）と答弁している。戦前の地元負担についてはすでにみてきたとお

▷11 高等専門学校
1961（昭和36）年に学校教育法が改正され，高等専門学校を置くことができるようになった。入学資格は中学校卒で，5年間で一貫した専門教育を行う学校として発足し，当初は，高度経済成長期における中堅技術者の養成機関としての役割が期待された。

りであり，慣行と表現するには違和感があろう。だが，そのあり方は反省されることなく，戦後の国立高等教育機関の増設の際にも受け継がれようとしていたのである。

しかし一度に多数の高専を設置しようとしたことで，慣習としての地元負担と設置者負担主義の原則との乖離は，誰の目からみてもわかるくらいに顕在化してしまった。加えて先にみたとおり，同じ時期に，県立高校の設置に際し，費用を地元に転嫁することを禁じるための地方財政法の改正が論議されていた。県に対して地元負担をさせないよう指導しなければならないはずの国が地元負担を求めるという姿勢が厳しく批判されたのである。

一方，設置費用を支払うことで，地方は独自に高専を必要とする理由づけや高専に寄せる期待を付け加えることが可能となったという側面も注意される。もともとは中堅技術者の促成が高専の大きな目的であった。しかし地方によっては，農家の二，三男対策や，高等教育機関設置による文化的格差の解消など，高専誘致運動にはさまざまな動機が付け加えられていた。費用負担という形で国立高専の設立に参加することで，地域に国立高専ができる意義を自由に付け加えることができるようになる。こうして多くの県に地元負担をともないながら国立高専は散在していった。それが「自分たちの国立高専」であるという意識は，例えば高専ロボコンの全国大会での地元国立高専の活躍ぶりを地方新聞が誇らかに報じているあたりにうかがうことができるかもしれない。

2　地方利益としての国立医大と誘致運動

全国各地での国立高専設置がほぼ完了した1970年代，地方では深刻な医師不足が問題となり，無医大県の解消が次の教育政策の課題となった。1970（昭和45）年の秋田大学医学部の開設を皮切りに，1980年までに15の国立大学医学部や単科の医科大学が設立された。

この時も高専の場合と同様，国はさまざまな形で県や設置される自治体に財政的な協力を求め，同時にその姿勢が「高専の二の舞」（衆議院地方行政委員会，1970年3月17日）として国会で厳しく批判されている。それでも大学の敷地については無償貸与を受けたり，低い賃料で借地しようとするなど，できるだけ地元の協力を得ようとする文部省の態度は変わらなかった。国立医科大の増設に消極的だった大蔵省と予算編成をめぐって毎年のように折衝しなければならなかった文部省としては，設置費用についてはできるだけ切り詰めておきたかったという事情もあった。一方でその求めに応じ，大学設置協力会といった財団法人を設立し，そこで収集した募金を大学に寄付するといった迂回措置を図り，法令違反という非難をかわそうとする自治体もあった。

地元負担によって地域に学校ができる意味を考えると，この医大について

▷12　設置者負担主義
学校教育法は「学校の設置者」が「その設置する学校を管理」すること，および「その学校の経費を負担する」と定めている。設置者負担主義は学校を建てた者が学校の設置費用や維持費用を負担するという原則である。

▷13　高専ロボコン
正式名称は，アイデア対決・全国高等専門学校ロボットコンテスト。毎年異なる競技課題が与えられ，高等専門学校の学生がチームとなって，それに対応するロボットを制作し，成果を競う競技会。1988年から開催され，地区大会を勝ち抜いたチームが全国大会に進む。

は，比較的明瞭な地方利益を指摘することができる。医師養成機関の設置は，先進的な医療機関である大学病院の開設とともに，医療従事者の育成により地域の医療環境が劇的に改善されるという地方利益として受け止められた。かつて明治政府は，義務教育は身を立てる「財本」なので，地域に応分の負担を求めたが，医科大学の開設によって見込まれる受益，とりわけ県内出身者が医大に入学し，県内の医療を担うはずであるという期待はそれに比べるとはるかにわかりやすい利益であった。

この期待はより具体的には，地元の子弟のための特別枠の設定ができないかという要望に表れる。しかし地元負担に頼る一方で，国は，「あくまでも国立大学の医学部」なので「入学者選抜において特定地域の出身者を優先的に取り扱う」ことは「教育の機会均等の観点からいろいろ問題」だと冷淡であった（衆議院内閣委員会，1979年4月10日）。その結果，各地に開設された医大には都市部から受験者が殺到し，県内出身者の占有率はなかなか上がらず，何のために地元負担を引き受けたのかという不満の声もあがった。

一方で国は，県立医大が地元優先枠を設けることは，運用に行きすぎがなければ認めてもよいのではないかと発言したことがある（衆議院予算委員会第一分科会，1971年2月23日）。また国立医大増設時の文部官僚は，国が全面的に財政支援するので県立医大を設けてみてはと県知事に水を向けたことがあると回想している。しかし地元出身の国会議員が「国立」医大に固執したためにこの構想は行き詰まったという（岐阜大学教育学部附属カリキュラム開発研究センター，1996，33ページ）。高専と同様に，地域が欲したのは自分たちが費用負担した「国立」医大の獲得であったということになろう。

5 縮小時代における私たちと学校

1 少子化時代の地域と学校

この章では設立される際の地元の負担に焦点を当て，地域と学校との関係の深まりを考えてきた。その結果，経済的な負担を負うことが，目の前に出現する教育機関を自分たちの学校ととらえるようになる契機となったことを繰り返し確認することになった。あけすけな言い方になるが，金銭的な負担をしたという事実が，その学校を地域に根づかせるきっかけになったともいえる。明治の初年，怨嗟の対象であった小学校は時間の経過にともなって，母校という敬慕の対象となっていき，学校行事は地域のイベントとして受け入れられていった。その小学校に続く中等あるいは高等教育機関の誘致が，校地の提供や建築費を負担によって実現したことで，これもまた地域と学校の結びつきを強める

契機になった。国立や県立の学校の設立に金銭的に関わることの当否はさておいて，このような経験や記憶が自分たちの生活圏に学校を根づかせることになったといえるであろう。

しかし周知のように20世紀後半から少子化の動きが止まらない。児童生徒数の減少は学校数の議論にも直結する。もともと学校の統廃合は，20世紀においても過疎化が進む地方においては深刻な問題であった。しかし現在，学校の存廃問題は都市中心部の小・中学校や，本来比較的大きな規模で運営されてきた高等学校にも及んできている。

いわゆる平成の大合併により，大規模な自治体の再編成が進められた。これによって町や村がなくなくなる一方，合併前に建てられたためその学校の名称にかつての町村名を留めるような小学校や中学校が残されることとなった。しかし合併以降も少子化が続き，そういった学校さえも廃校となってしまうといったケースも散見されている。学校とそれが根ざすべき地域自体の存立が難しくなっていく現状における学校と地域との関係を最後に考えてみよう。

2　迷惑施設としての学校・プログラム化する学校

近年，学校から発せられる子どもたちの声や部活の練習の音がうるさいという苦情が目立つようになってきた。地元の行事といってもよいはずの運動会やその練習もクレームの対象になっているという。「学校」「騒音」といったキーワードでネットを探っても，ブラスバンドの練習がうるさいがどうしたらよいか，といった苦情が紹介されている相談サイトを簡単に検索することができる。ここには今まで論じてきたような「私たちの学校」という感覚はない。むしろ読み取れるのは，学校は自分とは無関係であるという距離のとり方である。これはかつて明治初年，自分たちの生活とは無関係に出現し，日常生活を覆す迷惑な存在として学校が立ち現れた状況を彷彿とさせる。現代の学校への苦情は，地域に新しく住みはじめた人びとから寄せられることが多いというが，これは学校に寄せる親しみは，近隣に住んでいれば自然と感じるようになるのではないことを示している。設立への関与や設立経緯の記憶を基盤として，継続的な学校へのかかわりがなければ地域と学校はうまく結びつかないということだろう。

一方2018（平成30）年4月，横浜市は児童数が急増した学区を2つに分け，小学校を新設した。ただしその小学校は，将来は児童数がおちつくとして，10年間の期限つきで発足している。開発が進められている地域であることから，閉校すれば校地はいずれ転用されるのであろう。このような学校で学ぶ子どもたちは母校をどのようにとらえ，どのように同窓意識を形成していくのであろうか。そう考えると，われわれは，今まで学校を建てる際，その学校がいずれ

なくなるかもしれないということを考えてこなかったことに気づく。

　しかし今後も縮小傾向が続くのであれば，「自分たちの学校」をどのように閉じていくかを真剣に考えていかなければならない。また場合によっては横浜市のように児童生徒数の急増減に対応した暫定的な対応も必要になってくる。その際には，そのままずっと校舎や校地を持ち，卒業後も同窓生を暖かく見守る母校といった，いわば施設としての教育機関ではなく，臨機応変に編成される教育組織，あるいは教育を提供するプログラムとしての学校をイメージする必要があるかもしれない。

３　学校と地域との関係の今後

　ここまで，初期費用の負担に力点をおいて学校が地域に根ざすきっかけを検討したきた。しかしその経緯と無縁な人びとにとっては，学校は単に児童生徒が集まる場所であり，場合によっては騒音の源にもなってしまう。そのような地域住民からの苦情を受けた長野県松本市の高等学校では生徒が，地域との連携を模索し，地域住民とフォーラムを立ち上げ真摯な話し合いを続けた。その結果，学校と地域との関係が円滑になり，騒音トラブルは解消に向かったという。

　設立に関与するのは結びつきのきっかけであり，学校と地域はその後の関係のなかから相互の信頼感を醸成していかなければならない。そしてその過程はけっして順接的で平板なものではないであろう。学校が地域にどう根づいていったのかをさらに深く探るには，両者の対立や葛藤といった危機的な局面にも考えを及ぼさなければならない（山下，2017，53～58ページ）。

　そのような危機には，今後，学校が地域から消滅するという事態も含まれるであろう。横浜市で10年間限定の小学校が設立された際，当初「みなとみらい小学校」というまったく新しい校名も候補とされていたが，最終的には分離元であった学校名も取り込み「みなとみらい本町小学校」と命名された。そこには，閉校時に「本町小学校」への転入が心理的にもスムーズにできるように，また母校が消滅したという喪失感を子どもたちに与えないようにという配慮が働いていた。

　ここからは金銭的負担をすることで自分たちの学校を作ってもらうという姿勢だけではなく，期間限定の学校で子どもたちを育成していくために必要なことはなにかを自治体と地域住民が試行錯誤で探る姿を看取することができる。いま目の前にある学校との関係を定性的にとらえるだけではなく，将来はなくなってしまうかもしれない学校と地域はいまどうかかわり合うべきなのかを考えることが今後は求められる。

Exercise

① 自分にとって身近な小学校（出身校などでもよい，以下同じ）についての歴史を調べ，その設立に際してどのような努力が払われてきたのかを確認してみよう。

② 自分にとって身近な中学校の校地がもともとはどのような土地であったのかを古い地図や，国土地理院が提供する「地図・空中写真閲覧サービス」などを用いて調べてみよう。

③ 自分にとって身近な高等学校の沿革について，いつ創設されたか，創設の背景やきっかけはなにか，校地はどのように入手したのか，（創設が戦前の場合）母体となる学校は何であったのか，などについて調べてみよう。

次への一冊

佐藤秀夫『学校ことはじめ事典』小学館，1987年。
　運動会，修学旅行，学芸会といった行事や，4月入学，学期制，時間割といった当たり前と考えられてきた学校の慣行のルーツをやさしく解説しつつ，現代の学校教育にも通じる隠れた問題が指摘されている。

山内太郎編『学校制度　戦後日本の教育改革5』東京大学出版会，1972年。
　戦後の教育改革がどのような過程で進められ，そのように実施されていったのかを克明に記述している。各学校制度の改革とともに，総論では高度経済成長期における学制の再編過程についても論じられている。

松下孝昭『軍隊を誘致せよ——陸海軍と都市形成』吉川弘文館，2013年。
　学校ではないものの，戦前は軍隊も誘致運動の対象となっていた。その動機は，近隣都市との対抗意識であったり，地域の経済発展への期待であったり，学校誘致と相通じるところが少なくないので，社会インフラ整備の一つとしてとらえると参考になるところが大きい。

大谷奨『戦前北海道における中等教育制度整備政策の研究』学文社，2014年。
　北海道をフィールドとして，戦前の北海道庁立中等学校の整備が地元負担を受けながらどのように進められたのかを検討し，そのときに見られる地域住民の町村立よりも庁立学校の方が格上という「庁立志向」についても指摘している。

引用・参考文献

石戸谷哲夫『日本教員史研究』講談社，1978年。
伊藤彰浩『戦間期の日本の高等教育』玉川大学出版部，1999年。
大谷奨『戦前北海道における中等教育制度整備政策の研究』学文社，2014年。
大谷奨「高等専門学校制度の発足と地方における誘致問題」『教育制度学研究』第22号

東信堂，2015年，58～73ページ。
香川県立津田高等学校『四十年のあゆみ』1969年。
岐阜大学教育学部附属カリキュラム開発研究センター『木田宏教育資料3——昭和35年から昭和51年』1996年。
倉沢剛『学制期小学校政策の発足過程（小学校の歴史1）』ジャパンライブラリービューロー，1963年。
倉沢剛『小学校政策の模索過程と確立過程（小学校の歴史2）』ジャパンライブラリービューロー，1965年。
国立国会図書館調査立法考査局『六・三制の現状』1948年。
五條市史調査委員会『五條市史上巻』1958年。
佐藤秀夫『学校ことはじめ事典』小学館，1987年。
下谷小学校同窓会『下谷小学校同窓会報告誌』1891年（国立国会図書館デジタルコレクション）。
静岡県『静岡県史通史編5　近現代一』1996年。
土屋喬雄・小野道雄『明治初年農民騒擾録』南北書院，1931年。
鶴ヶ島町史編さん室『鶴ヶ島町史近現代資料編』1992年。
富山県『富山県史通史編Ⅵ　近代下』1984年。
長岡市『長岡市史通史編下巻』1996年。
藤原良毅『近代日本高等教育機関地域配置政策史研究』明治図書出版，1981年。
丸子中央小学校百年史編集委員会『丸子中央小学校百年史』1973年。
文部省『学制百年史』帝国地方行政学会，1972年。
文部省『文部省年報』。
山下晃一「〈学校と地域〉の関係を問い直すための予備的考察」末松裕基編著『教育経営論（教師のための教育学シリーズ4）』学文社，2017年。
米田俊彦『近代日本中学校制度の確立』東京大学出版会，1992年。
『教育報知』東京教育社。
『少年世界』博文館。
『朝日新聞』。
『大阪朝日新聞』。
『北海タイムス』。
『読売新聞』。

注記：『朝日新聞』『読売新聞』の記事検索についてはそれぞれのデータベース，『大阪朝日新聞』の記事検索については，「神戸大学経済経営研究所新聞記事文庫」を利用した。

第5章
近代天皇制と教育はどのように結びつき，何をもたらしたのか

〈この章のポイント〉

　本章では，教科書に登場する天皇・皇室関係教材など学校教育の道具立て，関東大震災時の流言飛語と学校教育との関係，児童の神社参拝に象徴されるような，地域社会のもつ教育的側面に着目して歴史的経緯をたどる。そして，近代天皇制と教育がどのように歴史的に結びついてきたのかということについて学び，現在を考える。

1　国定教科書と近代天皇制

1　近代天皇制とナショナル・アイデンティティ

　日本は，明治維新期の諸改革を経て幕藩体制から天皇を核とする立憲君主制に移行した。それは地域的に残り続ける旧藩への帰属意識との緊張関係のなかで，「国民」としてのまとまりを求めるという困難な事業であった。「国民」としてのまとまりが生成される過程で，天皇が西欧のような近代の君主になることが急がれた。

　戊辰戦争の残した亀裂やいわゆる士族反乱など，「日本人」の統合は必ずしもスムーズにはいかなかった。しかし日清戦争，日露戦争を経ながら，近代学校教育などを通じ，徐々に「国民」が形成されていった。見知らぬ人と「私たち」という感覚が共有され，それが国家や民族への愛着と結びつく時の連帯感や一体感をナショナル・アイデンティティ（あるいはナショナリズム）という。ナショナル・アイデンティティを共有することで，見知らぬ人とでも「私たち」として結束することができる。しかし「私たち」への愛着をもつあまり，「私たち以外」への反発や排斥もともなうこともある。

　経済学者のアマルティア・センは，「ナショナリズムは非常に有害なときもあるが，人々を統合する力にもなる」と述べたうえで，「日本でも，明治維新のあと人々を統合するのに大きな役割を果たしたはず」と，明治維新をきっかけとする「国民統合」にナショナリズムの果たした役割について肯定的に評価する（『朝日新聞』2012年10月22日付）。

　日本の近代史は，旧藩に帰属意識を抱いて育った人々がナショナル・アイデ

▷1　天皇と天皇制
「天皇」という呼称は，古代に用いられて以来1000年近く中断し，幕末期に至って復活した呼び方である。また，「天皇制」という言葉は，1932（昭和7）年に日本共産党が打ち出した活動の方針のなかで，天皇が政治，軍事，宗教の頂点に立つ日本の特殊な体制を分析するために，「王制」や「君主制」ではなく「天皇制」を用いたことに始まる（歴史科学協議会，2017，45，180ページ）。「天皇」も「天皇制」も，本来は歴史的・社会的に固有の文脈をもっている言葉の使い方である点には注意が必要である。

ンティティ（かつて敵対していた人びととも同じ「日本人」であるという意識）をもつようになるプロセスでもある。そのことを念頭に置きながら，教育実践の歴史をふりかえることとしたい。

具体的に以下では，教育を通じてどのように「日本人」が形づくられてきたのか，その過程で天皇や皇室がどのように用いられてきたのか，次の観点から眺めてみる。第一に，教科書である。第二に，学校における教科書（授業）以外の教育，とくに学校儀式と課外時間の過ごし方である。第三に，1923（大正12）年の関東大震災である。最後に，現代社会における地域社会・神社と学校教育と天皇・皇室との歴史的な関係について述べる。

2 国定教科書と記紀神話

はじめに，学校で使用された教科書について考えてみよう。天皇に，軍事・政治・宗教の統率者としての権利が生まれもって与えられているという考え方は，日本が近代国家を形成するに際して，もっとも重要な柱となる理念として作り出された。そしてこの理念は幕藩体制からの政治体制の変化だけでなく，江戸の手習塾（寺子屋）から明治の学校へという教育体制の変化とも分かちがたく結びついた。

1872（明治5）年の「学制」に始まる近代学校は，1900年頃までに徐々に定着していく。そして，就学率が90％に近づくころ，教科書が検定制から国定制になった（1903年）。国定教科書とは，全国の小学校すべてが一校の例外もなく同じ教科書を用いる制度である。例えば1933（昭和8）年から開始された「サイタ　サイタ　サクラ　ガ　サイタ」ではじまる国定第4期『小学国語読本』（通称サクラ読本）は，学習が始まる4月には桜が咲かない東北や北海道でも使用された。

国定教科書と天皇・皇室は，具体的には次のように結びついた。まずは，『古事記』『日本書紀』（合わせて「記紀」）の神話に基づく教材である。記紀神話教材は，修身（道徳）だけでなく，国語や唱歌（音楽）にも取り入れられ，教科同士の学習時期の連関も企図された。

具体的には，国語や修身（道徳）に「み国のはじめ」「天の岩屋」「八岐のおろち」「少彦名神」「国びき」「神武天皇」などの記紀神話が教材として，子どもが興味と親しみをもつ文体で掲載された。

「み国のはじめ」は，イザナギとイザナミが日本のもととなる島々を創ったという神話の物語である。記紀では，かれらの子である天照大神が「神勅」を自分の孫にあたるニニギノミコトにくだして，日本が天照大神の子孫によって永久に統治されることになったとされる（「天孫降臨」）。この「神勅」は1940年になると国史教科書の冒頭に掲げられるようになった。

▷2　記紀神話
『古事記』『日本書紀』に基づく日本の神話。修身や国語，唱歌の教科書では，それらに由来する神話が物語のように仕立てられた。しかし実際には記紀の叙述に必ずしも忠実ではなく，戦前期の時代や社会背景に合わせて創作されたものであった。

第5章　近代天皇制と教育はどのように結びつき，何をもたらしたのか

図5-1　国史教科書
出所：「神武天皇」『尋常小学国史　上』文部省，1935年，8〜9ページ。

　図5-1は，国史と呼ばれた日本史教科書の単元「神武天皇」の一場面である。当然のことながら，当時もこんにちも，神武天皇の姿をみたことがある人はいない。角髪を結った神武天皇を想像して描かれたこの挿絵は，教科書の改訂を経ながら1920年から1942年まで20年以上掲載され続けた。そのため，この時代に学んだ人々のあいだでおなじみの挿絵となった（中村，1992，97〜110ページ）。

　この教材では，「金色の鵄が飛んで来て，天皇のお持ちになっている御弓のさきにとまって，きらきらと強くかがやいた。そのため，わるものどもは，目がくらんで，もはや戦うことができなくて，まけてしまった」と，「わるものども」が「まけてしまった」あと，初代の天皇として奈良の橿原で即位したと述べられる。そのうえで「二月十一日はこのめでたい日にあたるので，国民はこぞってこの日に紀元節のお祝をするのである」と説明される（同上，10〜11ページ。引用では旧仮名遣いを新仮名遣いで表記した）。

　ほかにも，神話の物語だけでなく「明治天皇」や「昭憲皇太后」，「北白川宮能久親王」「靖国神社」など，近代以降の天皇や皇室に関わる事物も多く取り入れられ，その割合は昭和戦前期（国定教科書第4期，第5期）でもっとも顕著になった。現実的ではない神話の時代から現在の天皇家が始まり，未来にも永久にその統治が継続する（万世一系）という理念が，地域の別なく全国一律に教えられた。

　上に示したような理念は，近代科学と対立するものである。例をあげれば，天皇の祖先がイザナギ・イザナミにつながっているという教えは，考古学の成果やダーウィンの進化論を否定することになりかねない。当時の教育行政，教科書編纂者（文部省）は実際に，どのようにして進化論を周到に排除するか苦心した。結果として進化論に象徴される近代科学は，旧制高等学校や旧制帝国

▷3　北白川宮能久親王（1847〜95）
伏見宮邦家親王の子。ドイツ留学を経て近衛師団長として乙未戦争（台湾割譲後の征服戦争）の指揮を執り，台南で病死したとされる。台南神社，台湾神宮など台湾各地の神社の祭神としてまつられた。戦後台湾の神社が廃止されたあとは，靖国神社にまつられている。

83

大学など，一部の国家的エリート候補のみに独占的に教えられた（右田，2009）。

2　「御真影」・教育勅語と学校儀式

1　「御真影」と教育勅語

　天皇・皇室は，教科書に登場しただけではない。「御真影」（天皇・皇后の肖像写真）と「教育ニ関スル勅語」（教育勅語）は，学校にとってなくてはならない重要な教材であった。教育勅語は学校で校長が読み上げるだけでなく，児童生徒が必ず全部暗記すべき言葉であった。以下に一部を引用する。

爾臣民父母ニ孝ニ　兄弟ニ友ニ　夫婦相和シ　朋友相信シ　恭倹己レヲ持シ　博愛衆ニ及ホシ　學ヲ修メ　業ヲ習ヒ　以テ智能ヲ啓發シ　德器ヲ成就シ　進テ公益ヲ廣メ　世務ヲ開キ　常ニ國憲ヲ重ジ　國法ニ遵ヒ　一旦緩急アレハ義勇公ニ奉シ　以テ天壤無窮ノ皇運ヲ扶翼スヘシ

（訳：汝ら臣民は，父母に孝行をつくし，兄弟姉妹は仲良く，夫婦は仲むつまじく，友人は互いに信じあい，恭しく己を保ち，博愛をみんなに施し，学問を修め実業を習い，そうして知能を発達させ道徳性を完成させ，更に進んでは公共の利益を広めて世の中の事業を興し，常に国の憲法を尊重して国の法律に従い，非常事態のときには大義に勇気をふるって国家につくし，そうして天と地とともに無限に続く皇室の運命を翼賛すべきである。）

　　＊　原文は必要に応じスペースを入れた。訳文は高橋陽一（教育史学会編，2017，11ページ）による。

　上にみるように，教育勅語には夫婦や兄弟仲良く，というように，通俗的道徳も織り込まれる。しかしこれらの道徳（徳目）は，「一旦緩急アレハ義勇公ニ奉シ　以テ天壤無窮ノ皇運ヲ扶翼スヘシ（いったんかんきゅうあれば　ぎゆうこうにほうじ　もってんじょうむきゅうのこううんを　ふよくすべし）」に集約される。「非常事態のときには大義に勇気をふるって国家につく」すことができるという目的のために教育が存在し，その目的にかなうように徳目のとおり道徳的に生活することが求められた。

　「御真影」やすべての学校に配布された教育勅語の謄本は，各学校の中では天皇の代わりのように神聖視された。「奉安殿」（奉安庫）から学校儀式を行うために講堂に移動される際には，教職員は白手袋をはめ，写真の額縁や謄本の巻物を入れた特別な桐箱をお盆に載せて，「奉安殿」から講堂正面の「奉掲

▷ 4　教育ニ関スル勅語（教育勅語）
1890年10月30日，道徳の規範として出された315文字の言葉。明治天皇睦仁の言葉として出されたが，井上毅と元田永孚が起草した文章である。特定の宗教や学説によらない内容が目指された。しかし実際には敗戦までの55年間にわたり，「神格化」が図られた。1948年に衆参両議院で排除，失効確認の決議がなされた。

▷ 5　奉安殿
「奉安殿」（奉安庫）とは，「御真影」や教育勅語謄本を収納（「奉安」「奉蔵」といった）するための，特別な保管庫のことをいう。はじめは校長室の一角に設置できる金庫型のものが多かった。しかし時代がくだるにつれ大型化し，扉に金の鳳凰が彫刻されたり，奉安庫の前に特別な衝立を置くことで神聖化の度合いを強めた。1920年代以降関東大震災を経てコンクリート工法が発達すると，校舎とは別にコンクリートで耐火，耐震を第一に考えた「奉安殿」を建造する学校が徐々に増えた。さらに1930年代には神社風建築のものが増加した。

所」まで運んだ。「奉掲所」とは、講堂の中央正面の、校長の立ち位置の背後にしつらえられた「御真影」専用のスペースであり、儀式の日以外は厚いカーテンや扉で閉じられていた。1931年に生まれた作家の山中恒は、儀式の前に「御真影」と教育勅語謄本が奉安殿から式場へと運ばれる間じゅう「気をつけ」をさせられたという（山中，2017，14ページ）。

「御真影」や教育勅語謄本が盗まれたり、火災で燃えたりすれば、校長は責任を取って辞職することもあり、なかには責任を感じた校長自ら自殺をする事例や、火災の校舎から「御真影」を守ろうと逃げ遅れる事例、人間と同じように写真が誘拐されて「身代金」を要求され、処分をおそれた校長がお金を支払う事件も起こった（教育史学会編，2017，38〜39ページ）。

図5-2は、千葉県の小学校に現存する教育勅語、戊申詔書を入れた特別な桐箱である。教育勅語などの詔勅類は、このような箱に収められ、奉安殿に置かれていた。

図5-2　教育勅語・戊申詔書を入れるための箱
出所：千葉県一宮小学校蔵。

2　学校儀式

「天孫降臨の神勅」によって、神話の時代から未来まで天皇家の支配が永久に継続するという考え方は、教科書を通じた授業のなかだけでなく、学校生活のあらゆる場面で教えられた。それをもっとも象徴するのは学校儀式である。

教育勅語が出された翌年の1891年には、皇室の祭祀に基づいて学校儀式を行う日（小学校祝日大祭日儀式規程）が定められた。この時には儀式日が多すぎ、1900年にいたり整理されたのが、小学校令施行規則である。

読者のみなさんには、入学式や卒業式には「式次第」が掲示され、順序正しく厳粛な式を行った経験をもつ人も多いことだろう。明治中後期から昭和戦前期にかけては、「三大節」（昭和期以降は「四大節」）は祝日だが必ず登校して儀式を行うことが法令で定められていた（もとより儀式はこれらばかりではなく、現在のように入学式、卒業式なども実施されていた）。「三大節」「四大節」の儀式では、式で行う内容が次のように、とくに厳密に定められた。

一　職員及児童「君が代」を合唱す
二　職員及児童は　天皇陛下　皇后陛下の「御影」に対し奉り最敬礼を行う
三　学校長は教育に関する勅語を奉読す
四　学校長は教育に関する勅語に基づき聖旨の在る所を誨告す

▷6　戊申詔書
時代がくだるにつれて教育勅語以外にも天皇の言葉として暗記しなくてはならなかった詔勅類が増加した。「戊申詔書」は、1908（明治41）年に出されたものである。日露戦争後、「日比谷焼討事件」に代表されるような社会不安や都市への人口流出にともなう農村の窮乏、社会主義の広がりなどを警戒し、国民の「勤倹」「自彊」（自分で力をつけること）を呼びかける内容であった。ほかにも大正期には関東大震災のあとに「国民精神作興詔書」（1923年）が出され、昭和期の日中戦争のさなかには「青少年学徒ニ賜ハリタル勅語」（1939年）が定められ、いずれも学校での暗記が求められた。

▷7　小学校祝日大祭日儀式規程
以下の日に学校儀式を行うことが定められた。
　四方拝（1月1日）・元始祭（1月3日）・孝明天皇祭（1月30日）・紀元節（2月11日）・春季皇霊祭（3月21日）・神武天皇祭（4月3日）・神嘗祭（10月17日）・秋季皇霊祭（9月23日）・天長節（11月3日）・新

嘗祭（11月23日）
これらは，明治維新に際して整理された皇室の祭祀をもとに創設されたものである。しかしあまりに頻繁であったため，2年後には「三大節」へとまとめられるにいたった。

▷8　三大節・四大節
1900（明治33）年の小学校令施行規則で「紀元節天長節及一月一日ニ於テハ職員及児童学校ニ参集シテ」儀式を行うことが決められた。「紀元節」は神武天皇が即位したとされる日（新暦2月11日）で，「天長節」はその時代の天皇の誕生日である。1927（昭和2）年には明治天皇の誕生日（明治期の「天長節」だった11月3日）が「明治節」という名称で加えられ，「四大節」となった。

▷9　御真影
天皇・皇后の公式な肖像写真は，一般に「御真影」と呼ばれた。法制度上は「御影」，宮内省（現宮内庁）は「御写真」を正式呼称としている。1891（明治24）年11月，「御真影並ニ勅語ノ謄本奉置方ニ関スル件」により，校内の決まった場所に「最モ尊重ニ奉置」することが定められた。

▷10　儀式唱歌
「祝日大祭日歌詞並楽譜」（1893年文部省告示第3号）により「小学校祝日大祭日」に合わせて，「君が代　勅語奉答　一月一日　元始祭　紀元節　神嘗祭　天長節　新嘗祭」の唱歌が定められた。これに，1927年から「明治節」が加えられた。なお「一月一日」は，「としのはじめのためして」ではじまる，現代でもなじみのある歌である。

五　職員及児童は其の祝日に相当する唱歌を合唱す

＊　小学校令施行規則（1900年8月21日文部省令第14号第28条）より抜粋。法令上のカタカナはひらがなで，旧字体は新字体で表記した。

　二の「御影」（一般に「御真影」と言われた）とは，天皇と皇后の写真（明治期には写真のように作成された肖像画）のことを意味する特別な呼び方である。これらの写真は，普段「奉安殿」（奉安庫）という特別な保管庫に置かれ，儀式日だけ取り出されて講堂に掲げられた。儀式では講堂の正面に掲出される写真に対し最敬礼を行う。すると白手袋をはめた校長が恭しく教育勅語の書かれた巻き物を掲げて登壇し，広げて読み上げる。この時，読み上げが終わるまで児童生徒はとても厳粛に低頭を継続しなければならず，鼻水をすすることも許されなかった。

　続けて校長がその式日の意味と教育勅語の内容とを教え諭し，「一月一日」や「天長節」などの儀式唱歌を歌い，終了となる（地域により順序は変動がみられるものの，行う内容は同一である）。学校によっては「奉読」の作法を規定したところもあった。例えば長野県のある学校の規程は児童に対し敬虔な心だけでなく，身体の痛みや痒みも我慢することを求めた（鈴木，1999）。式の後，饅頭などの菓子をもらい下校する。下校時，近隣の神社に参拝する事例もみられた。甘いものがとても貴重だった時代に，結果として学校儀式は否応なく子どもの記憶に残った（柿沼，1990，87ページ）。

　全校の単位で，敬礼や低頭などの身体儀礼や，儀式唱歌斉唱を行う経験を反復することで，人びとの意識のうえでナショナル・アイデンティティが共有され，「日本国民」として結合される（西島，2002）。学校儀式は「日本人」の統合を創成し，維持するうえで不可欠のイベントだったといえる。

3　登下校や長期休暇と教育勅語

　教育勅語を用いる学校儀式・儀礼の教育は，「三大節」にとどまらなかった。校舎と校門のあいだなどに設けられた「奉安殿」に，登下校のたびに敬礼することが多くの学校で求められた。

　また，下校後や長期休みのあいだも，天皇や神話に関わる教育は絶え間なく行われた。例えば当時の児童に課された夏休みの学習帳をみてみると，各地で夏休みの宿題にも教育勅語が出題されていたことがわかる。図5-3（左）は，「謹写」と呼ばれた書き写す課題である。

　図5-3（左），一番左側の行の「御名　御璽」とは，天皇の名前と印のことをいう。実際に署名された本物の勅語には，天皇直筆の署名と，その下に印が押されている。学校に配布されるのはその謄本（写し）であり，天皇の名前を

第5章 近代天皇制と教育はどのように結びつき，何をもたらしたのか

図5-3 課外時間に自分で学ぶ教育勅語の例
出所：（左）『自学自習 夏期学習書 尋常科第六学年』子供新聞社，1940年。
　　　（右）『尋常小学 夏期学習帖 第四学年』富田屋書店，1935年。

読み上げるのは恐れ多いこととされ，この部分はすべて「御名　御璽」と書かれ，読まれた。

図5-3（右）は「毎朝，お勅語を奉読しなさい」から始まる。これは，修身の教科書を脇に置いて自学する課題である。このページでは，日清戦争にかかわる明治天皇や北白川能久親王の行動について勉強することを求めている。図は，台湾に創建された台湾神社である。また，欄外に「今年は紀元二五九五年である。」という「豆知識」があることにも注目したい。これはもちろん西暦ではなく，神武天皇が即位した年を元年として数える「皇紀」である。

3　関東大震災と学校教育

1　関東大震災の時代

日本は，1895年の日清講和条約によって台湾を清から割譲された。日露戦争後のポーツマス条約でサハリン（樺太）の南半分を獲得し，1910年の日韓併合条約をもって朝鮮半島の植民地化を進め，第一次世界大戦後にはドイツ領だった南太平洋諸島の委任統治権を得た。関東大震災が起こったのは，これらの領域すべてに総督府などの官僚組織による統治機関を設置し，軍事的占領地ではなく植民地として支配していた時期であった。言ってみれば，明治維新期に想定された「日本」の域を超えて「帝国」を形成するなかで，社会主義の流入や植民地で

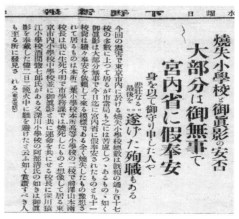

図5-4 御真影の「安否」報道
出所：『下野新報』1923年9月19日付。

の独立運動，抗日運動などさまざまな矛盾が顕在化し，「日本人」としてのナショナル・アイデンティティがゆるがされた時期でもあった。

そうした時代状況のなかで，1923（大正12）年9月1日，横浜，東京を中心に大規模な地震と火災が起こり（関東大震災），学校も大きな被害を受けた。

図5-4では，「焼失小学校と御真影の安否　大部分は御無事で宮内省に仮奉安」と，「御真影」の「安否」をまず報道し，次にやや小さく「悲壮なる最後を遂げた殉職もある」と，写真を守ろうとして逃げ遅れた教職員についてふれている。子どもではなく，情報を求める大人たちが目にした新聞においても，「御真影」の「安否」が人命より先に，大きく報道されたことが重要である。

2　流言と子ども，教育とのかかわり

上に述べたような教育体制は，学校儀式での敬礼や低頭などの身体の統制，教育勅語などさまざまな詔勅類の暗記，「謹写」などを反復しながら，儀礼化・形骸化の度合いを深めた。しかしそれだけではすまない事態につながったともいえる。

関東大震災直後の混乱のなかで，「朝鮮人が井戸に毒を入れた」などのデマ（流言飛語）が関東を中心に全国に飛び交った。朝鮮人や，朝鮮人に間違われた中国人，障がい者，関東では聞きなれない方言を話す地方出身者などが「朝鮮人暴動」のデマのなかで殺害されたり，暴行を受けたりする事件が各地で続発した。劇作家の千田是也氏は，東京で次のように朝鮮人と間違われた経験を記す。

> 棍棒だの木剣だの竹槍だの薪割だのをもった，これも日本人だか朝鮮人だか見わけのつきにくい連中が，「畜生，白状しろ」「ふてえ野郎だ，国籍を云え」「嘘をぬかすと，叩っ殺すぞ」と，私をこづきまわすのである。「いえ日本人です。そのすぐ先に住んでいるイトウ・クニオです。この通り早稲田の学生です」と学生証を見せても一向ききいれない。そして，薪割を私の頭の上に振りかざしながら「アイウエオ」をいってみろだの，「教育勅語」を暗誦しろだのという。まあ，この二つはどうやら及第したが，歴代天皇の名を云えと云うにはよわった。「ジンム，スイゼイ，アンネー，イトク，コーショー，コーアン，コーレイ，コーゲン，カイカ，スージン，スイニン，ケーコー，セイム，チューアイ……」（千田，1961，20～21ページ）。

結局千田是也氏は，このあと「伊藤さんのお坊ちゃんじゃねえか」「そうだ，伊藤君だ」と，偶然通りがかった知人に助けられた。「イトウクニオ」だった彼はこの事件を心に刻むために，「千駄ヶ谷」という地名と「Korea」から千田是也という筆名にしたという。

▷11　**流言飛語（流言蜚語）**
関東大震災後の流言飛語については本文で説明したとおりである。現代でも，東日本大震災（2011年），広島土砂災害（2014年），外国である台湾東部地震（2018年）において，日本国内で外国人への偏見，レイシズムを背景とするデマが広がったことを確認できる（下記新聞記事参照）。特徴的なのは，SNSを通じて，関東大震災の時代とは比較にならぬスピードと規模で拡散したことである。「広島土砂災害　空き巣で外国人犯罪の情報ない　広島県警」（『毎日新聞』2014年8月26日付）。「震災後のデマ「信じた」8割超す　東北学院大，仙台市民調査」（『毎日新聞』2017年3月13日付）。「台湾募金デマ投稿男性との一問一答」（『毎日新聞』2018年2月23日付）。

この証言では，流言の猛威のさなかで，朝鮮人かどうかを識別するために教育勅語と歴代天皇（図5-5）の暗誦が用いられたことが示されている。ほかにも，劇作家の川村花菱の震災に関するエッセイでは，「静岡辺の自警団は怪しと見れば『君が代』を」歌わせたと記している（竹久・川村・山村，2003，58ページ）。

植民地から人びとが本国に多く渡ってくるようになった時代，教育勅語や歴代天皇，「君が代」を暗記していることが，日本人の優越感の根拠として，果ては誰が日本人かわからない瞬間に暴行や殺害を免れる理由として共有されていた。また，震災後の子どもたちのあいだでは「朝鮮人ゴッコ」「夜警ゴッコ」「自警団遊び」などが流行した（仲間，1997，51ページ）。

本章のはじめに，ナショナル・アイデンティティが人びとを統合する役割をもつ一方で，「私たち以外」への反発をともなうことにふれた。関東大震災で，「私たち以外」を血眼になって排除しようとする現象が起きたことは，冒頭で引用したアマルティア・センの表現を借りれば，それが「非常に有害な」側面を発揮したものである。儀式を重視する近代教育および天皇や皇室に関わる教材の多用は，結果としてこうした発散のための格好の回路となったともいえるだろう。

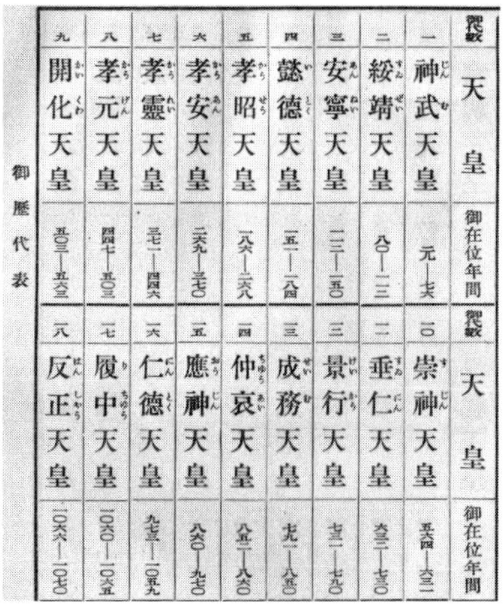

図5-5 国史教科書の歴代天皇（御歴代表）
出所：『尋常小学国史 上』文部省，1935年，1ページ。実際の「御歴代表」は，昭和天皇まで4ページにわたる。引用に際しトリミングを行った。

▷12 「自警団遊び」
画家の竹久夢二は震災直後の1923年9月14日から21回にわたって『東京災難画信』を新聞に連載した。「自警団遊び」（9月19日掲載）は次のように綴られている（竹久・川村・山村，2003，14ページ）。
「萬ちゃん，君の顔はどうも日本人ぢやあないよ」豆腐屋の萬ちゃんを掴まへて，一人の子供がさう言ふ。郊外の子供達は自警団遊びをはじめた。「萬ちゃんを敵にしやうよ」「いやだあ僕，だって竹槍で突くんだらう」萬ちゃんはしり込みをする。（中略）嚇かしてむりやり敵にして追かけ廻してゐるうち真実に萬ちゃんを泣くまで殴りつけてしまつた。

4 神道と学校

1 教育の場としての神社

近世の手習塾（寺子屋）から近代学校へ以降する際，「学制」（1872年）当初は寺社の境内が学校用地として数多く利用されていた。したがって，地域社会では，もともと神社や寺と学校とが土地を共有したり，その土地に暮らす人びとの認識のうえでは一体的なものであった場合も多い。

1900年代に入ると，国定教科書の教材とともに学校と神社は結びつきを深めた。国語，修身，国史を中心に，教科書には天皇や皇室の人物，楠木正成父子などの「忠臣」，伊勢神宮など国家的規模の大きな神社を題材にした教材以外に，「テンジンサマ」「氏神様」「産土神」「お祭」「オミヤ」など，地域の神社に題材を取った教材も多く登場した。これは，天照大神をまつる伊勢神宮を頂点として，地域の小さな神社までが階層的に秩序立てられ（近代社格制度），社格に応じて国が補助金を支出するなど，国が直接設置や管理，神職の人事なども管轄していたことと関係している（このようなしくみは，「国家神道」といわれる場合がある）。

1920年代以降になると，誕生のお宮参りだけでなく，勧学祭（入学奉告祭），卒業奉告祭，入営（軍隊に入る）奉告祭，兵隊の見送り，遺骨の迎えや慰霊祭など，地域の神社が教育と戦争の節目ごとに大きな役割を担うようになった。学校を単位としての活動だけでなく，子どもたちは「子ども隣組」の一員としても地域の神社参拝をしばしば行った。

　地域の神社は，夏休みに毎朝押印するカードを持参して参拝するなど，教育の場としての役割を担った。昭和期（1926年～）にいたると朝の参拝を兼ねてラジオ体操の場にもなる神社が増えた。1939年以降は興亜奉公日，42年以降は大詔奉戴日（たいしょうほうたいび）が定められ，学校では月1回は神社参拝や神社の清掃が奨励された。また，敷地内や校舎屋上に神社をもうけた学校もみられる。1930年代後半には，少なくとも全国で407の学校に「校内神祠」（神祠は小型の神社を意味する）があった（田代，2017，98ページ）。

　植民地には，台湾神社（のち神宮），樺太神社，朝鮮神宮，南洋神社など，それぞれ統治機関を置いた都市にはまず大きな神社が創建された。これらには北白川能久親王や明治天皇，天照大神が祭られ，とくに児童生徒の参拝が求められた。当然ながらもともと神社とは異なる宗教文化をもつ台湾や朝鮮半島において，威容を誇る大規模な神社に参拝する人は少なかった。そこで各植民地の総督府など統治機関と学校および神社は，何より現地の児童生徒を参拝者として確保しようとした。

　朝鮮神宮の例をあげれば，創建後すぐに児童の入学奉告祭が実施された。勧学祭で修身教科書を配布し，その教科書に，後日「御礼」として神宮に再び来て，記名して提出するための「誓詞」（誓いの言葉が記載された紙片）を挟み込んだため，入学児童は複数回参拝するしくみになっていた。修身教科書を配布する勧学祭は，釜山の龍頭山神社など朝鮮の各地域に建てられた神社にも広がった（樋浦，2006）。

　このように学校と神社は，日本本土だけでなく植民地も含めてたがいに強く結びついた。それには神社が非宗教の施設であり，仏教やキリスト教などの宗教とは別次元のものであるという理論（神社非宗教論）があった。また，学校側からみれば神社参拝や神社の祭神についての教育活動は，国史や国語や修身教科書の単元で頻繁に出てくる神社や皇室にかかわる学習を補完でき，それが教育上の利点とみなされたためと考えられる。

2　現代の学校教育と神社

　1945年の敗戦後，GHQのいわゆる「神道指令」により，教育のなかの極端に行き過ぎた部分（勅語の暗記や奉安殿への敬礼など）は廃止，教科書は「墨塗り」が行われた。しかし以上に述べてきたことは，形を変化させながらも，一

第5章　近代天皇制と教育はどのように結びつき，何をもたらしたのか

種の文化・慣習のような形態をとりながら戦後に続いたものもある。

　第一に，記紀神話にかかわる言葉が定着したことである。1950年代以降，戦後高度成長期の日本は好景気が続き，それらの景気には「神武景気」「岩戸景気」「いざなぎ景気」など記紀にちなむ名称がつけられた。また，同様に高度成長期には白黒テレビ，電気洗濯機，電気冷蔵庫が「三種の神器」と呼ばれた。背景には，国定教科書で全国一律に記紀の物語を学んだ人びとが大人になる頃に，「神武」「岩戸」「いざなぎ」「三種の神器」などの神話に由来する言葉の意味が社会で広く認知されていたためと考えられる。「神武」は神武天皇，「岩戸」は神話で天照大神が隠れたという場所，「いざなぎ」は日本列島の島々と神々を創生したとされる神の名前にちなんでつけられている。このほか，現代社会で問題となっている「天下り」という言葉は，ニニギノミコトが天から地上に降りたこと（天孫降臨）に由来するといわれる。

　第二に，「国民の祝日に関する法律」に定められる現代の祝日と神話や天皇との関係である。「天皇誕生日」が祝日であることは，「天長節」に由来する。「天長節」は，1873（明治6）年，明治天皇が即位した後に定められた。「建国記念の日」は，「三大節」の一つであった「紀元節」が，敗戦後に廃止されたあと1966年にいたって再び祝日になったものである。11月3日の「文化の日」は，明治天皇の誕生日（昭和戦前期の「明治節」）である。昭和天皇の誕生日である4月29日（昭和戦前期の「天長節」）は，「みどりの日」を経て2007年から「昭和の日」という祝日になった。また，「春分の日」「秋分の日」「勤労感謝の日」は，春季皇霊祭，秋季皇霊祭，新嘗祭という皇室の祭祀および「小学校祝日大祭日儀式規程」に定められた祝日に由来する。

　第三に，慣習的な学校と神社との結びつきである。小学校入学時に地域の神社が児童を集め行事を行う例は，戦前期だけでなく現代にも広くみられる。戦前と同じように新入学児童を対象に勧学祭を実施する神社が多く，こんにちではランドセルのお祓いなども行われている。

　ほかにも，地域のお祭りの御神輿の担ぎ手として，地元の中学生を動員する神社もある。こうした事例は，地域と児童生徒の結びつきを深めるという意味で学校にも教育上の長所があるようにみえる。しかし行事の背景に，神社と学校，あるいは神社と全保護者の同意があったとしても，児童生徒の信教の自由はどこまで尊重されるのか保証がない，あるいは教育基本法における特定の宗教教育の禁止や，日本国憲法に定める政教分離原則に触れる可能性など，難しい問題を含んでもいる。

　最後に，図5-6をみてほしい。日清戦争後に植民地とされて50年ものあいだ日本の支配下にあった台湾の，1941年に出されたある学校の卒業アルバムに残されている教室の様子である。

▷13　三種の神器
天照大神が孫のニニギノミコトに渡したとされる鏡・玉・剣をいう。現代の皇位継承の儀式においても，形の上ではこれらが受け渡される（剣璽等承継の儀）。

▷14　宗教教育の禁止
教育基本法（2006年12月22日法律第120号）第15条は次のとおりである。
　宗教に関する寛容の態度，宗教に関する一般的な教養及び宗教の社会生活における地位は，教育上尊重されなければならない。
　2　国及び地方公共団体が設置する学校は，特定の宗教のための宗教教育その他宗教的活動をしてはならない。

91

図5-6　植民地期台湾の教室
出所：『台北州宜蘭市旭国民学校　昭和十六年度　修了記念帖』。引用にあたり明るさの調整とトリミングを行った。

　黒板には「大東亜戦争」の文字がみえる。黒板の上には歴史年表（国史年代表）が掲げられており，その年表のさらに上に掲げてある3枚の額縁には，右から「無窮之神勅」「規律正しく」「国歌」と書かれている。

　年表は，右側から「神代」「大和時代」「平安時代」と並んでいる。第1節で，天皇家の祖先の物語である記紀神話が教科書に数多く掲載されたことを説明したが，現代でいう縄文時代，弥生時代，古墳時代がまるごと「神代」とされていたことを実際に教えてくれる貴重な写真である。この写真は，偶然台湾で知り合った台湾人のおじいさんからみせていただいたものである。

　教育が科学と切り離され，授業以外の時間も四六時中恭しい態度が求められた。歴史に残る大きな震災の後の流言飛語によるすさまじい暴力の場面で，教育勅語，歴代天皇の名前，「君が代」がもち出された。すべてが過去のこととして片づけられるわけではない。この写真が示してくれることは，歴史がたしかに存在し，それは筆者から読者のみなさんを通じて未来につながっているという事実である。

Exercise

① 本章の印象に残ったところを一部だけでも，他の人に説明するように自分の言葉で説明してみよう。

② みなさんが学校生活で経験した式（卒業式，二分の一成人式など）をふりかえり，未来の式の姿は，どうあるべきか（またはどうあるべきでないのか）考え，話し合ってみよう。

第**5**章　近代天皇制と教育はどのように結びつき，何をもたらしたのか

📖次への一冊

大濱徹也『天皇と日本の近代』同成社，2010年。
　平易な文章で天皇と近現代について考察する。「隊列」「行進」「運動会」「双六」など，軍・学校やこどもの生活文化にも目配りしつつ，幕末から現代にいたるまでの天皇をめぐるさまざまな事柄を考えさせる。
加藤直樹『9月，東京の路上で　1923年関東大震災ジェノサイドの残響』ころから，2014年。
　関東大震災直後の流言飛語が，どのように東京に拡散し，どのような惨劇をもたらしたのか，資料を丁寧にひもときながらわかりやすい言葉でたどる。末尾に丁寧なブックガイドがつけられている。
小熊英二『日本という国』イーストプレス，2011年（増補改訂版）。
　近代日本の成り立ちを，教育制度の大きな転換やナショナリズムの側面から見直し，客観的にみつめようとする。中学生から理解できるように編纂された「よりみちパン！セ」シリーズの一冊。
山中恒『戦時下の絵本と教育勅語』子どもの未来社，2017年。
　教科書だけでなく，色鮮やかな子ども向けの絵本がもった大きな役割について，カラー写真をふんだんに使って教えてくれる。戦前の絵本の写真をみるだけでも，戦争と子どもの生活環境について学ぶことができる。
教育史学会編『教育勅語の何が問題か』岩波書店，2017年。
　現代の学校教育で，なぜ教育勅語は戦前のようには扱われなくなったのか。教育史学の成果を踏まえて，歴史的な経緯をわかりやすく解説するブックレット。

引用・参考文献

『朝日新聞』2012年10月22日。
柿沼肇『近代日本の教育史』教育史料出版会，1990年。
教育史学会編『教育勅語の何が問題か』岩波書店，2017年。
久保義三『天皇制と教育（上）　戦前・戦時下篇』三一書房，1994年。
『自学自習　夏季学習書　尋常科第六学年』子供新聞社，1940年。
滋賀大学附属図書館編『近代日本の教科書の歩み』サンライズ出版，2006年。
『下野新報』1923年9月19日。
『尋常小学　夏季学習帖　第四学年』富田屋書店，1935年。
「神武天皇」『尋常小学国史　上』文部省，1935年。
鈴木理恵「教育勅語暗記暗誦の経緯」『長崎大学教育学部紀要教育科学』第56号，長崎大学，1999年。
千田是也「わが家の人形芝居」『総合演劇雑誌　テアトロ』第212号，1961年。
『台北州宜蘭市旭国民学校　昭和十六年度　修了記念帖』1941年。
竹久夢二・川村花菱・山村耕花『夢二と花菱・耕花の関東大震災ルポ』クレス出版，2003年。
田代武博「学校行事に対する地域住民の関与の様相——学校神社をめぐって」『西日本工業大学紀要』第47巻，2017年。

棚田真由美「昭和戦前期小学校国定教科書における『古事記』の教材化に関する考察」『国語科教育』第49巻，全国大学国語教育学会，2001年。

中央防災会議災害教訓の継承に関する専門調査会「第4章　混乱による被害の拡大　第1節　流言蜚語と都市」『1923関東大震災報告書第2編』2009年。http://www.bousai.go.jp/kyoiku/kyokun/kyoukunnokeishou/rep/1923_kanto_daishinsai_2/pdf/18_chap4-1.pdf（2018年11月14日最終閲覧）

仲間恵子「菅原白洞『関東大震災絵巻』に描かれた朝鮮人虐殺──震災下の民衆意識を探る」『大阪人権博物館紀要』第1号，大阪人権博物館，1997年。

中村香代子「1930年代から1945年までの神社参拝についての一考察──国定国語読本における神社言説を巡って」『社学研論集』第12号，早稲田大学，2008年。

中村紀久二『教科書の社会史──明治維新から敗戦まで』岩波書店，1992年。

西島央「学校音楽はいかにして"国民"をつくったか」小森陽一ほか編『岩波講座近代日本の文化史5　編成されるナショナリズム』岩波書店，2002年。

樋浦郷子「朝鮮神宮と学校──勧学祭を中心に」『日本の教育史学』第49集，教育史学会，2006年。

樋浦郷子「栃木県における関東大震災『流言』関係新聞記事目録」『帝京大学宇都宮キャンパス研究年報 人文編』第21号，帝京大学宇都宮キャンパス総合基礎，2015年12月。

『毎日新聞』2014年8月26日，2017年3月13日，2018年2月23日。

右田裕規『天皇制と進化論』青弓社，2009年。

山中恒『戦時下の絵本と教育勅語』子どもの未来社，2017年。

山本和行・樋浦郷子・須永哲思「戦中戦後台湾における教育経験──宜蘭・李英茂氏への聞き取り記録から」『天理学報』第241輯，天理大学，2016年。

歴史科学協議会『歴史学が挑んだ課題──継承と展開の50年』大月書店，2017年。

第6章
言語を教育するということはどういうことか

〈この章のポイント〉

　私たちは教育によってことばを身につけた，のではない。生まれ落ちてからのことばの習得にとって，教育は無力である。しかし私たちは学校教育で長年国語や英語の授業を受けており，今日的には言語の資質・能力のアップが大きな教育課題となっている。ことばが言語として存在するには，教育の力が欠かせない。このことが発見され，遂行されたのは近代に入ってからであり，それは国民国家の成立・展開と深く関わっている。本章では，その歴史的な軌跡を森有礼，上田万年，岡倉由三郎といった指導者の思想と活動からたどり，言語を教育するという営みの形成と原理そして意味を学ぶ。

1　ことばの習得と言語の教育

　ことばをどのように習得したのか，その過程を振り返ることは容易でない。現代言語学の父ともいわれるノーム・チョムスキーは，人間にはことばの使用を可能にする「言語能力」が生得的に備わっているというが，私たちはいつのまにかことばを身につけ，ごく自然に操っているように思いがちだ。だが忘れられたそのプロセスに分け入れば，人はだれでも生まれる前から胎内でことばの感覚をつかみはじめ，生まれてから探究・発見と試行錯誤を繰り返しながら，じつに合理的かつ論理的にその知識を学んでいくのだという。子どもはまさに自力で，ことばの知識を生きられたシステムとして立ち上げている。大人のことばをけっして丸覚えしているのではなく，「ちいさい言語学者」が「冒険」を重ねながら，複雑で巨大なことばの世界が構築・獲得されているのである（以下，今井，2016；広瀬，2017，参照）。

　乳児期のはじめのうちは，ことばをことばとして聞き入れないし，ことばがどういうものかはわからない。よく日本人には，英語の"L"と"R"の聞き分けが難しいといわれる。そんなことから英語の早期教育が求められたりするが，じつは生後8か月くらいまでは，だれもが識別することができた。どの言語が母語であってもそうだが，この時期まではことばをことばとしてでなく，文字どおり音として物理的に区別しているからである。それが数か月後になると，それぞれの言語の発音の知識を身につけるため，その母語では必要ない識別能力は失われるのだ。つまり外界の無限の情報から，無意識のうちに取捨選

▷1　チョムスキーとその言語理論
アメリカの言語学者・哲学者で批評家でもあるエイヴラム・ノーム・チョムスキー（Avram Noam Chomsky, 1928～）は，生成文法（generative grammar）の理論を提唱して現代の言語学に革新的な影響を与えたことで知られる。生成文法理論はことばを産出する人間の生得的なメカニズムを説明するもので，実際の言語運用（linguistic performance）とは区別される，脳内の自律的な言語能力（linguistic competence）に注目した。その影響はコンピュータや数学などの分野にも及んだが，言語を人間の生物学的な器官ととらえ，言語処理を自然現象の一部として扱うなど，これまでの言語学研究との断絶は大きく，批判や反論は少なくない。日本の言語学者の田中克彦は，「姿をかえた，一種の言語神授説」と評している（田中，2004，135ページ）。

択を行い，ムダなことに注意を払わなくなるとともに，「日本語では"L"と"R"を聞き分けない」ことを学ぶのである。

幼児期が進んで「これ食べたら死む？」，という5歳ころの言い方。多くの子どもが「死む」「死まない」「死めば」などと言うらしいが，これにはつぎのような理由がある。大人が子どもに話しかけることばとして頻出する，「飲む」とか「かむ」は，マ行の五段活用で同様の動詞は数多いけれど，ナ行の五段活用の動詞となると，現代の日本語では「死ぬ」だけである。ただ「飲んだ」「かんだ」「死んだ」というふうに，どちらも連用形では活用語尾が「ん」となる。おそらく子どもは，「飲んじゃった」「かんでない」という言い方に親しみ，「虫さん死んじゃった」のような言い方にふれる。すると子どもは，マ行動詞の活用形の知識すなわちスキーマを，「死ぬ」というナ行動詞にも当てはめると考えられるのだ。子どもたちは限られたデータからルールを抽出し，類推しながら大胆に応用しているわけである。

こうした大人からすれば正しくない過剰な一般化は，日本に限らず英語圏の子どもたちにもみられる。いうまでもなく英語の動詞には，"-ed"を付けて規則的に変化するものと不規則に変化するものとがあるが，英語母語話者の子どもが"go"の過去形を"went"でなく"goed"とするような間違いは，よくあることとされる。ここで興味深いのは，そうした子どもたちのことばの習得はけっして大人からの指導を介していない，ということである。教えようとしても覚えず，教えていないことを覚えてしまう。自分でルールを探し，自分でみつけなければ，ことばは使えないのだ。少なくとも私たちは，教育によってことばを身につけたのではない。もっといえば，生まれ落ちてからのことばの習得にとって，教育は無力である。

それでは言語を教育するというのは，いったいどういうことなのか。私たちは教わることなくして，ことばを使いこなすにもかかわらず，学校教育で何年も「国語」そして「外国語」の授業を受ける。それはことばを言語として教育することにほかならず，今日的には「言語能力」の向上や「コミュニケーション能力」の育成が大きな教育課題にもなっている。ここでいうことばと言語は，内容的には同一でありうるが，その意味ははっきり区別したい——そのこともあって本章では，「言葉」という漢字表記は用いない。ことばが日常的に行われる個々人の発話行為であるのに対し，言語は同じ共同体の成員が共有する記号体系，そしてことばを基礎づける社会的なルールをさす。近代言語学の父といわれるフェルディナン・ド・ソシュールは，ランガージュ（言語活動）を実体としてのパロール（ことば）と形式としてのラング（言語）に分けたが，およそこれに対応しよう。▷2

近代日本の「国語」の言語思想史を論じたイ・ヨンスクは，その両者の関係

▷2 ソシュールとその言語理論
スイスの言語学者で『一般言語学講義』（*Cours de linguistique générale*, 1916）が名高いフェルディナン・ド・ソシュール（Ferdinand de Saussure, 1857～1913）は，ことばを通時的でなく共時的にとらえる構造言語学（structural linguistics）を開拓し，記号論など哲学や思想の方面にも画期的な影響を与えたことで知られる。人間のことばを使う能力とその具体的な活動をさしてランガージュ（language）と呼び，これをその個人的な側面（発話行為）であるパロール（parole）と，その社会的な側面（記号体系）であるラング（langue）とに分けた。パロールとラングは相互依存的であり，ともに人間の心理的な働きによるものであることを強調している。ただし概念として，パロールとことば，ラングと言語が完全に一致するわけではない。

についてつぎのように述べている——「わたしたちは，とくに反省的意識を介入させないときには，対象化された『○○語』を話すのではなく，ただ『話す』だけである。しかし，『話す』ということに根拠が求められたり，なんらかの目的意識が芽生えるならば，『言語』はわたしたちの『話す』という素朴な行為に先立って存在する実体として君臨するようになる。つまり，『話す』ことが『言語』を作りだすのではなく，どこかに存在する『言語』というものが『話す』ことの隠れた基礎と見なされるようになる」と。ことばと言語はその認識の地平において転倒し，ここに「人間にとっての，ことばの新しい歴史」がはじまるが，それはイによれば，「ことばの疎外の歴史」にほかならない（イ，1996，iページ）。

　この「ことばの新しい歴史」のはじまりを告げるのが，近代という時代であり，ある目的意識のもとに言語として省察するようになるのは，教育の力である。ことばを習得するうえで教育は無力であっても，ことばが言語として存在するうえで教育は欠かせないのだ。そこでは本来的にことばとは無縁な文字とそのリテラシーのあり方が，ことばを言語たらしめながら国家との特権的な結びつきをもたらす。それはことばのルールを言語の文法へと変換し，言語に排他的な規範力を付与することを意味しよう。そのとき，もはやことばはことばたりえず，「ことばの疎外」がはじまっているのである。このことは国民国家日本の成立・展開と深く関わっているが，その歴史的な軌跡を森有礼，上田万年，岡倉由三郎といった指導者の思想と活動から，以下にたどっていきたい。

2　日本の言語を求めて——森有礼の構想とその行方

1　「日本語廃止・英語採用論」について

　近代という時代は，人びとがとくに意識しないことばを，国家がそのありように介入する言語へと導いたが，その歩みは平坦ではない。日本の近代化とともに，日常的なことばを国家の言語へとどう方向づけるのか，国民国家の言語をいかにデザインするのかということが，大きな課題として浮上する。当時のサムライ知識人は，切実な危機感に裏づけられた，さまざまな提案や議論を試みたが，よく知られているのは，のちに初代の文部大臣となる森有礼の，いわゆる「日本語廃止・英語採用論」である（図6-1）。日本語を廃止して英語を採用するという，一見すると大胆で途方もないこの発想は，これまでしばしば嘲笑や非難・攻撃の的になってきた。しかしよくみると，これからの世界と日本をみすえながら，ことばと言語をめぐる問題状況を克服・脱却しようとしており，けっして暴論などではないことがわかる。「国語」以前の近代黎明期を

▷3　初代文部大臣となる森有礼

幕末の薩摩藩下級武士の出身で，近代日本の教育制度の整備・確立を主導した。1847（弘化4）年に生まれ，早くから洋学に関心を示し，藩の造士館や開成所で学ぶ。1865（慶応1）年にイギリスに密航留学，維新直後の1868（明治1）年に帰国して新政府に出仕した。1870（明治3）年に少弁務使としてアメリカに赴任するが，本節で注目するのは，そのときの文化外交官としての活動と言説である。帰国後の1873（明治6）年には学術アカデミーである明六社を結成し，西洋思想の紹介と啓蒙に努めたが，駐英公使を経て教育政策に携わる。1885（明治18）年，第一次伊藤博文内閣の文部大臣に就任，教育制度の全面的改革に着手した。翌年には勅令をもって，いわゆる諸学校令（帝国大学令，師範学校令，小学校令，中学校令，諸学校通則）を公布する。帝国憲法体制をみすえながら，天皇のまなざしのもとに学校システムを構築しようとしたが，1889（明治22）年，その大日本帝国憲法が発布された当日に暗殺される。新旧の全集が刊行されている，日本教育史上の最重要人物である。

図6-1　森有礼
出所：大久保編（1972，第2巻：口絵）。

象徴する，この森の提言とその意味するところをまず探っていきたい（以下，イ，1996，序章；小林，2001；2002；2005；平田（雅），2016，6章，参照）。

幕末の薩摩藩留学生として西洋文明を体験した森有礼は，明治新政府に迎えられて1870（明治3）年から最初の駐米公使を務めた。「日本語廃止・英語採用論」といわれる言語構想は，このとき英語で書かれたものである。在米中の森は20代前半の若き外交官として，首府ワシントンを拠点に教育・文化の方面にも精力を注ぎ，アメリカの著名な学者や教育家と交友を結んでいる。かれの独創的で挑戦的な言語論は，1872年にイエール大学教授のウィリアム・ホイットニーに宛てた書簡や，翌年にニューヨークで出版した *Education in Japan*（『日本の教育』）の序文で説かれた。ホイットニーはアメリカ言語学協会の初代会長となった当時の代表的な言語学者であり，かれにアドバイスを求めたその書簡はアメリカの雑誌などに紹介されている。『日本の教育』という英文著作は森の質問に対するアメリカ有識者の回答群から成り立っており，ホイットニーのものも巻末に収められている。森の質問は日本の将来と教育の課題に関するもので，近代国家づくりの参考にしたいという願いが込められていた。

森はどんな言語のあり方を考えたのか。ホイットニー宛の書簡では，森は「日本帝国への英語の導入」を主張し，世界に広まりつつある英語のようなヨーロッパの言語を採用しなければ，日本の文明化や独立の保持は不可能だとする（図6-2）。「日本帝国」には「新しい言語」が必要不可欠だが，しかし英語は正書法など不規則で無秩序であるから，それを是正・改良した「簡易英語」が求められるという。かれの構想する「望ましい言語改革」は，はじめに「日本の話しことば」をローマ字化しながら言文一致をめざし，「書きことば」を成り立たせている「中国語」つまり漢字・漢語・漢文を除去したうえで，新たな英語である「簡易英語」をいわば補助言語として導入するというものだった。「役に立たない」「進歩の障害」である表意文字を断ち，アルファベットという表音的方法で世界的な言語と接合・折衷すれば，語彙の豊富化つまり知の増大がもたらされるというわけだ。こうして中国文明から西洋文明への転換と移行にふさわしい，皇国言語としての「新しい言語」をかれは創出しようとしたのである（大久保編，1972，第1巻，305〜310ページ）。

ところがこのシナリオは，英文著作の序文をみるとかなり後退している。それは「やまとことば」をさす話しことばが漢字・漢語・漢文からなる書きことばに強力に支配され，両者を切り離して合理的な改革を実行することは困難であることに気づかされたからである。そうなれば，「簡易英語」の採用という選択肢は自動的に消え去ることになる。日本の言語状況は「中国語」の助けなしには機能せず，「簡易英語」も取り込めない危機的なものだったため，森は「われわれの貧弱な言語」は「近い将来英語の支配に屈する運命にある」「将来

▷4　ホイットニーとその言語理論
ウィリアム・ドゥワイト・ホイットニー（William Dwight Whitney, 1827〜94）は，言語を人間や社会から独立した生命体ではなく，人間が発明した思想交換の方法そして社会的な制度ととらえ，生物進化論をモデルとした19世紀の比較言語学（comparative linguistics）に新生面を開いた。この，言語有機体観（言語自然観）を批判しながら，言語道具観（言語社会観）を展開したのが *Language and the Study of Language*（1867）であり，同書を簡潔明解にまとめたのが *The Life and Growth of Language*（1875）である。ソシュールの思想的源泉に位置するが，その言語思想は近代日本の言語学界にも影響を与え，森を前史とする受容の系譜がみいだせる。次節より登場する上田万年や岡倉由三郎は，その中心人物といってよい（平田，2017）。

使われなくなってしまうと予想される」といわざるをえなかった。かれはなにも積極的に「日本語廃止・英語採用論」を唱えたわけではなく，こうして日本のことばと言語をめぐる問題の深刻さを英語圏の読者に伝えながら，文明化にふさわしい自立した言語を構築するための助言と協力を仰いだのである（大久保編，1972，第3巻，265～267ページ）。

> To conclude. Let me suggest to you, to consider, while you are making up the opinion, which I hope to receive from you at an early day, that many of the reasons which might make Americans and Englishmen hesitate to attempt radical changes in their language for their own people, do not apply to the case under consideration, which is the adaptation of the English language to the necessities of a foreign nation of forty millions of souls, separated by thousands of miles from the English-speaking nations, and which affords an entirely free field, for the introduction of a new language; there being no obstacle whatsoever within the Empire itself. Let me ask you to consider, also, that the people of the Japanese Empire, aspire to attain the highest degree of civilization, but are unprovided with that great essential to their individual as well as national progress, —a good language—and that the English language, "simplified", as I have indicated, would be received by and that the English language, "simplified", as I have indicated, would be received by them as a boon, while it might be quite impossible to force upon the language in its present form. Indeed, I could not conscientiously recommend my countrymen, to cause their children to devote six or seven years of their lives to learning a language so replete with the interchange of thought and the acquition of knowledge are rendered so difficult by a fantastic orthography—years which should be devoted to the study of numerous branches of human development.
>
> I have the honor to be, Sir,
> With high regard,
> Your very obt. servant,
> Arinori Mori
>
> Professor William D. Whitney
> Yale College
> New Haven, Conn.

図6-2　ホイットニーに宛てた森の書簡の結論部
出所：大久保編（1972，第1巻，305～306ページ）。

2　先どりされた課題と困難

こうした憂国の念から出た，大胆だが思慮深い言語構想は，当時からその意図するところが正しく理解されないまま，賛否の入り交じる反応を招いた。ただしそれは英語で著されたゆえの英語圏における反応であり，同時代の日本国内でただちに反響を巻き起こしたわけではない。これが翻訳・紹介され，およそ否定的な文脈で言及されるようになるのは，森の非業の死から40年以上が過ぎた1930年代からで，おもに「英語」に対抗する「国語」学者によってである。ここにいらだちと憤りを込めた「日本語廃止・英語採用論」が言説化され，森は祖国への裏切り者として扱われながら，近年にいたるまで政治的に利用されている。その見方は「国語」が国民国家の言語として疑われなくなった

地点からの，いわば事後的なまなざしによるもので，「国語＝日本語」対「外国語／国際語＝英語」という，二分法的で共犯的な言語世界観に棹さすものだといってよい。

　森の構想はそうではなく，日本における自立的な統一言語の形成に先行し，それを欲望するところに考案されたプロジェクトにほかならない。そしてそれこそが，日本の近代教育の前提条件なのであった。ここで注目したいのは，かれが「われわれの貧弱な言語」と述べたように，日本の知識人の言語意識に隠された暗部をさらけ出し，その思考実験が言語的な統一を図ることの難しさを浮き彫りにしたことである。それはすなわち，話しことばと書きことばが著しく乖離しているにもかかわらず，前者は「中国語」の文字と文体からなる後者に侵食されているというジレンマだった。しかも森はふれていないが，その話しことばがさまざまな社会集団によって異なり，とりわけ長らく続いた幕藩体制のもとで，階層差や地域差が大きいということも言語統一の障壁であった。こうした分裂状態は，近代日本の「国語」づくりに向けた国家的な課題として位置づけられることになる。

　森の構想はそれだけでなく，改良英語というべき「簡易英語」を発案し，西洋の大言語にアプローチしていることもみのがせない。「簡易英語」とは，前節でふれたような動詞の不規則変化や発音と綴字の不一致など，英語の正書法における不規則性・無原則性をなくしたものである。森は子どもたちの学習効率を上げるため，英語圏の世界から遠い日本の国内での用途に限定し，これをすべての学校に取り入れることを考えていた。これはたんなる思いつきでも，現実離れした絵空事でもない。同時代のイギリスでは，大英帝国のシンボルとしてのクイーンズ・イングリッシュ，つまり国民国家の言語としての標準英語の創出が議論され，不規則性・無原則性に満ちた正書法を刷新しようという言語改革の動きが高まっていた。森のアイデアは，その動きをみすえたものである。このことは，近代日本の「国語」づくりが「外国語」や「国際語」の問題と切り離せないことを示唆するであろう。

　このように自立したオリジナルな日本の言語を希求する森のシナリオは，それがラディカル——急進的かつ根底的であるだけに，のちの言語構築とそのアポリア——解決の方途がみいだせない困難を先どりするものであった。そしてその手段であり，目的となっていたのが，この時期に制度化されていく学校と教育だったのである。それは西洋という巨大な他者と出会い，アジアと向き合って構成された，言語的自己像の行方を占うものだったといってよい。それでは実際に国民国家の言語となる「国語」は，具体的にどのようにデザインされ，学校と教育はどう位置づけられたのか，そして「外国語」や「国際語」はいかに遇され，いかなる関係が求められたのか，次節以降でみていきたい。

▷5　"Simplified English"（簡易英語）
森が提案しているのは，例えば動詞の活用で"see"が"saw", "seen"と不規則に変化するのを"seed"とし，"speak"が"spoke", "spoken"と変化するのを"speaked"として規則的な変化とすることである。発音と綴字の乖離については，例えば"phantom"は音に合わせた綴りに変えて"fantom"とし，"though"は音が消失・脱落した黙字を除いて"tho"と表記することである（大久保編，1972，第1巻，306～309ページ）。ホイットニーはこの提案を却下しており，日本が西洋文明を摂取しようとするなら，現に用いられている英語をそのまま受け入れなければならないなどと反対した。

3 「国語」を立ち上げる——上田万年の思想と活動

1 問題化された文字・文体・ことば

　統一的な言語とその自画像が模索されるなかで,「国語」づくりを牽引したのは上田万年である(図6-3)。1867(慶応3)年,江戸詰の尾張名古屋藩士の家に生まれた上田は,現在の東京大学文学部にあたる帝国大学文科大学で,西洋の新しい学問である言語学の洗礼を浴びた。博言学科の開設とともに招聘された,外国人教師のバジル・ホール・チェンバレンから大きな刺激と衝撃を受けている。これが一つの転機となって,上田は「未だ何人も手をつけなかつた国語の整理といふこと」を,「日本人」である「自分がしとげてみせようといふ客心に駆られた」という。「所謂言語学を研究して,その光で国語を研究したい」と考えたかれは,1890(明治23)年に文部省海外留学生としてドイツやフランスに学び,近代的な言語学の最前線にふれた。3年半を経て帰国すると,帝国大学文科大学教授となり,「国語」の制度化と「国語学」の創始に尽力する(上田,1934)。上田は具体的になにを・どのように変革し,いかなる「国語」を立ち上げようとしたのか(以下,イ,1996,2〜6章；安田,2006；イ,2009,7・8章；平田,2014,参照)。

　上田の前に横たわっていたのは,森がつまずいた「中国語」の呪縛,つまり歴史的に形成・蓄積されてきた漢字・漢語・漢文の支配であった。漢字は何万もあるうえに,覚えるのにひと苦労する。中国文明を支えてきた漢字中心の書記体系は,大量・複雑で習得に膨大な時間と労力を要し,特権的な担い手による前近代的な統治を導いたとして,同時代の多くの知識人が批判的なまなざしを寄せている。森が言語構想を練り上げた明治維新のころの実情をうかがうと,当時の冊子型新聞である『新聞雑誌』の1871(明治4)年の記事には,例えばつぎのように書かれている。すなわち「信州松本ノ商某ノ来話」として,「維新以来世ノ中善事少ク御政事ハ追々六ケ敷ナリ,御布告ノ数々ナルハ幕政ニ十倍シ,其文ハ漢語多クシテ田舎漢ニハ了解シガタキ事ノミナリ」(原文には読点なし)とあるが,これは実際に話された「来話」とは隔たりのある文章で,こうした漢字・漢語に依存した漢文訓読体が主流であった(明治文化研究会,1967,524ページ)。

　ここで注目すべきは明治期に入り,新政府の国家的な意思を知らせるためのおびただしい「御布告」が出され,難解な「漢語」が洪水のように人びとに押し寄せてきたということである。西洋のさまざまな文物が流入するこの時期は,翻訳語としての漢語が氾濫・浸透する(柳父,1982；丸山・加藤,1998)。こ

図6-3　上田万年
出所：昭和女子大学近代文学研究室編(1975,第42巻：口絵)。

▷6　外国人教師チェンバレン
バジル・ホール・チェンバレン(Basil Hall Chamberlain, 1850〜1935)は,イギリス出身で1873(明治6)年に来日し,言語学者・日本学者として活躍した。海軍兵学寮(校)の英語教師を経て,1886(明治19)年に発足した帝国大学に博言学科が創設されると,その最初の担当教師として比較博言学や日本語学を教授する。『古事記』の英訳を完成させたチェンバレンは,文部省が1887(明治20)年に刊行した画期的な『日本小文典』を著述し,アイヌ研究にもとづく日本語系統論を発表するなど,この時期日本語学者として精力的に活動している。4年余りで1890(明治23)年に辞職するが,近代的で科学的な言語学を紹介するうえで果たした役割は大きい。

んにち日常的に用いられる熟語の多くがこの時期に生まれたが，こうして理念としては漢字からの脱却を志向しながら，現実には漢字・漢語があふれかえるという皮肉な事態が生じたのだ。国家の意思が伝わらなければ，近代国家の存立もまた危うい。そのため郵便制度の創設者として知られる前島密の漢字廃止論をはじめ，さまざまな「国字改良」の提案や議論があらわれ，1880年代には仮名文字運動やローマ字運動が盛んになる。書いたり読んだりしたときにわかりやすい，簡単で平易な文字の採用と普及がめざされたのである。

しかし文字の問題を解決しても，文体の問題に切り込まなければ，「国語」づくりからはほど遠い。話されることばとかけ離れ，聞いてもわかりにくい漢文訓読体ではなく，話すように書くという「言文一致」が模索され，これも一つの運動として展開する。上田の恩師であるチェンバレンは，ヨーロッパの近代化を引き合いにその推進を主張した論者である。だがそうなると，その話しことばの地域的・階層的な分断状況をどうするか，ということになってくる。ここで浮上するのが「方言」の問題であり，たとえば青田節という教師は1888（明治21）年に『方言改良論』を出版する。兵庫県出身の青田は東京から福島に向かう車中でのエピソードを紹介し，「少シク英語ヲ解スル」かれは，「同邦」の「仙台婦人ノ談話」よりも「英人ノ言語」の方が理解できたという。近代的な移動のシーンが選ばれているが，こうした「歎ズ可キ」体験から著者は，「完全正当ノ邦語」の普及を訴えることになる（青田，1888，5～6ページ）。

こうした明治前半にあたる1880年代までの流れを引き受けながら，上田万年は近代的な言語学に基礎づけられた「国語」を立ち上げようとした。ヨーロッパで近代言語学が従来の古典文献学と対立しながら発展したように，ここに「国語」に奉仕する科学的な「国語学」が，それまでの国学の伝統的な言語観を批判しながら成立・展開することになる。上田の基本的な考え方は，言語とは文字でなく音声こそ本体で，いま・ここで話されていることばである，ということだ。その立場から上田は，漢字という表意文字を主とする文字体系については，音声を写しとることのできる「音韻文字」がよいとし，バラバラな話しことばや書きことばとの乖離については，一国内でのコミュニケーションを可能とする「標準語」の制定を提唱した。かれのいう「標準語」は，「方言」を超絶・統括し，「文章上の言語」となりうる言語規範であり，「東京語」それも「ベランメー」口調の下町ことばではなく，「教育ある東京人の話すことば」に「人工的彫琢」を施したものである。そしてその実現は，「教育の力」にまつべきものであった（上田，2011，38～46ページ，128～142ページ）。

2 「国語」という理念と教育

もともと「国語」という用語は，"language"の翻訳語として近代的な意味合

▷7 翻訳語としての新漢語
西洋文明の受容をその表現と概念に即してみると，ほとんどすべてが漢字の組み合わせによる，徹底した翻訳主義がとられたことがわかる。新造語には主として，"society"の翻訳語である「社会」，"being"などの翻訳語である「存在」のように，新たに漢字を組み合わせてつくったものや，"liberty"および"freedom"の訳語である「自由」，"nature"の訳語である「自然」のように，以前からある漢語に新たな意味を与えたものがある。訳出がただちに一定したわけではなく，その意味世界をどう表現するかをめぐって，思想的な格闘と挫折のプロセスがあった。その後，和製漢語として中国に逆輸出されたものも少なくない。

▷8 古典文献学から近代言語学へ
文献学と言語学は異なるもので，英語でいうと"philology"と"linguistics"である。ヨーロッパで言語学が自立した学問として形成されるのは19世紀であり，ギリシア・ローマの古典語を尊重する文献学から離脱・発展しながら，言語そのものを対象とした科学的研究をめざす比較言語学が成立する。それまで書かれたものが重んじられ，話されることばは不規則・無秩序で，俗語としてさげすまれていたのが，ここに言語の本質は文字ではなく，あくまで

いが付与された新しい漢語である。歴史的にみた「国語」の新しさは、それが翻訳語だったということではなく、その事実が忘れられていくところにこそある。1895（明治28）年に上田万年は『国語のため』という著書を世に問うたが、このストレートな書名はその翻訳語としての感覚や意識がとれて、新たな理念で満たすのにふさわしいものだった。この本は文字論や「標準語」論を含む、かれの言語思想を集約した論文集であり、日清戦争（1894〜95年）でナショナリズムが高まるなかで出された。その巻頭の題辞には、「国語は帝室の藩屏なり」「国語は国民の慈母なり」と書かれている。「国語」はたんなるコミュニケーション・ツールではなく、天皇を守護する「国民」共通の慈しみ深き「母」であった。これこそが上田が求めた国家的かつ政治的な機能であり、「国語」を自然なものとして受け入れていくイデオロギーだったといえる（上田, 2011）。

　愛すべき「国語」によって人びとを結合し、天皇のもとでの「国民」を創出しようとする上田は、これを政策的に具体化することに邁進する。帝国大学（のち東京帝国大学）文科大学教授として博言学講座（のち言語学講座）を担当するかれは、その働きかけによって1897（明治30）年、国語研究室の新設を実現し、みずから主任教授となる。翌年にはその息のかかった学者たちが言語学会を組織して、機関誌『言語学雑誌』を創刊し、「国語学」のための足場を得る。そして1902（明治35）年に言語政策機関として国語調査委員会（委員長加藤弘之と委員12名）が発足すると、委員に任命されるとともに、主事として実務を指導している。その調査事項は、(1)「文字ハ音韻文字（「フォノグラム」）ヲ採用スルコト、シ仮名羅馬字等ノ得失ヲ調査スルコト」、(2)「文章ハ言文一致体ヲ採用スルコト、シ是ニ関スル調査ヲ為スコト」、(3)「国語ノ音韻組織ヲ調査スルコト」、(4)「方言ヲ調査シテ標準語ヲ選定スルコト」であった。これは上田の言語思想が反映されたものにほかならず、ここに「国語」づくりが国家的プロジェクトとして始動した（清水, 1996）。

　この「国語」づくりは、その本質的な部分に教育を組み込んでいた。国語教育というが、そもそも教育と不可分に成り立つのが「国語」であり、この時期の近代学校システムの確立とともに制度化される。すでに森有礼が文部大臣だった1886（明治19）年、小学校の教師を養成する尋常師範学校に「国語」が、男子の中等教育機関である尋常中学校に「国語及漢文」が、それぞれ学科として設けられたが、ここで注目しなければならないのは、当時義務教育機関として整備されつつあった尋常小学校である。それまでの教科は「読書」「作文」「習字」だったが、こんにちにいたる小学校の基本形を準備した1900（明治33）年の第三次小学校令により、新たな教科として「国語」が登場したのだ。その眼目は「国語ノ模範」としての「標準語」教育にほかならない。この

音声にあるととらえられることになり、そこに話し手の意思に依存しない、変化の法則性や合理的な秩序があるとされた。自然科学を志向した比較言語学は、それを言語間の比較をとおして歴史的に説明しようとしたが、上田が学んだのはこうした考え方である。そして20世紀に入り、言語学から歴史を切り離して再出発を図ったのがソシュールだった。

▷9　学校制度上の「国語」のはじまり
1886年の師範学校令にともなう「尋常師範学校ノ学科及其程度」では、「国語」は「日本ノ文法文学ノ要略及作文」を扱い、同年の中学校令にともなう「尋常中学校ノ学科及其程度」では、「国語及漢文」は「漢字交リ文及漢文ノ講読書取作文」を扱うとされた。1900年の第三次小学校令にともなう「小学校令施行規則」では、「国語」は「普通ノ言語、日常須知ノ文字及文章ヲ知ラシメ正確ニ思想ヲ表彰スルノ能ヲ養ヒ兼テ智徳ヲ啓発スルヲ以テ要旨」とし、尋常小学校では「初ハ発音ヲ正シ仮名ノ読ミ方、書キ方、綴リ方ヲ知ラシメ漸ク進ミテハ日常須知ノ文字及近易ナル普通文ニ及ホシ又言語ヲ練習セシムヘシ」としている。

▷10 小学校令施行規則による文字改革
仮名は歴史的に漢字の草書体から成立し、一つの音に複数の字が対応していたが、このとき現在のような一音一字に統一され、それ以外は「変体仮名」と総称された。例えば「す」は「寸」が字母だが、「春」「須」「壽」「数」に由来する字もあった。棒引きの表音表記は母音の長音を表す「ー」で、漢字の音読みである字音語にのみ適用された。例えば「きやう」「きよう」「けう」「けふ」は「きょー」とされ、「勉強」は「べんきょー」が正しい

ときの小学校令施行規則により、あわせて文字改革も断行されている。それまで歴史的に多様だった仮名字体が整理・統一され、字音仮名遣い(漢字の音読み)に表音的な棒引きが採用され、漢字は全廃にはいたらないが大幅に節減された。◁10

小学校の教科書は1903(明治36)年に国定化され、最初の国定国語教科書である文部省著作の『尋常小学読本』には、「発音ノ教授ヲ出発点」としたねらいが端的にあらわれている。その編纂趣意書によると、「文章ハ口語ヲ多クシ用語ハ主トシテ東京ノ中流社会ニ行ハルルモノヲ取リカクテ国語ノ標準ヲ知ラシメ其統一ヲ図ル」もので、入学したての第一学年の最初は片仮名で発音と文字を並習しながら「訛音矯正」を図ることになっている。そこでは「何レノ地方」「男女何レニモ」適する、「義務教育ヲ有効ナラシムルニ価値アル」材料が選択された(仲・稲垣・佐藤、1982、231~242ページ)。巻頭のページが「イ」「エ」「ス」「シ」ではじまるこの通称イエスシ読本は、これまでの言語的課題の解決を大きく前進させながら、国家権力が「正しいことば」を確定するものであった(図6-4)。

それまで一部の人びとの間でしか使われていなかった「おかあさん」ということばは、この教科書に登場して広まり、家族のなかに入り込む。そして「おっかさん」などさまざまに存在した呼び方は、劣等あるいは野卑なものとして、やがて周辺に追いやられる(水原、1994、3章)。実際の学校現場では、地域の「方言」事情を反映した取捨選択も行われたようだが、基本的にはその趣旨と意図に沿った授業が展開されている(花井、2005)。こうして全国一律に強制的に使用される教科書をとおして「国語」の規範や価値が行きわたり、「標準語」に対して「方言」をおとしめる心性が植えつけられる。それはどんな地域でも起こりえたことだが、「標準語」との距離感が強ければ強いほど激越な反応を生じ、その励行を競いながら序列と差別がもたらされたのである。

もっとも、このような革新的な試みがや

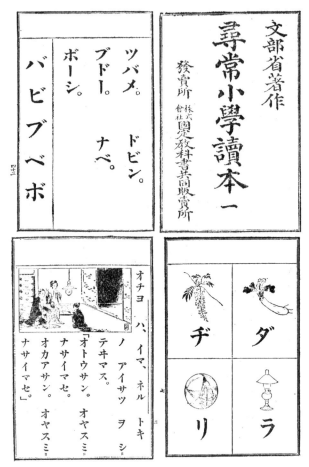

図6-4 最初の国定国語教科書『尋常小学読本』巻一・巻二から
出所:海後(1964年、388、390、399、404ページ)。

すやすと成功したり，すんなりと浸透・定着したわけではけっしてない。日露戦争（1904〜05年）後に国粋的で復古的な動きが強まるなか，いわゆる棒引き仮名遣いが廃止されるなど，上田ら国語調査委員会の方針は後退を余儀なくされる。「方言」の抑圧・排除と並行した「標準語」の教育にしても，現場では肝心の教師が「標準語」になじみがなく，たとえ教科書どおりに教えたとしても，いったん教室を出ると日常のことば，つまり「方言」を話すというのが実態だった（水原，1994，3章）。「正しいことば」の内も外も揺れ動いたのであり，上田は1908（明治41）年に国語調査委員会主事を辞め，みずからを「敗軍の将」と嘆かざるをえなかった。そこには「言葉といふもの」があまりに日常的なものであるため，人びとが「無関心」「不注意」になっていることへのいらだちが感じられる（上田，1916，序，188ページ）。

それでも歴史的にみて，上田の果たした役割は大きく，その思想と活動がもつ意味は重い。上田は「国語」は「日本人の精神的血脈なり」と断じ，あたかも自然な結びつきを力説しただけでなく，それが「東洋全体の普通語」となるべきことを考え，植民地を支配する帝国日本のあり方まで展望した（上田，2011，17，26ページ）。「国語学」の確立にも注力したかれは，東京帝国大学で多くの後進を育てたが，それは「国語」の整備と普及に寄与する，いわば帝国主義的言語学を形づくるものであった。当時学生だった橋本進吉は古代日本語，小倉進平は朝鮮語，伊波普猷は琉球語，金田一京助はアイヌ語，後藤朝太郎は中国語を専攻するなど，その専門は驚くことに，帝国日本の版図拡大と重なるように配置されている（川村，1999）。一見すると政治やイデオロギーと無縁な言語の教育と学問が，けっしてそうではなくて，国家権力と伴走しながら展開した事実を確認することができる。

4　「外国語」をどうするか──岡倉由三郎の思想と活動

1　英語の文明力と支配力

「国語」づくりをみすえながら，「外国語」そして「国際語」の問題に中心的に取り組んだのは，岡倉由三郎という人物である（図6-5）。1868（明治1）年，横浜で貿易商を営む元福井藩士の家に生まれた岡倉は，近代日本の美術界を指揮した「天心」の名で知られる覚三の弟である。上田と同じく帝国大学文科大学でチェンバレンより言語学を学び，やはり強い感化と影響を受けている。上田が2学年上の正科生だったのに対し，岡倉は正規の学生として扱われない選科生だったが，チェンバレンからは日本の言語学の将来を嘱望される二人であった。上田と言語調査活動をともにしたこともある岡倉は，恩師の教え

が，「今日」を「きょー」とするのは誤りとなる。漢字の数は5万字をはるかに超えるといわれるが，このときその使用が1200字に制限された。いずれも小学校での教育に限定されたもので，そのまま後世に継承されたわけではないが，その社会的な影響力は小さくなかった。この点については，第2章第3節も参照のこと。

▷11　帝国日本の植民地
「日本政府が排他的な支配権を行使しながら，異なる法体系によって統治した地域」をいう。大日本帝国憲法が実質的に適用されず，総督府など現地の統治機関が大きな権限を保持した。「植民地」はコロニーの訳語だが，公式の用語としては当時ほとんど使われていない。明治維新のときに北海道となった蝦夷地，沖縄県となった琉球はその側面をもつが，日清戦争の結果として領有した台湾，日露戦争の結果として獲得した関東州租借地や南樺太（サハリン），段階的な権力奪取をへて「日韓併合」（1910年）により完全支配した朝鮮，第一次世界大戦中に占領して国際連盟による委任統治領となった南洋群島

図6-5　岡倉由三郎
出所：昭和女子大学近代文学研究室編（1975，第41巻：口絵）。

(旧ドイツ領ミクロネシア)がそうである。満洲事変(1931年)後に中国の東北地域に傀儡国家「満洲国」、盧溝橋事件(1937年)後に北京や南京を中心とした地域に傀儡政権を建設し、太平洋戦争(1941〜45年)下では東南アジアの諸地域に軍政を敷設したが、これらは当時の国際世界で認められていたわけではないため、「占領地」と呼んで区別するのが一般的である(駒込、2000)。近代日本の国民国家としての歩みは、植民地帝国日本の歩みにほかならないことを忘れるべきでない。

▷12 帝国大学と選科制度
1886(明治19)年に森有礼文相のもとで制定された帝国大学令により、1877(明治10)年に創立された東京大学が改組・再編されて帝国大学となる。「国家ノ須要ニ応スル」ことを目的とし、専門教育を主とする分科大学(法・医・文・理・工)と学術研究を主とする大学院から構成された。分科大学通則に定められた選科は、正科生に欠員がある場合に大学教育を部分的に開放し、卒業資格や学士号は与えられないが、複数の科目を履修することができた。正科に入学するためには、官立の高等中学校またはその前身校を卒業していなければならず、上田と違って岡倉は正規の入学資格を有していなかった。いわば非正系の学歴者のための周辺的なコースが選科であり、正科とはその威信や処遇に大きな落差があった。

▷13 蘭学と適塾
近世日本で展開したオランダ語の学習やオランダ語による西洋研究の総称が蘭学であり、8代将軍の徳川吉

を継承しながら「国語」の構築をめざす。けれども実際に「国語」の制度化を主導したのは上田であり、岡倉はその後「外国語」とりわけ英語教育に重心を置く。岡倉はなぜ英語教育に軸足を移し、いかに「外国語」を扱おうとしたのか(以下、山口、2001；伊村、2003；山田、2005；平田(諭)、2015；2016、参照)。

岡倉が意識せざるをえなかったのは、森が改良して採り入れようとした西洋の大言語、つまり大英帝国の覇権とともに世界的に拡大する、英語の文明力と支配力である。19世紀半ばからのパックス・ブリタニカを支えた英語は、新興国家アメリカの躍進に後押しされながら、東アジアにまで勢力を伸ばしていた。西洋との貿易をオランダだけに限定した幕藩体制下の日本でも、開国してからはその影響があちらこちらに及んで、新しい時代の到来を予感させる。幕末の若き福沢諭吉などは、緒方洪庵の適塾で「死物狂いになって」オランダ語を勉強したが、開港したばかりの横浜で「一寸とも言葉が通じない」体験をしている。そこで通用していたのは英語だったからで、福沢は「一度は落胆したが同時にまた新たに志を発して、それから以来は一切万事英語と覚悟を極め」たという。晩年の『福翁自伝』(1899年)のなかで語られた「蘭学」から「英学」への転向、そして英語の時代の幕開けを象徴する著名なエピソードである(福沢、1978、99〜100ページ)。◁13

幕末維新期の「英学」への傾斜は急にして大であり、明治新政府が創始した近代的な高等教育機関では、欧米から来日したお雇い外国人を教師とし、「外国語」によって西洋の知が教授された。そこはのちに義務教育となる、小学校とは別世界だった。文明開化の最前線に立つ、「日本のなかの西洋」というべき空間で、英語を学問とともに身につけたのは、ひと握りの知的エリートである。よく知られるのは内村鑑三、新渡戸稲造、そして岡倉覚三であり、福沢に続く世代に属し、日本の近代化を担いながら英語で日本を紹介したかれらは、「英語名人世代」といわれることがある(太田、1981、2章)。◁14 岡倉覚三は幼少期を過ごした幕末の横浜で英語を学び、17歳で帝国大学の前身である東京大学の第一期生として卒業したが、由三郎はこの兄から多大な影響を受けた。かれにとっては敬愛と憧憬の対象であり、西洋の文明世界の扉を開く英語に対する関心は、その兄覚三の存在を抜きに語ることはできない。

ところが、そこには深刻な問題が横たわっていた。覚三ら「名人世代」は英語漬けの教育を受け、卓越した英語力を身につけたのはたしかだが、それと引き換えに母語の運用があやしくなり、英語と母語の「逆転現象」が起きているのだ。つまり第一言語を犠牲にした「英語名人」だったのであり、覚三など幼少から親しんだ英語で思考・表現する方が「はるかに自由であり、論理的であっただろう」といわれる(木下、2005、348〜351ページ)。この身近な兄の言語経験は、弟の由三郎にとって密かに省みるべき原体験になったとみられる。こ

うした事態が一部の知的エリートを超えて，ことばの分断状況にあった日本全体に広まれば，日本の言語は英語に取って代わられてしまう。前節でみた青田節『方言改良論』(1888年)でのエピソードも，そのことを示唆していよう。西洋化の波が押し寄せるなかで，強大な英語をはじめとする「外国語」の脅威にどう対するかということが，統一言語づくりを大本で動機づけたのである。

　岡倉由三郎はこのような英語の文明力と支配力，そしてそのもたらす豊かさと危うさに正面から向き合いながら，ジレンマを乗り越えるための解答をみいだそうとした人物といってよい。岡倉はチェンバレンから，かつて森が助言を求めたホイットニーの言語論などを学び，その考えにもとづいて日本の言語のあり方を省察・展望した。ホイットニーによれば言語と思想，言語と人種の間に必然的な結びつきはないから，「日本語」と日本人の関係もけっして自明なものではない。岡倉は1890 (明治23) 年に上梓した最初の著書『日本語学一斑』で，上田に先んじてはじめて「標準語」に言及しながら，こうした見地から「言語教育」を盛んにすべきことを訴えた。「外国語」教育についても早くから論説を発表し，「日本語」と「外国語」を両にらみで「言語教育」の振興を唱える (平田，2017)。それは上田が主導した国民国家の言語となる「国語」づくりと軌を一にするもので，その存在を脅かすことのないような，親和的で補完的な「外国語」のあり方を求めるものであった。

2　「外国語」から「国際語」へ

　岡倉は帝国大学を出てから職を転々としたが，ようやく1897 (明治30) 年，官立の中等教員養成機関である高等師範学校の教授となる。当時「外国語」(英語) は学校制度上，義務教育ではない主として中等教育段階から位置づいていた。1902 (明治35) 年には英語学・語学教授法の研究のため，文部省外国留学生としてヨーロッパに留学し，3年後に帰国して東京高等師範学校英語科の学科主任となる。これより英語教育の指導者，英語・英文学の専門家としての活動に力を注ぎ，1911 (明治44) 年に「英語教育」と題したはじめての単行本，教養主義的な目的を掲げた主著『英語教育』を出版した。その活動は英語教授法の刷新，英語教科書の執筆，英和辞典の編纂，『英文学叢書』の監修，ラジオ放送の英語講座の担当などに及んでおり，文部省の各種委員も歴任している。1936 (昭和11) 年に68歳でこの世を去るまで，かれは英語教育界そして英語・英文学界をリードしたのである。

　岡倉が『英語教育』で説いた中等教育の目的には，他学科にも共通する「教育的価値」と英語科に固有の「実用的価値」がある。「英語の実用的価値」とは，「英語を媒介として種々の知識感情を摂取すること」であり，「欧米の新鮮にして健全な思想の潮流」を学ぶことである。ここで主眼が置かれているのは

宗が蘭書輸入の禁を解いたことによって発展した。蘭学とくに医学を修めた緒方洪庵が1838 (天保9) 年に大坂に開いた私塾が適塾 (正式には適々斎塾) で，塾頭を務めた福沢諭吉をはじめとして幕末から明治維新にかけて活躍した多数の人材を輩出した。『福翁自伝』には「緒方の塾風」として，その当時の様子が生き生きと描かれている。福沢は「蘭学を捨てて英学に移」ったわけだが，そのとき培った「蘭書読む力はおのずから英書にも適用して，決して無益でな」かったという (福沢，1978，104ページ)。

▷14　英語で著された日本論

内村鑑三，新渡戸稲造，岡倉覚三は近代日本を代表する三大英文家と称され，世界の耳目を集めた日清・日露戦争を背景として著述・出版された。内村については，自伝的性格をもつ *How I Became a Christian* (1895,『余は如何にして基督信徒となりし乎』) や *Representative Men of Japan* (1908,『代表的日本人』) がある。新渡戸には数多くの英文日本論があるが，もっとも代表的なのは *Bushido, the Soul of Japan* (1900,『武士道』) だろう。覚三には三部作とされる，*The Ideals of the East* (1903,『東洋の理想』)，*The Awakening of Japan* (1904,『日本の目覚め』) および *The Book of Tea* (1906,『茶の本』) がある。いずれもイギリスやアメリカで刊行されており，日本への関心の高まりと相まって版を重ね，他のヨーロッパの言語にも翻訳された。岡倉由三郎も，1905 (明治38) 年に *The Japanese Spirit* (『日

本精神』）を，1913（大正2）年に The Life and Thought of Japan（『日本の生活と思想』）を海外で出版している。

「読書力の養成」であって，「実用」といっても「会話力」が中心に据えられているわけではない。「読書が会話作文の基礎となる」からで，こんにちでも英語教育関係者の間で本書が古典的名著と評されることがある。「英語教授を始むる時期」にも注意を促しており，小学校から開始することには強く反対している。なぜなら「国民教育の主要方面が，薄弱に陥いる虞」があるからで，「母国語の知識」「国語教授」が先決だからである。かれは「外国語」として目的意識的に方向づけた英語，そして英文学を読むことをとおした「中等国民」にふさわしい知を求めたのであり，それは「国語」と「国民教育」を前提として大英帝国の強大さを学ぶという，帝国主義的な内容と性格を備えていたのである（岡倉，1937，3・5章；ユン，2005；2006）。

だが皮肉なことに，「国語」の教育と普及が図られるなどして，日本が国民国家として自立すればするほど，なぜ英語を教え・学ぶのかが根底から問われることになる。西洋の地位低下を招いた第一次世界大戦のころから顕著になるが，1927（昭和2）年には英語教育存廃論争が巻き起こり，激しい批判と攻撃が浴びせられた。「外国語」としての英語に否定的なまなざしが向けられ，これまでの欧米に対する追従・模倣の態度と，そのことがもたらす精神的な植民

▷15 英語教育存廃論争
英語教育の是非が厳しく問われたこの昭和初期の大論争は，東京帝国大学教授だった国文学者の藤村作が雑誌『現代』に発表した「英語科廃止の急務」が大きな波紋を投げかけ，他の雑誌や新聞各紙を巻き込みながら半年以上続いたものである。さまざまな方面から数多くの意見が寄せられたが，英語教育は現状のままでよいとする見解は少数で，その非効率や不成績を難じる声が圧倒的であった。その一方で藤村のような全面廃止の主張もまた少数で，大多数はその存続を望みながら授業時数の削減を求めるものだった。東京高等師範学校の英語部は削減に反対したが，文部省はその方向で動き出すことになる。

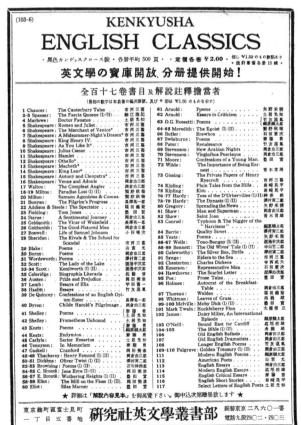

図6-6　教養主義的な知を提供した『英文学叢書』
出所：『英語青年』第72巻第11号，英語青年社，1935年，出版広告。

地化，つまりは心の支配が懸念されるとともに，日常生活で必要なわけでもないのに，莫大な時間・労力・経費を費やしてまで，教え・学ぶ意味などあるのかが問題になったのだ。岡倉は「外国語の教授方法」に改善の余地があることは認めつつも，教養主義的な英語擁護論に立ちながら，あくまでその必要性と正当性を訴えた。そこでは「誤つた誇大妄想的愛国病」にかからないための「修養価値」を強調し，「吾国に於ける外国語」は「泰西の文化全体を瞰渡す大きな窓」「欧米の文明の流れを導き入れる大鉄管」と位置づけている（川澄, 1978, 301～302ページ）。◁16

それでも英語を中心とする「外国語」教育への風当たりは強く，岡倉をはじめとする教養主義論は守勢に回らざるをえなかった。ここにいたって岡倉は，当時の西洋世界の動向もみすえながら，新たな考え方を打ち出すことになる。それは英語を「外国語」としてではなく，「国際語」として教え・学ぶべきだという考えである。このときかれが注目したのが，イギリスの言語哲学・心理学者であるチャールズ・オグデンが考案した「ベーシック・イングリッシュ」である。◁17 850の基本語と最小の文法規則による，簡易化した英語体系として1930（昭和5）年に発表したもので，"Basic" は "British, American, Scientific, International, Commercial" の頭文字をとり，基礎・基本の，初歩的という意味をかけ合わせている。それは全世界の意思伝達の手段となる「国際補助語」を意図していたが，英語を母語としない人びとにとってはその学習の第一歩となり，英語を母語とする人びとにとっては思考の明晰化につながると考えられたのだ。ことばの力で巧みに大衆を動員した，第一次大戦という総力戦の反省に立ちながら，世界的な共通語にふさわしい英語の改造を試みたのである（相沢, 1995, 1・2章）。

岡倉は実際にオグデンと交流した1931（昭和6）年の外遊を機として，ベーシック・イングリッシュ推進運動の日本代表となり，財政的な支援を受けながら積極的な受容と紹介に努めた。そしてあの森が「簡易英語」として構想したような，不規則で無秩序な綴字の改革にも取り組み，イギリスやアメリカでの改革の試みに乗じながら，みずから新案を発表して国内外に問うている。岡倉にとって英語が「国際語」たりうるには，ベーシックのような言語変革とともに正書法の刷新が不可欠であり，それは国際的な共同事業として成し遂げられるべきであった。その意味では，かれが英語を「外国語」ではなく，「国際語」として位置づけたのは，たんなる看板の書き替えではない。「国際語」であれば，もはや英米の「国語」として語る必要はなく，そのあり方に関与・介入する途が開かれる。英米帝国主義への追随や精神的な植民地化という問題も切り離せるし，日本が国際的に孤立化するこの時期は積極的な海外発信のためにも必要だった。

▷16 **教養主義と英語教育**
哲学・歴史・文学など人文系の読書を中心とした人格の完成をめざす態度であり，帝国大学につながる高等学校（旧制）をおもな舞台として成立・展開した。地域や階層の文化とは切断された西洋志向の学校的教養であることを特徴とし，学歴エリートのステータス・シンボルそして象徴的暴力装置として機能した（竹内, 2003）。英語教育における教養主義は，その存廃論争を通じて浸透・定着したもので，高等学校に接続する中学校（旧制）に主眼が置かれたが，第二次世界大戦後に義務教育化した中学校（新制）にて再生された（寺沢, 2014, 8章）。

▷17 **「バベルの塔」とオグデン**
もともとヨーロッパには，旧約聖書・創世記の「バベルの塔」（人類が天に達するほどの高塔を築こうとしたのを神が怒り，それまで一つだった言語を混乱させて，たがいに通じないようにしたという伝説）を解体して，「普遍言語」の夢を追求した歴史がある。とくにラテン語の勢力が弱まった17世紀は，実験的な試みが盛んだったが，国民国家が支配的となる19世紀末からこの時期にかけて，実用性をもった言語構想が相次いだ。それはエスペラント（Esperanto）のように人工言語（計画言語）を新たに製造したり，ベーシック・イングリッシュ（Basic English）のように既存の自然言語（民族言語）を改造するもので，1887年にポーランドのルドヴィコ・ラザーロ・ザメンホフ（Ludoviko Lazaro Zamenhof, 1859～1917）が発表したエスペラントは，第一次大戦後に設

立された国際連盟において，国際補助語としての是非が議論されるまでに注目された。チャールズ・ケイ・オグデン（Charles Kay Ogden, 1889〜1957）が創案したベーシック・イングリッシュは，エスペラントから40年以上を経て発表されたが，それはかれの造語した"Debabelization"——「脱バベル化」（言語の混在と不通からの脱却）の具体的実践だったといえる。

とはいえこの晩年の岡倉が，英語を教え・学ぶことの教養主義的な価値を忘れたわけでも，「国語」との相補的で互恵的な関係を置き去りにしたわけでもない。岡倉によれば，「国語」を用いる民族における「標準語」と「方言」の関係は，世界の人類における「国際語」と「国語」の関係に等しく，国内のコミュニケーションに「標準語」の確立が必要であるように，国外とのコミュニケーションには「国際語」の選定が求められる。その「国際語」としての資格を有するのは，世界に広く通用し，学習の困難が少なく，そして進歩した偉大な文学をもつ，英語にほかならなかった。それは「我々日本人の意志や感情を発表し，また世界各国の知識や経験を吸収するために，母国語を助ける道具」なのであり，「現代の人間」は「国家心」とともに「国際心」を養わなければならないと考えたのだ（岡倉，1934，1〜5ページ）。こうしてかれは「国際語」という新機軸を打ち立てることによって，こんにちにまでつながるような英語教育の理念的再生を図ったのである。

5　言語の教育がもたらす人間と世界

1　国民国家と言語規範

以上みてきた三人の軌跡を振り返れば，つぎのようにまとめられよう。森有礼は明治維新が進むなか，アメリカで今後の世界と日本を展望しながら，自立した新しい日本の言語を編み出そうとした。その試みは単純な「日本語廃止」でも「英語採用」でもない，冒険的で野心的な企てだったが，その険しさと難しさに直面して挫折する。バラバラなことばを一つの言語にしようとする，その困難を乗り越えようとしたのは，「国語」を標榜した上田万年である。日清戦争後の上田は，近代的で科学的な言語学の知を携えながら，国民的なコミュニケーションのための「標準語」の制度化に努める。「国語」づくりを国家的なプロジェクトとして推進し，小学校での義務教育をとおした普及と定着を図るが，それは言語と政治の深い結びつきをもたらしながら，「正しいことば」という規範意識を刻みつけるものだった。

その「国語」を補完しながら再生産する，「外国語」のあり方を追求したのは，上田の後輩にあたる岡倉由三郎である。日本の近代化とともに英語の文明力と支配力を感じとった岡倉は，「日本語」と「外国語」の双方をにらんだ言語教育の振興を訴え，「中等国民」にふさわしい西洋文明を学ぶための英語教育を唱える。だが第一次大戦をへて「国語」の教育と普及が進み，英語など「外国語」の存在意義が根底から問われてくると，岡倉は西洋世界の動向をみすえながら新たな方向性を示す。それは「外国語」ではなく「国際語」として

英語を再構築することであり,「国語」との密接な関係を維持・強化しながら,「国際人」としての「日本人」を育成することだったのである。ここで言語を教育するというのがいかなる営みなのか,その考えるべきポイントをさいごに摘記したい。

なによりそれは,人びとを「国民」という抽象的で想像的な共同体へと囲い込み,国民国家を維持しながら再生産するうえでもっとも基底的な役割を担う。はじめに述べたように,ことばは教育に依存することなく,いくつもの壁を自力で克服しなければ習得されないが,学校教育では,その身につけたことばを言語として体系的・客観的に省察することになる。それが国家権力のもとで遂行されるとき,もはやことばと言語の境目はなくなり,上田が「精神的血脈」と述べたような国民的紐帯,そして「正しいことば」という言語規範がもたらされるのだ。歴史的にみれば,「当り前と思われていた雑種的な多言語状況が,均質な言語媒体を欠いたものとして否定的に評価され,超克されなければならない状況として,認識される」ようになったから,「国語」という「透明で均質な言語の形象」は私たちのものであっても,けっして私のものとはなりえない。しかしだからこそ,「私たち」に同一化しようとする欲望がつねに働いてしまうのが,「国語」のメカニズムなのである（酒井,1996,185～189ページ）。

このときみのがせないのが,第2章でも扱われている文字の問題である。もともと文字とことばは無縁だが,文字表記こそが言語としての固定化をもたらし,「書くことをとおして整序される国民言語としての地位」を保証する（オング,1991,221ページ）。ことばは変わりゆくが,文字はそうではない。近代言語学そして上田は,いま・ここで話されることばを重んじ,音声の代理物として文字を従属的にとらえたが,国定教科書による「標準語」教育は,その文字こそがたよりであって,それにより音声＝「国語」が存在しえたのだ。そのため音声を文字として正確に再現することなど不可能であるとしても,漢字を排除して音声を転写した文字体系を実現する試みは不可避であった（村井,1989,3章）。しかもこうしたせめぎ合う構造のうえに,「標準語」の文法が書かれ,学校教育で教えられていく。本来的に学ぶ必要のない文法を学習するのは,「言語警察制度を自らのなかに作りあげる作業」にほかならない。それは「正しいことば」という言語規範を形成・維持することになるわけだが,「文法を意識することは,かえって自由なことばの表出をそこなう」のである（田中,1981,66～70ページ）。

2 構築／拘束される私たちの世界

「国語」の教育はまた,「方言」や植民地の現地語を抑圧・排除する,序列的な言語ヒエラルキーをもたらしたことも確認しなければならない。それは連鎖

▷18 植民地台湾の「国語」教育
植民地台湾について明らかにされているのは、「同化」の対象とされた被支配者が「国語」を積極的に受け入れたとしても、そこに支配者の意図を超えた「文明」＝別様の近代化の可能性をみいだし、一方的な強制にそのまま応じない主体のありかたをもたらしたことである。受容しながら抵抗、抵抗しながら受容するという、台湾の人びとの意識と動態があったわけで、「同化」をめぐって支配者と被支配者の間に「同床異夢」が生じていた。第二次世界大戦後の台湾は、半世紀にわたる日本統治が終わり、中国への祖国復帰を果たすが、それは脱植民地化というより、再植民地化というべきものだった。その間の異なる歴史体験は両者の距離感を浮き彫りにし、祖国による大量殺戮を引き起こした二・二八事件（1947年）という悲劇まで生んでいる。その勃発の背景にあったのは、「国語」（日本語）の使用禁止問題なのであり、急進的な廃止は日常生活に支障を来すほどだったのである（陳, 2001）。

▷19 ヴァーチャル方言（仮想方言）
関西人でもないのに「なんでやねん！」とつっこむように、話し手が本来身につけている生まれ育った土地の「方言」ではなく、日本語社会の人びとが共有するイメージに依存して使い分ける「方言」をいう。日本語学者の田中ゆかりによる呼び名であり、実際には土地や生活に根ざしたリアルな「方言」の編集・加工をへて再提示されるものである。その場その場で演出し

的に継起する構造をもち、「標準語」そして「国語」の中心的価値が高まれば高まるほど、人びとの同化への欲望と差別への恐怖を同時にかき立てながら、みずからの母語を自己否定するメンタリティすら生み出してしまう（石田, 2000, 1部）。戦争と武力によって主権を奪い去った植民地では、この「国語」教育こそが重視され、教授言語までが日本語化される。人びとの受容の仕方はひとしなみでないが、それは暴力的な強制による、異民族への「精神的血脈」の注入だった。▷18「大東亜共栄圏」が構想され、占領地を拡大した第二次大戦期には、「国語」とは別様の「日本語」が求められ、東アジアの共通語としての教育が異民族に行われている。それは日本人には「国語」、外国人には非「国語」としての「日本語」という、こんにちに通じるすみ分けをつくり出しながら、閉じられた「国語」イデオロギーを政治的に再構成したのだ（子安, 2003, 1部3章）。

さらに考えなければならないのは、言語の教育が「国語」のみで完結しているわけではなく、「外国語」や「国際語」とセットで成り立っているということである。言語の教育を語るには、その一方だけでは十分でない。「外国語」とは、異質な他者の言語を抽象して国家にカテゴライズした、これまた政治的な所産なのであり、英語のごとき巨大な異言語が飼いならされて、「国語」とは対称的な位置に置かれている。ドイツの詩人ゲーテの有名なことばとして引かれるように、「ひとつの外国語を知らないものは自国語をも知らない」というわけだ。そのとき「外国語」の教育と学習は、自己の言語の輪郭や特徴を照らし出し、「母国語」としての発見や自覚をうながすとともに、「母国語」にはない知識や教養をもたらしたり、実用的なコミュニケーションへの途を開く（田中, 1993, 96〜136ページ）。「外国語」でなく「国際語」となれば、その原理や性格は異なり、実用的なコミュニケーションこそが主たる目的となる。日本の英語教育の場合、その両者の区別をあいまいにしてねじれを抱え込んだまま、コミュニケーション重視へと舵を切っているのである（平田（諭）, 2016）。

現代では、「標準語」がテレビなどマスメディアの普及によって共通語として流通し、「方言」はこれまでのようなわかりやすい否定の対象ではなくなっている。むしろ今日的にはポジティブな価値がみいだされているが、それは共通語化とともに特定の地域と結びついた「方言」が消失していき、いわば差異の戯れとして「ヴァーチャル方言」が多用されるようになったからである（田中, 2011；2016）。◁19その一方で、第1章で述べたようなグローバル化の進展は、「国際語」としての英語の覇権と脅威をもたらしながら、「国語／日本語」のナショナルな価値を活性化している。「英語帝国主義」に対して「美しい日本語を守れ」というわけだ。現在の学校教育は、「国語」のなかの「個性」のように「方言」を尊重し、グローバル化に対応した英語教育を積極的に推進してい

るけれども，それは従来「方言」との対抗関係をエネルギー源としてきた「国語」が，「日本語」とのすみ分けをなおざりにしながら，いまやグローバル化＝英語を新たな栄養源として再構築を図っていよう。グローバリズムとナショナリズムは相反するようで，じつは相互構築的な関係にあるのである（イ，2009，11章；平田，2012）。

「国語／日本語」＝日本人という等式が失わせてしまうのは，言語的な寛容さであり，グローバル／ナショナルという二項対立がみえなくさせるのは，現実の多言語状況である。日本語を母語とする定住外国人や，学校教育で「国語」を強制される外国人の存在，いわゆる外国人労働者の子どもたちの母語の問題や，社会的弱者の立場に置かれるマイノリティの人びとの言語の保障など，私たちはどう考えるのか。◁20「外国語／国際語」にしても，英語一辺倒の教育がなされ，他のさまざまな言語への目配りが乏しくなっていることや，その英語も世界史的な現地化と多様化が進行し，"World Englishes"といわれる「いろいろな英語」が広がっていることを，私たちはいかにとらえるのか。人間にとってことば／言語は，コミュニケーションの道具であるばかりでなく，もっと根源的な思考そのものであり，世界の見方を規定するものである。その外部に立つことは本質的に難しいが，教育がことばを言語にするとすれば，その言語によって構築そして拘束される世界を，歴史をたどりながら解きほぐしたいものである。

Exercise

① 本章の内容を参考にしながら，近現代日本における「国語国字問題」の流れと動きを調べて年表風にまとめてみよう。そしてその具体的な動向を日本と世界の歴史的展開と関連づけて考えてみよう。

② 現在日本に暮らす外国人とその子どもたちが，ことば／言語のことでどのような問題を抱えているのか，具体的に調べてみよう。そしてその解決のためにはどうしたらよいか，話し合ってみよう。

③ 世界には消滅しつつある危機言語が多く存在し，実際に地球上からどんどん言語が消滅している。なぜそういうことになり，それはどんな影響を及ぼすのか，そして私たちはそれといかなる関係にあり，できることやなすべきことはなにか，探ってみよう。

ようとするキャラクターや雰囲気に合わせて自在に着脱する，「方言」のコスチューム・プレイがあちこちで観察され，名づけて「方言コスプレの時代」と田中はいう。これは「標準語」が共通語となって「方言」とのバイリンガル状態が一般化した1980年代あたりを画期とし，地元の「方言」さえもアクセサリーとして付加価値をもつようになった段階をへて顕在化したとされる。

▷20 母語と第一言語
本章ではほぼ一貫して「母語」（英語では"mother tongue"）という表現を用いてきたが，「母」のことばが子どもの「母語」とならないことだってあるし，子どものときに身につけたことばが，かならずしも大人になって主たる言語とならないことだってある。多言語社会では「母語」は一つに限定されず，複数存在しうるし，混交することもある。そのため「第一言語」（英語では"first language"）という方がふさわしいという考えが成り立つ。一般に移民の一世が本国での言語を保持するのに対して，幼少期に受け入れ国に来たり，そこで生まれた二世は，その国のことば／言語を第一言語として身につけることが多い。そうなると，一つの家族のなかで世代による言語断絶が生じ，親子で異なる言語を話すという事態もありうる。これは日本の外国人労働者のコミュニティなどで，実際に起きていることである（イ，2009，11章）。

📖 次への一冊

イ・ヨンスク『「国語」という思想——近代日本の言語認識』岩波書店，1996年（岩波現代文庫版2012年）。
　「国語」という理念と制度について，近代日本の国民国家／植民地帝国としての歴史的展開とともに論じた言語思想史。本章で中心的に参照した本であり，日本人の意識がいかにその言語イデオロギーに支配・呪縛されているか，考えさせられる。

田中克彦『ことばと国家』岩波新書，岩波書店，1981年。
　言語と国家の抜きがたい結びつきとそこにまつわる諸問題を，世界史的な視野から描き出した古典的名著。著者には多数の著書があるが，ことばへの問いを根底から呼び覚ましてくれる。

中村敬『なぜ，「英語」が問題なのか？——英語の政治・社会論』三元社，2004年。
　グローバル世界に圧倒的な影響力をもって君臨する英語を俎上にのせ，その政治・経済・社会・文化に関わる問題を多面的に浮き彫りにした論文集。長年英語教育に携わり，英語教科書も執筆した著者が，「英語帝国主義」の系譜から装置化した教育の実態まで歴史的に論じ，英語教師としての半世紀を振り返った自己省察を付す。

中村桃子『女ことばと日本語』岩波新書，岩波書店，2012年。
　鎌倉時代から第二次大戦後までの「女ことば」の歴史をわかりやすくたどったフェミニズム言語学者の本。本章では論じることができなかったが，ジェンダーの視点は日本語のあり方を考えるうえで欠かせないことがわかる。

広瀬友紀『ちいさい言語学者の冒険——子どもに学ぶことばの秘密』岩波科学ライブラリー，岩波書店，2017年。
　ことばはどのように習得されるのか，その謎を実際の子どもたちの観察から解き明かした，わかりやすくておもしろい言語学者の本。ことばを身につけつつある子どもの「珍プレー好プレー」が，驚くほどにその言語的な特徴や本質を衝いており，それを考える絶好の手がかりになることもわかる。

引用・参考文献

相沢佳子『ベーシック・イングリッシュ再考』リーベル出版，1995年。
青田節『方言改良論』進振堂，1888年。
石田雄『記憶と忘却の政治学——同化政策・戦争責任・集合的記憶』明石ライブラリー，明石書店，2000年。
伊村元道『日本の英語教育200年』英語教育21世紀叢書，大修館書店，2003年。
今井むつみ『学びとは何か——〈探究人〉になるために』岩波新書，岩波書店，2016年。
イ・ヨンスク『「国語」という思想——近代日本の言語認識』岩波書店，1996年（岩波現代文庫版2012年）。
イ・ヨンスク『「ことば」という幻影——近代日本の言語イデオロギー』明石書店，2009年。
上田万年『国語学の十講』通俗大学文庫，通俗大学会，1916年。
上田万年「国語学の草創期」『国語と国文学』第11巻第8号，至文堂，1934年。
上田万年著，安田敏朗校注『国語のため』東洋文庫，平凡社，2011年（初版1897・1903

年)。

『英語青年』第72巻第11号,英語青年社,1935年。

大久保利謙編『森有禮全集』第1～3巻,宣文堂書店,1972年。

太田雄三『英語と日本人』TBSブリタニカ,1981年（講談社学術文庫版1995年）。

岡倉由三郎『岡倉先生初等英語講話』第1巻,研究社,1934年。

岡倉由三郎『英語教育』増補再版,研究社,1937年（初版1911年）。

オング,W. J., 桜井直文・林正寛・糟谷啓介訳『声の文化と文字の文化』藤原書店,1991年（原著1982年）。

海後宗臣編『日本教科書大系』近代編第6巻（国語3）,講談社,1964年。

川澄哲夫編,鈴木孝夫監修『資料日本英学史』第2巻（英語教育論争史）,大修館書店,1978年。

川村湊「近代日本における帝国意識」北川勝彦・平田雅博編『帝国意識の解剖学』世界思想社,1999年。

木下長宏『岡倉天心――物ニ観ズレバ竟ニ吾無シ』ミネルヴァ日本評伝選,ミネルヴァ書房,2005年。

小林敏宏「森有禮の「脱亜・入欧・超欧」言語思想の諸相（1）――森有禮の「日本語対英語」論再考」『成城文藝』第176号,成城大学,2001年。

小林敏宏「森有禮の「脱亜・入欧・超欧」言語思想の諸相（2）――「英語採用論」言説の「誤読」の系譜」『成城文藝』第178号,成城大学,2002年。

小林敏宏「森有禮の「簡易英語採用論」言説（1872―73）に与えた1860年代英国における「国語（英語）」論争の影響について」『成城文藝』第189号,成城大学,2005年。

駒込武「教育における「内」と「外」（1）――植民地の教育制度」佐藤秀夫編著『新訂 教育の歴史』放送大学教育振興会,2000年。

子安宣邦『日本近代思想批判――一国知の成立』岩波現代文庫,岩波書店,2003年（初版1996年）。

酒井直樹『死産される日本語・日本人――「日本」の歴史―地政的配置』新曜社,1996年（講談社学術文庫版2015年）。

清水康行「上田万年をめぐる二,三のことども――専門学務局長就任から国語調査委主事辞任まで」山口明穂教授還暦記念会編『山口明穂教授還暦記念国語学論集』明治書院,1996年。

昭和女子大学近代文学研究室編『近代文学研究叢書』第41・42巻,昭和女子大学近代文化研究所,1975年。

竹内洋『教養主義の没落――変わりゆくエリート学生文化』中公新書,中央公論新社,2003年。

田中克彦『ことばと国家』岩波新書,岩波書店,1981年。

田中克彦『国家語をこえて』ちくま学芸文庫,筑摩書房,1993年（初版1989年）。

田中克彦『ことばとは何か――言語学という冒険』ちくま新書,筑摩書房,2004年。

田中ゆかり『「方言コスプレ」の時代――ニセ関西弁から龍馬語まで』岩波書店,2011年。

田中ゆかり『方言萌え!?――ヴァーチャル方言を読み解く』岩波ジュニア新書,岩波書店,2016年。

陳培豊『「同化」の同床異夢――日本統治下台湾の国語教育史再考』三元社,2001年。

寺沢拓敬『「なんで英語やるの？」の戦後史――《国民教育》としての英語,その伝統

の成立過程』研究社，2014年。

仲新・稲垣忠彦・佐藤秀夫編『近代日本教科書教授法資料集成』第11巻（編纂趣意書1），東京書籍，1982年。

花井信「1900年代の教案に関する一考察」花井信・三上和夫編著『学校と学区の地域教育史』川島書店，2005年。

平田雅博『英語の帝国——ある島国の言語の1500年史』講談社選書メチエ，講談社，2016年。

平田諭治「「学校／教育」システムの近現代史」宮寺晃夫・平田諭治・岡本智周『学校教育と国民の形成』講座現代学校教育の高度化第25巻，学文社，2012年。

平田諭治「国家と教育」鈴木理恵・三時眞貴子編著『教育の歴史・理念・思想』教師教育講座第2巻，協同出版，2014年。

平田諭治「岡倉由三郎の思想形成と「英語教育」への道程——回想的語りの分析と考察を中心にして」日本教育史研究会編『日本教育史研究』第34号，2015年。

平田諭治「岡倉由三郎の「国際語としての英語」をめぐる思想と行動——1930年代初めのベーシック・イングリッシュの受容を中心にして」日本教育学会編『教育学研究』第83巻第3号，2016年。

平田諭治「岡倉由三郎の言語思想に関する一考察——『日本語学一斑』（1890年）におけるW. D. ホイットニー言語論の検討」『筑波大学教育学系論集』第41巻第2号，2017年。

広瀬友紀『ちいさい言語学者の冒険——子どもに学ぶことばの秘密』岩波科学ライブラリー，岩波書店，2017年。

福沢諭吉著，富田正文校訂『新訂 福翁自伝』岩波文庫，岩波書店，1978年。

明治文化研究会編『明治文化全集』第24巻（文明開化篇），日本評論社，1967年（初版1929年）。

丸山真男・加藤周一『翻訳と日本の近代』岩波新書，岩波書店，1998年。

水原明人『江戸語・東京語・標準語』講談社現代新書，講談社，1994年。

村井紀『文字の抑圧——国学イデオロギーの成立』青弓社，1989年。

安田敏朗『「国語」の近代史——帝国日本と国語学者たち』中公新書，中央公論新社，2006年。

柳父章『翻訳語成立事情』岩波新書，岩波書店，1982年。

山口誠『英語講座の誕生——メディアと教養が出会う近代日本』講談社選書メチエ，講談社，2001年。

山田雄一郎『日本の英語教育』岩波新書，岩波書店，2005年。

ユン・スアン「帝国日本と英語教育——岡倉由三郎を中心に」，教育史学会編『日本の教育史学』第48集，2005年。

ユン・スアン「帝国日本の英文学受容——岡倉由三郎・市河三喜監修『英文学叢書』を中心に」，日本教育史研究会編『日本教育史研究』第25号，2006年。

第7章
戦争は学校と教育をどのように変えたのか

〈この章のポイント〉
　戦争の「悲惨さ」や「異常さ」に照明が当てられるとき、戦時期の教育は歴史のなかで「逸脱」したものとして語られる。しかし現代の教育システムの基盤は、総力戦という20世紀の戦争を通じてはじめて形成された。今日の私たちが受けてきた教育や学校の歴史的性格を掘り下げてみると、戦争の痕跡をいたるところで確認することができる。本章では、第一次世界大戦、アジア・太平洋戦争、冷戦に注目し、近現代の日本が経験した戦争が教育と学校にどのような変化をもたらしたのかについて学ぶ。

1　なぜ戦争という視点から教育について考える必要があるのか

　この本を読むような、将来教師になることをめざす人たちが、戦争について学ばなければならないのはなぜか。それは戦争によってもたらされた「悲惨」で「異常」な事態が、「戦前」の教育のあり方を「歪曲」したからか。「戦前」の「過ち」を学ぶことで、将来の教師が「戦後」の「平和」を守ることができるようにするためか。もちろんそうした点から戦争と教育について考えることも重要だが、本章で注目したいのは、戦争が社会システムの合理化を促し、それを契機として形成された教育システムが現在も継続している点である。

　以上の点と一見関係ないようだが、2016（平成28）年に成立した、義務教育の段階における普通教育に相当する教育の機会の確保等に関する法律、いわゆる教育機会確保法とそれをめぐる報道から、戦争と教育の関係、そしてその歴史的射程について考えてみよう。2015年に提出された当初の法案はフリースクールや家庭で学ぶことを義務教育として認める内容だったため、さまざまなメディアがこれを取り上げ、そのなかで『朝日新聞』（2015年5月20日、第1面）はいちはやく報じた。同紙の記事のなかで注目したいのが、「実現すれば、義務教育の場を学校に限った1941年の国民学校令以来、74年ぶりの転換となる」と述べた部分である（国民学校令については、第3節）。この記事は、日中全面戦争に突入し日米開戦を迎えようとした時期に定められた国民学校令の規定が、現在も残っている点を押さえたうえで、その転換を図るものとしてこの法案を評価している。しかし他紙では、こうした教育史的な経緯については一切言及

▷1　戦争の呼称
1931～45年に日本が戦った戦争にはさまざまな呼称が用いられており、それぞれが歴史的な性格をもっている。1941年に日本がアメリカとイギリスに宣戦布告すると、「支那事変」を含めた目下の戦争を「大東亜戦争」と呼ぶことが閣議決定された。敗戦後にはGHQ／SCAPが「大東亜戦争」の使用を禁じ、「太平洋戦争」という呼称が一般化していった。だが「太平洋戦争」はアジア諸国に対する戦争責任を曖昧にするとして、哲学者の鶴見俊輔が1956年発行の『中央公論』で「十五年戦争」という呼称をはじめて用いた。1980年代に入ると「アジア・太平洋戦争」という名称が広まるようになった。

▷2　義務教育の段階における普通教育に相当する教育の機会の確保等に関する法律（教育機会確保法）
不登校児童生徒の教育機会を確保したり、夜間中学における就学機会を提供したりすることを定めた法律。

されておらず，結局法案も義務教育と認める部分が削除され，当初のものが換骨奪胎されるかたちで教育機会確保法が制定された。

このように戦争のなかで形成された教育システムはいまもなお稼動しつづけていると考えられる。つまり本章で強調したいのは，戦争が多くの人びとを死に至らしめる「悲惨」なものだから学ぶ必要がある，若者が知らないから教えなければならない，ということではない。戦争が学校と教育にどのような変化をもたらしたのか，そしてそのことが現在のわれわれにどのような影響を与えているのか，こうした問いを考えるために戦争と教育の関係について歴史的に振り返らなければならない。

とはいえ戦争と一口にいってもわれわれが想起するものは多様である。したがってそれを整理しながら教育との関係で対象を限定する必要があろう。戦争は人類の歴史上さまざまな地域で古くから存在してきた。だが人類が直面するあらゆる災厄のなかで，戦争が最大の被害をもたらすものと考えられるようになったのは，ここ200年くらいの間である。18世紀までは自然災害や疫病が人類にとって恐ろしい出来事だったが，19世紀に入るとそうした状況が変化して，戦争のもつ意味が大きくなっていった。科学や技術の発達は自然災害や疫病に対応する力を強め，その一方で戦争の破壊力を増し，被害の拡大をもたらした。戦争の性格は王と王の戦いから国民や民族の間の戦いへと変化し，軍隊のあり方も職業軍人を主体とし外国人を多く含むものから，国民軍へと変わっていった。そしてそうした戦争の行き着いたところが，20世紀の二つの世界大戦に代表される総力戦であった。

総力戦にあたる概念がはじめて用いられたのは第一次世界大戦末期であり，第一次大戦は新たな様相をもった戦争だった。その様相とは，軍事力のみならず，経済力，技術力が戦争遂行のためにあまねく動員され，そうした動員を可能にするような政治的結集や精神的教導が実施されていく戦争のかたちをさす。そこでは前線と銃後の区別が消失し，多数の非戦闘員の死者を生み出すが，ここで押さえるべきことは，総力戦に巻き込まれた人びとの規模が拡大したり，犠牲者が増加したりしたことではない。総力戦が社会のあらゆる面において変化を起こし，そのなかで教育にも重大な影響を与えた点に注目する必要がある。

総力戦がもたらした社会変化は四つに分けられる。第一は破壊と混乱である。それが引き起こされることは否応なくそれまでの社会の姿を変えた。第二は試練である。軍事的制度だけでなく，社会・経済・政治制度が戦争遂行に耐えられるかが試された。第三は参加である。それまで社会に参加する権利を奪われていた人びとに社会参加の条件が生まれた。第四は心理的側面である。戦争によって強烈な心理的衝撃を被ることで，知的・芸術的な変革がもたらされ

▷ 2015年に超党派の議員連盟によって発表された，「義務教育の段階に相当する普通教育の多様な機会の確保に関する法律案」は，不登校児童生徒が学校以外の場で学ぶことを義務教育として認定するものであり，それに合わせて保護者が「個別学習計画」を作成したり，教育委員会が支援や勧告を行ったりする条文を設けていた。また学齢期を超えたものに対しては，夜間中学の就学機会を保障しようとした。だが2016年に入ると，法案名そのものから「多様な」という文言が削除されて，「義務教育の段階における普通教育に相当する教育の機会の確保等に関する法律案」が新たに発表された。同案は「個別学習計画」に関する条文など，学校外での学びを義務教育として認める部分をすべて削除していた。その後内容が変更されることはないまま，教育機会確保法は2016年12月に公布，2017年2月に施行された。

▷3 第一次世界大戦という呼称
第一次世界大戦は，第二次世界大戦が始まるまで，単に「世界戦争（World War）」や「大戦（Great War）」と呼ばれることが多かった。そうしたなかでドイツの生物学者のエルンスト・ヘッケルが1914年に"First Word War"という語をはじめて用いた。それと同時期に日本の一部では「世界大戦」という用語が使われており，地球規模に拡張した戦争（World War）という側面と大規模の動員と破壊をもたらす戦争（Great War）となる側面の双方が見据えられていた。またヘッケルは"First"を「初

た(木畑, 2004)。教育は複数の点とかかわるが, とくに重要なのは第三の参加である。

総力戦体制は, 戦争遂行を目的とした社会の合理化を図るために, それまでの社会的な排除の要素を除去し, すべての人びとを国民共同体へ統合しようとした。そのためには国家の介入を通じた社会的上昇ルートの設定, すなわち教育の機会均等を促進し, 階級の壁を超える社会の流動性を高める必要があった(山之内, 1995)。つまり19世紀に確立した階層的な教育システムを再編し, 社会的上昇のチャンスを広範囲の人びとに与えながら, 戦争へ総動員するシステムを構築しようとしたのだ。この時期につくられた教育システムは20世紀後半にいたる国民教育システムの基盤を準備しており, いまのわれわれの眼前にある学校や教育の姿は総力戦を経由してはじめて定着したといえる(大内, 2002)。

戦争と教育の関係について考えるうえで, 軍隊という存在も取り上げる必要がある。それが戦争を遂行するうえで不可欠であることはいうまでもないが,「陸軍に於ける平時業務の大部分は教育である」といわれたように(永田, 1933), それは教育機関としての役割も果たしていた。そこでは図7-1のように, 国語, 数学, 英語などの「普通学」と呼ばれるカリキュラムが組まれていた。また, 軍隊は社会的上昇の通路を確保しながら, 一般社会の階級関係を弛緩させたり, 逆転させたりする一面もある(吉田(裕), 2002, 第2章)。政治学者の丸山真男は, かつて東京帝国大学助教授でありながら陸軍二等兵として召集された経験を踏まえつつ, 軍隊は「社会的地位」が「ちっとも物をいわず」,「土方の上等兵」が「華族のお坊ちゃん」を「ビンタ」することができるような,「社会的な階級差からくる不満の麻酔剤になっていた」と指摘し, 軍隊の性格を「擬似デモクラティック」ととらえている(飯塚・丸山・豊崎, 1949)。

本章では, 現代の教育システムが形成されてきた過程を理解するために, 総力戦体制が構築されていく過程を追いつつ, それがどのようにして学校や軍隊

めての」世界的な規模の戦争になりうるという意味で用いたのに対して,「第二次」が起こることを前提とした「第一次世界大戦」という名称をはじめて使ったのは, 日本人だった可能性が高いという見解もある(山室, 2011, 第1章)。

図7-1　海軍飛行予科練習生の「普通学」の授業風景
出所：甲飛会全国本部編『写真集 甲飛・栄光の記録』第1巻, 国書刊行会, 1986年, 28ページ。

とかかわり，広範な人びとを動員するまでに展開していったのかについて述べる。

2　総力戦の時代へ（1910年代半ば〜20年代）

1　第一次世界大戦と教育システムの構想——総力戦への注目

　先述のように1914〜18年の第一次大戦は総力戦と呼ばれる新しいタイプの戦争となった。もちろんその全土が戦場となったヨーロッパ諸国や遅れて登場したアメリカと比較して，日本では戦いの規模からいって総力戦という性格は弱かった。だが第一次大戦はさまざまな社会変化を日本へもたらし，従来の教育システムの変革を通じて，総力戦を支える主体的な国民の育成を図ったのである。本節ではまず，第一次大戦やそれによる社会変動に対応するために，1910年代後半の日本で行われた研究調査や政策議論について概観する。つぎに1920年代に大正デモクラシーや軍縮をめぐる世論が高まるなかで，学校と軍隊の間の距離が接近していった過程をたどる。

　第一次大戦において日本は他の参戦国から軍需品生産を受注し，戦後はアジア市場の独占によって好景気を迎えるなかで，産業構造の変換をもたらした。また都市人口の増大，マス・コミュニケーションの普及によって，大衆社会を到来させた。こうした社会変動はサラリーマンなどの新中間層を増大させ，高等教育機関の卒業生の多くが企業の職員層，すなわちホワイトカラーを目指すようになる。それによって高等教育が経済との関連において人材養成という役割を果たしはじめたのである。

　こうしたなかで，総力戦に対応するための研究調査が陸海軍を中心に積極的に実施されるようになり，文部省も1915〜20年に『時局に関する教育資料』を作成した。文部省は各国の総力戦に関する資料を大量に集め，それを刊行したが，分量は40冊，8000頁余りの膨大なものとなった。「時局」とは第一次大戦のことを指し，それが総力戦というこれまでとはまったく異なる戦争であるという認識が資料のなかで随所にみられる。また戦時動員を支えるための各国の体制整備に関する論説を掲載し，社会組織の合理的な形成や高度な科学テクノロジーの進展を強調した。さらに総力戦の経験は教育による国民意識の統一と教育における平等への志向を促し，それによって教育の機会均等を目指す議論があったことも紹介している。そして調査対象はヨーロッパ諸国からアメリカへ移行し，アメリカの教育制度が教育の機会均等を進めるためのモデルとして意識されるようになっていった。

　『時局に関する教育資料』はその後の日本の教育のあり方を方向づけるものであった。とくに注目される出来事として，日本の教育科学の導入に寄与した

阿部重孝がこの調査に参加したこと，『時局に関する教育資料』が臨時教育会議で参考資料として提出されたことがあげられる（大内，2002）。

臨時教育会議とは1917〜19年に開催された，教育関係としては最初の内閣総理大臣直属の諮問機関である。第一次大戦を挟む時期を中心に，国政全般に関する数々の政策審議機関が設置されており，なかには「臨時」を冠するものが少なくなかった。それはただ単に「一時的」という意味だけでなく，第一次大戦という重要な「時」に「臨」んで設置されたという見方もある。臨時教育会議は，産業の高度化に対応する人材養成の拡大を目的とした，高等教育機関の大規模な増設を計画し，その成果として大学令と高等学校令が公布された。また「兵式体操振興ニ関スル建議」がなされ，第一次大戦の経験に照らして，国防上の観点から常備軍を補強する手段として，初等教育における兵式体操の必要も主張された（佐藤（秀），1979）。

2　学校と軍隊の接近──軍縮下における軍備の近代化を通じて

このように第一次大戦は総力戦に対応した教育システムの構想を迫ったが，そのなかで学校と軍隊の結びつきが強化されていった。ただしこのことはこれ以前から学校と軍隊が無関係だったことを意味するわけではない。すでに初代文部大臣の森有礼は師範学校（第8章▷2）に兵式体操を導入し，学生には軍服を模した制服を着用させていた。だが森は純粋な軍事的観点に基づいてこれらを行ったわけではない。森は師範学校令で定めた「順良」「信愛」「威重」という気質を養成するために，兵式体操などをいわば道具として用いた。つまりそうした実践は「軍隊的なるもの」を教育にいかしたものだったのである（佐藤（秀），2005）。総力戦の時代に突入すると，学校と軍隊の境界は曖昧になり，両者が接近するようになる。

1920年代に入ると，政党政治の確立と社会的不平等の是正を求める大正デモクラシー運動が活発化し，第一次大戦後の国際的な平和気運を背景として，軍縮を要求する世論が盛り上がっていた。1922（大正11）年に山梨半造陸相のもとで山梨軍縮が実施され，1925（大正14）年には宇垣一成陸相のもとで宇垣軍縮が断行された。しかし宇垣軍縮は単なる軍縮ではなく，軍縮というかたちをとった軍備の近代化にほかならなかった。そこでは師団数の削減が図られたものの，それによって捻出された予算は軍備の近代化に充当されたのだ。航空兵力の拡張，地上兵力の近代化，毒ガス兵器の開発など，第一次大戦に対応した装備の近代化が推進され，戦時に大量動員可能な大衆軍の養成，軍部の国民統合への積極的な介入がなされた。

軍部が学校や教育に介入するうえで，内閣総理大臣直属の諮問機関として1924（大正13）年に設置された，文政審議会は重要な場となった。そこでは

▷4　大学令と高等学校令
1918年に改正された高等学校令によって，高等学校は大学予備教育機関ではなく「高等普通教育」の完成機関とみなされ，尋常科4年，高等科3年の7年制が原則とされ，公立・私立の設置が認められた。実際に公立・私立高校が設置されたり，7年制高校が一部で出現したりしたものの，予備教育機関としての性格を完全に脱することはなかった。同じく1918年に制定された大学令でも，公立・私立大学や単科大学の設立が容認された。そのためこの時期は戦前の高等教育における最大の拡張期になった。

▷5　軍部とその成立
陸軍省・参謀本部・教育総監部，海軍省・海軍軍令部など，上級軍人によって構成される指導部全体の総称。一般的にその成立は日露戦争後とされる。そのメルクマールとしては，第一にシビリアン・コントロールを排除するための制度的枠組みが完成したことがあげられる。陸海軍大臣の任用資格が現役の大・中将に限定されたり，天皇の親署と陸海軍大臣の副署によって公布することができる「軍令」を新たに設けたりした。第二のメルクマールは専門的軍事官僚層が形成されたことである。建軍当初の軍事官僚のなかには，軍事教育を受けていないものも多かったが，日露戦争後に陸軍士官学校や陸軍大学校の出身者が要職を独占するようになり，海軍もやや時期は遅れるが，海軍兵学校や海軍大学校の出身者による一元的な人事構成が実現した。

1923（大正12）年に出された「国民精神作興ニ関スル詔書」の趣旨を実現するために，その具体策が議論された。学校と軍隊の関係において注目されるのは，1925（大正14）年の陸軍現役将校学校配属令の公布と1926（大正15）年の青年訓練所の設置である。臨時教育会議では陸軍は兵式体操の振興に熱意を示していなかったものの，軍縮によって将校に剰員が生じると，彼らを学校に配属し教練を担当させる意思を積極的に示しはじめた。文部省も陸軍も大正デモクラシーと呼ばれる世相を警戒し，国民の精神面対策として教練を強化しようとしていた。学校教練が開始されると，将校を予備役にせず現役のまま教官として配属し，週2〜3時間，各個教練や部隊教練などを行った（平原，1993，第2・3章）。

青年訓練所は16〜20歳の勤労青年男子を対象とした非義務的な初等後教育機関として発足した。訓練内容は普通学科，修身及公民科，職業科，そして教練であり，教員は小学校教員が兼任するが，教練のみ在郷軍人が担当した。小学校を卒業した勤労青少年のための教育機関としては，実業補習学校もあったが，図7-2のように，青年訓練所は高等小学校よりも20歳の徴兵検査との接続を意識している点に特徴がある。また青年訓練所の修了者は軍隊在営年限短縮の特典が与えられる。そして非修了者より上等兵に選出される確率が高いなど，軍隊内で上の階級へ進級するための，いわば準軍歴的な要素が加えられた（神代，2012）。以上のように，軍縮下に軍備の近代化が推し進められながら，学校と軍隊の制度的な結合は強固になっていったのである。

▷6　在郷軍人（会）
現役の軍隊生活を終えて予備役・後備役などに退いた軍人。1910年には陸軍主導のもと，在郷軍人を指導・監督するために帝国在郷軍人会が発足し，それまで各地で組織されていた在郷軍人諸団体は解体された。創設の理由としては，(1)帰還軍人の品位を保持すること，(2)大量動員に備えて在郷軍人への教育や訓練の必要性が生じたこと，(3)地域社会における軍隊の社会的基盤をつくることがあげられる。1937年には勅令として帝国在郷軍人会令が制定され，軍の半公的機関となった。アジア・太平洋戦争中は兵士の出征や戦死者の葬儀の時に中心的な役割を果たし，総力戦体制を下から支えた。

▷7　実業補習学校
1890年に小学校令で規定されてから，1935年に青年訓練所と統合して青年学校になるまで存続した，実業教育と小学校の補習教育を行う，青少年のための定時制の学校。その具体的な制度化は1893年の実業補習学校規程によって実現し，同規程は1903年と20年に改定された。中等諸学校に進学しなかった子どもの多くは小学校を卒業し，勤労しながら実業補習学校で学びつづけていた。そのため「中等教育」と対比する意味で，この学校系統はしばしば「青年教育」と呼称される。

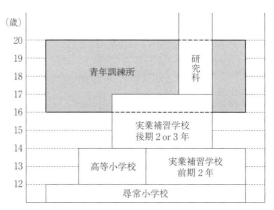

図7-2　青年訓練所および関連教育機関階梯図
出所：神代（2012，94ページ）をもとに作成。

3　総力戦体制の構築（1930年代〜40年代前半）

１　アジア・太平洋戦争と教育システムの再編
──平準化と差異化をめぐって

　1931（昭和6）年に勃発した満州事変はそれまでの経済恐慌からの脱出を対外侵略に求めるものだったが，この時期は産業構造の重化学工業化と農村から都市への大規模な人口流出が進展した時代でもあった。またこのころになると大部分の入学者が中退することなく小学校を卒業し，つぎの学校へ進学するようになる。図7-3のように，1907年に尋常小学校へ入学し1912年に卒業した児童の中退率【(入学者－卒業者)÷入学者×100】は26％だったのに対し，1921年に入学し1926年に卒業した児童の中退率は10％を切っている（吉田文, 2004）。そうした就学行動の変化がこれまでの教育システムに抜本的な改革を迫り，それが動員の動きと絡み合いながら実現していったのである。本節では，第一次大戦後の研究調査の成果を生かしながら教育システムが再編され，それが戦後教育改革へ継続していく過程を追う。またそうした改革は従来の格差を是正しながら人びとの立身出世主義を膨張させ，それが青少年の兵力動員へ水路づけられていったことについて述べる。

　先述したように文部省は『時局に関する教育資料』の調査を通じて総力戦の研究を行っていたが，これに携わりながらその後の教育政策に影響を与えた人物として，阿部重孝があげられる。阿部は1915（大正4）年から文部省普通学務局に勤務し，そこで『時局に関する教育資料』の調査にかかわった。1919（大正8）年に東京帝国大学助教授に就任してからは，総力戦研究の成果を生かしながら，教育の機会均等を実現させるために，進路が分岐していない単線型のアメリカの中等教育制度を積極的に評価していた。また彼は現実の教育改革

▷8　立身出世（主義）
本人の能力や努力などによる社会的地位の上昇を是認する観念。江戸時代は「立身」と「出世」が別々に使われることが多く，儒教に基づく身分文化が支配的な武士の世界では「立身」が，仏教に基づく身分文化が支配的な町人などの庶民の世界では「出世」がそれぞれ用いられた。ただし江戸時代は，立身や出世の野心が存在したとしても，それを焚きつけるモーターが設置されていなかった。だが明治時代に入ると社会的流動性の桎梏となっていた制度が廃止され，立身出世の加熱モーターが取りつけられた。また日本の立身出世主義は社会的地位の上昇や名誉の獲得といった成功の物語と同時に，競争に勝ちつづけなければならないという強迫観念を抱えていた（竹内, 1997, 第1章）。

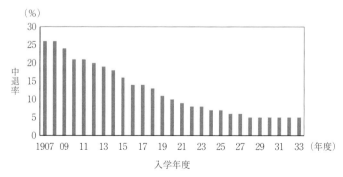

図7-3　尋常小学校中退率
出所：各年度の『文部省年報』をもとに作成。

の問題に精力的にコミットした。その中心的な場となったのが1930（昭和5）年に結成した教育研究会であり，それは1933（昭和8）年に教育問題研究会，1937（昭和12）年に教育改革同志会と名称を改め，活動範囲を広げていった。教育改革同志会は「教育制度改革案」や「青年学校義務制案」を起草し，義務教育の延長と中等教育の一元化を求めた。阿部も1937年に刊行された『教育改革論』のなかで，六・三・三制（第9章▷17）のアイディアを出していた（大内，1995）。

　そうした潮流に棹差すように，1937年に内閣総理大臣直属の諮問機関として設置された教育審議会は，つぎのような内容の答申を出した。第一は，初等教育から高等教育，また社会教育や家庭教育にいたるまで，すべての教育目的を「皇国ノ道ニ帰一セシメ」，「錬成」という新しい概念を導入したことである。それは特定の施設で指導者の再教育を図る「道場型錬成」と，一般国民に対して日常生活のなかで行う「生活型錬成」に大別され，両者が相互補完的な関係を結びながら「錬成体制」が構築された（寺崎・戦時下教育研究会編，1987）。第二は制度面の改革であり，(1)青年学校義務就学制の実施，(2)小学校を国民学校に改組し，義務年限を8年に延長，(3)中学校，高等女学校，実業学校を中等学校に一元化などだった。第三は教育内容・方法についてであり，教科の統合と総合教授の導入を図り，また教科外活動や校外活動を重視した。第四は教育機会の改善であり，盲・聾教育の義務制の早期実施と貧困による就学猶予・免除規定の削除をあげた。

　以上のように総力戦体制下の教育改革は，義務教育の延長と中等教育の拡大によって国民教育を高度化し，より強力で安定した国民教育システムの基盤を構築しようとした。実際にこの答申を受けて，1939（昭和14）年に青年学校の義務就学化，1941（昭和16）年に国民学校令の公布，1943（昭和18）年に中等学校令の公布が実現した。国民学校令に注目すると，1900年の小学校令では「教科ヲ修了」することが就学の要件として定められ，「家庭又ハ其ノ他ニ於テ」，「教科ヲ修メ」られるとされたのに対して，国民学校令ではこの規定が削除され，「国民学校ニ就学セシムル」ことが定められた。それにより「『学校』中心を超えた」，「『学校』絶対の体制化」が図られたのだ（平田，2012）。先述のようにこの規定は学校教育法に引き継がれ，現在も効力を発揮している。ただし現代的な教育システムが完成するのは戦後教育改革を経てからだった。例えば中等学校令によって中等教育の一元化が図られたが，中等教育と青年教育の一元化は審議の埒外であり，六・三・三制が成立するのは戦後からだった。

　総力戦体制は社会的な排除の要素を除去し，社会的上昇ルートを平等に確保しようとするため，国民学校令は，適用される法令が内地と異なる植民地でも適用された（植民地教育については，第5章）。従来は内地の人びとが通う小学校

第7章　戦争は学校と教育をどのように変えたのか

とは異なる初等教育機関として，朝鮮では普通学校，台湾では公学校が存在していたものの，総力戦体制下にすべて国民学校へ改称されたのだ。しかし台湾と朝鮮でそれぞれ施行された台湾公立国民学校規則と国民学校規程において，国民学校令の半分以上の規定は「適用セズ」とされている。ただし目的規定は適用されており，「皇国民」の「基礎的錬成」は帝国全土で実行された（林，2015，第6章）。総力戦体制は教育システムの合理化を通じて，それまでの格差を埋めるような社会の平準化をもたらした。だがそれと同時に，植民地の人びとを内地の人びととは異なる扱いをする，差異化の力学を温存していたのである。

2　青少年の兵力動員と学校の役割——立身出世主義との関係

国民学校令が施行されたあと，1941（昭和16）年に陸軍は英領マレー半島に，海軍はハワイ真珠湾に奇襲攻撃を行い，太平洋戦争が開始された。当初は東南アジアから南太平洋までの広大な地域を制圧したものの，1942（昭和17）年のミッドウェー海戦における大敗北を転機として，アメリカの対日反攻作戦が本格化した。こうしたなかで政府は兵力・労働力を総動員するために勤労動員と学徒出陣を断行した。

1938（昭和13）年に国家総動員法が公布されて以降，出征兵士の急増による労働力不足を補うため，中学校，高等学校，大学などの生徒・学生は食糧増産や軍需生産にかりだされた。また当時は中学校，高等学校，大学などの在籍者に徴集の延期を認めていたが，兵力動員の拡大にともなう将校の不足に対応するため，政府は1943（昭和18）年に徴集延期制の廃止に踏み切った。彼らは幹部候補生や予備学生などを経て予備将校となったが，陸軍士官学校や海軍兵学校出身の正規将校からは徹底して差別されている。例えば特別攻撃隊の戦死者のなかで，将校搭乗員の7〜8割が学徒兵出身者であり，彼らは将校のなかの「消耗品」として扱われていた。ただし特攻隊はそうした学徒兵のイメージが強いが，現実は若干異なる。特攻隊の戦死者の半分以上は下士官・兵であり，20歳以下の若者も少なくなかった（山口，2000，第3章・終章）。

このことは陸軍少年飛行兵や海軍飛行予科練習生（通称，予科練）などの少年兵が，多くの割合を占めていることを意味している。少年兵とは法令上の呼称ではないが，おおむね14〜20歳の青少年を特定の軍関係教育機関に入れ，短期間で養成した志願兵の総称である。そのなかでも大規模なかたちで動員され，特攻による戦死者が多数含まれる予科練をみてみよう。予科練制度は1930（昭和5）年に高等小学校卒業程度の学力があるものから採用する，海軍少年航空兵養成制度として発足した。日中全面戦争に突入する1937（昭和12）年には，中学校4年1学期修了程度の学力を採用資格とする，甲種飛行予科練習生

▷9　徴兵制と志願兵制
徴兵制は国家が国民に対して兵役に服する義務を課す制度であり，志願兵制は徴兵年齢に達するまえに現役軍人を志願する制度である。陸軍は徴兵制，海軍は志願兵制を中核に置いた。ちなみに近年問題化された「経済的徴兵制」とは，徴兵制を取らずに志願兵制を採用しながらも，経済的格差を利用して安定的に軍に兵を補充するためのシステムをさす。

▷10　高等小学校
1886年の小学校令から1941年の国民学校令まで，義務教育段階の尋常小学校を卒業したものに対して，さらに高度な初等教育を行った学校。その前身は学制の上等小学，教育令の小学中等科・高等科である。当初の高等小学校は4年制だったが，1890年の小学校令で2年制・3年制・4年制の3種が定められ，1907年の小学校令改正で2年制を原則としながら3年制も認められた。また高等小学校は中等諸学校へ進学できない大多数の子どものための機関となっており，師範学校や一部の実業学校以外の学校と正規の接続が保障されていなかったため，「袋小路」の学校として問題を持つようになっていた（小学校については，第3章）。

制度が創設され，ミッドウェー海戦があった1942（昭和17）年からは，その募集規模が急激に拡大している。そして志願者獲得のために，国民学校，青年学校，中等諸学校に募集人数がノルマとして割り当てられ，校内では教師が募集に奔走していた。

　彼らが志願した理由はそれだけにとどまらず，当時の教育史的文脈が絡んでいる。1930年代後半から軍需産業の膨張にともなう景気回復につれて，中等諸学校への進学者は増大し，その傾向は太平洋戦争開戦後も継続していた。むしろ物価の統制や配給の実施が生活水準の平準化をもたらし，それによって中流以上の進学対象であった中等諸学校への門戸をさらに拡大したのである（森川，1997，第3章）。だが依然としてその進学者は限定的だったため，海軍は上級学校に進みたくても進めないものから優秀な人材を選抜し，彼らを航空兵として養成しようとした。

　予科練制度においては，「軍事学」と同時に，国語，数学，英語など，中学校と同程度の科目によって構成される「普通学」が教授されていた。戦後元予科練に対して行ったアンケート結果をみても，予科練を志願した目的として「就職」と「進学」が項目としてあげられており，「進学」を選択するものが少なくない。このように予科練制度は経済的・社会的要因によって進学を断念したものに対して，社会的上昇のチャンスを与えた。だが実際の進級先は特務士官であり，兵学校出身の士官とはまったく異なる待遇を受けることになった（逸見，1990；桑原，2006，第1部第2章）。「擬似デモクラティック」な状況が予科練制度からうかがえるものの，それまでの社会的格差をひっくり返すまでにはいたらない場合が多かったとみられる。社会的上昇の機会を与える平準化と，社会的弱者を従属的な地位に置く差異化の動きは，ここでも確認することができよう。

　同時期には朝鮮人や台湾人も兵士として動員された。当初は彼らを入隊させることへの不安や恐怖から，徴兵令が植民地に布かれていなかったが，日中全面戦争が起きると，人的資源の不足を背景に徴兵の実施が準備された。その地ならしとして，1938（昭和13）年から陸軍特別志願兵令と海軍特別志願兵令が朝鮮と台湾で布かれた。その結果，朝鮮の場合，1938年に定員の7倍，年々倍率が増加して1941年には45倍程度に上昇し，台湾では1942年に417倍，1943年には600倍近くに及んだ。志願者の大多数は，昭和恐慌のしわよせによって壊滅的な打撃を受けていた小作農であり，貧困の農民たちが生きるための「活路」を志願兵に求めたのである（宮田，1985，第2章；近藤，1996，第5章）。

　志願兵制とかかわり合いながら，朝鮮軍のイニシアティブのもとで1939（昭和14）年に第三次朝鮮教育令が制定され，さらに朝鮮人の氏名を日本式の氏名にする創氏改名が断行された。それらを通じて朝鮮人を「皇国臣民」にする

▷11　軍隊の階級制度と特務士官
基本的に軍人は，将官（大将・中将・少将），佐官（大佐・中佐・少佐），尉官（大尉・中尉・少尉），特務士官・准士官，下士官・兵に区分され，各階級で定められた実役停年を経たあとに任用試験に合格すると，上の階級へ進級することができた。そのなかで特務士官は，下士官・兵から進級することができる海軍独自の官階であり，そこから佐官に進級することもできた。そのため海軍での立身出世を願う志願兵の多くが望む目標であった。

「皇民化」が図られ，1944（昭和19）年の徴兵制が実施されたのである（宮田，1991）。

立身出世主義は総力戦体制下に抑圧されるどころか，むしろ膨張していった。そうした近代日本の社会秩序が戦争動員，そして戦場動員を後押しし，さらに戦闘行為を正当化する論理として働くこともあった。例えば中国戦線に参加した元日本兵は，自分の「立身出世の望み」が「天皇への忠誠」につながっており，「自分が出世するには，一人でも多くの中国人を殺害することであると思っていました」と回顧する（塚越，1983）。総力戦体制に入ると，私心を捨て去って公のために尽くす「滅私奉公」イデオロギーが拡大していくが，それは個人の社会的上昇欲求とけっして対立しておらず，むしろ立身出世欲というホンネと「滅私奉公」的なタテマエは相互に浸透していったのだ（広田，1997，第Ⅲ部）。

中国のハルビンには七三一部隊の本部跡があり，現在は細菌部隊罪行陳列館として保存されている。そこには写真や実験機具などの展示に混じって，細菌兵器の開発や人体実験に関与した軍属たちによる自筆の自供書があり，そのなかには「東亜の平和」を実現するというおなじみのスローガンと並んで，「出世」という文字が人体実験を行った理由として記されているのをみることができるという（冨山，1995，第2章）。総力戦体制下に膨張した立身出世主義は，異質な他者に対する抑圧・暴力へ連鎖する可能性も内包していた。

4　冷戦体制へ（1940年代後半〜50年代半ば）

1　教育の「非軍事化」と「民主化」
──「戦前」と「戦後」の連続・非連続

1945（昭和20）年8月14日，日本はポツダム宣言を受諾して無条件降伏した。8月15日に「終戦の詔書」が放送され，8月16日には「玉音放送」が各紙で取り上げられ，泣き崩れる国民の姿が報道された。一般的にこの日は「終戦記念日」と称されるように，8月15日に「終戦」したととらえるものがほとんどだと思われるし，「終戦」後の「非軍事化」・「民主化」政策を通じて，「戦前」から「戦後」へ転換したと把握するものも多いだろう。だが実際はそこまで単純ではなかった。本節ではまず，「戦前」と「戦後」の連続面・非連続面に注目しつつ，「非軍事化」と「民主化」についてみていく。つぎに冷戦体制へ移るなかで占領政策の方針が転換し，学校と自衛隊が接近していく過程を扱う。戦中のように継続的に戦場へ兵士を送出することはなくなったが，いつでも戦時体制へ移行することができるような準備が冷戦体制のなかで整備されて

▷12　七三一部隊とその戦後的問題
陸軍が細菌戦の研究と遂行を目的として1933年に設置した特殊部隊。正式名は36年から関東軍防疫部，40年から関東軍防疫給水部，41年以降に通称名が七三一部隊となる。ハルビンに本部を置き，「マルタ」と称した中国人の捕虜などに対して生体実験や生体解剖を行い，中国戦線で細菌戦も実行し，3000人以上の犠牲者を出したとされる。研究作業に従事したのは大学医学部，医科大学，民間研究所から軍属や技師として動員された2600人余の学者・研究者であった。七三一部隊を含む細菌戦関連資料は戦後すべてアメリカに提供され，その見返りとして部隊の幹部と医師は戦犯免責されたため，医師のなかには部隊での研究によって博士号を取得したり，医学界の重要ポストについたりするものもいた。また家永三郎が著した高等学校日本史教科書『新日本史』における七三一部隊関連の記述に対して，文部省は1983年に全面削除を命じたため，教科書第三次訴訟（第9章▷2）が起きた。

いったのである。

　はじめに8月15日に「終戦」したという認識から疑ってみる必要がある。図7-4は「玉音放送」翌日の『朝日新聞』に掲載された写真であり、その下に「あゝこの歴史の一瞬、玉音を謹聴し悲涙に咽ぶ女子挺身隊員」と記されている。だが少女の頬を伝う涙は印画紙上で修正されたもので、これはヤラセ写真だった。他にも泣き崩れるポーズをとらせたり、別の場面を撮影した写真を掲載したりするなど、「玉音放送」をきく国民の姿は、その多くがメディアによって演出されていた。そのなかで天皇の「御聖断」によって、「敗戦」ではなく「終戦」を迎えた日として、8月15日を記憶する土台が築かれていった（佐藤（卓）、2005、序章；2006、第2章）。

　以上のように「終戦」の記憶が形成されていったわけだが、そのなかで日本政府は天皇制存続の「国体護持」を図り、その中心的な役割を教育が担っていった。すでに「終戦の詔書」には「国体護持」が明言されていたが、太田耕造文相の名によって8月15日付で発せられた訓令第5号では、「国体護持ノ一念ニ徹シ」といわれ、9月15日付の各紙で発表された「新日本建設ノ教育方針」でも「益々国体護持ニ努ムル」ことが強調された。「戦時教育体制」は「国体護持教育体制」へ水平移動しようとしたのである（古野、2013）。

　そうした営為と並行して、ポツダム宣言でいう「軍国主義」の「駆逐」、すなわち「非軍事化」政策が徹底的に行われた。「非軍事化」の対象はさまざまなヒト・モノ・コトに及ぶが、その一例として子どもが教師の指示のもとで墨を塗ったり、紙を貼ったりした「墨塗り教科書」がある。文部省は9月20日に「終戦ニ伴ウ教科用図書取扱方ニ関スル件」を通牒し、軍事教材の処理にとりかかった。この通牒では「国防軍備等ヲ強調セル教材」の「省略削除」を指示し、それによって生じた余白を「国体護持、道義確立ニ関スル教材」などで「補充」することを伝えた。すなわち「国体護持」と「非軍事化」は対立するものではなく、むしろ両者は相互に補完する関係にあったのだ（中内、1988、第4章）。

　以上の「終戦処理」が行われたあとにアメリカの占領政策が展開した。その嚆矢は、8月30日に連合国軍最高司令官のマッカーサー（Douglas MacArthur）が厚木に到着し、アメリカ太平洋陸軍総司令部が横浜に設置されたことである。教育については、9月22日に他の局より早く民間情報教育局（Civil Information and Educational Section：CIE）が置かれ、教育や宗教などの文化的側面の「非軍事化」と「民主化」が遂行されていった。また10月2日に連合国軍最高司令官総司令部（General Headquarters, the Supreme Commander for the Allied Powers：GHQ/SCAP）が設立されると、教育に関する占領政策はより本格化していった。

図7-4　「玉音放送」をきく「女子挺身隊」の写真
出所：『朝日新聞』大阪本社、1945年8月16日、第2面。

第 7 章　戦争は学校と教育をどのように変えたのか

政策の大まかな流れとして、まずCIEは「非軍事化」政策に乗り出し、10月から12月における教育の四大指令を通じて、戦前・戦中の教育への否定的措置を行った。つぎに1946（昭和21）年に入ると、日本の教育を根本的に変革するための積極的措置を講じ、「民主化」の動きを加速化させていく。その画期となったのは対日米国教育使節団であり、1か月の滞在を経て作成した報告書では、六・三・三制と9年の義務教育などの学制改革、文部省の統制排除と教育委員会制度の創設などの教育行財政改革、成人教育の振興などを勧告していた。そうした議論に規定されながら、1947（昭和22）年に教育基本法と学校教育法、1948年に教育委員会法、1949年に社会教育法が成立し、教育の基本法制が整備されたのである。戦後初期における占領政策の展開はこのようにとらえられるが、「非軍事化」と「民主化」については以下の3点に留意しなければならない。

1点目は、「非軍事化」と「民主化」が図られたが、日本は「国体護持」に固執し、アメリカも天皇の権威を利用して円滑に占領政策を遂行しようとしたため、「国体護持」の行方が定まらない状況がしばらく継続したことである。それを端的に示しているのが教育勅語の処置であり、その排除が完全に決定するまでに敗戦から約3年を要した。結果的に「国体護持」のスローガンが表舞台に出ることはなくなったが、「天皇制」は「象徴天皇制」として温存されたのだ。

2点目は「非軍事化」と「民主化」の主体についてであり、それは日本とアメリカのどちらかではなく、「日米の談合的なコラボレーション」（姜、2001、5章）のなかで政策が形成された。先の使節団の来日にあたって出されたGHQ／SCAPの指令によって、1946年2月に日本側教育家委員会が設置されたが、同委員会は、対日米国教育使節団が勧告した六・三・三制などをすでに提案していた。また先述のように、学校体系の単線型モデルは総力戦体制下に議論されており、日本側はそれを踏まえつつ立案していたのである。

3点目は、「非軍事化」と「民主化」それぞれの複数性や両者の関係性についてであり、そうした性質は旧軍関係教育機関出身者への施策のなかで顕著にみられた。総力戦体制下に多くの青少年が動員されたが、「非軍事化」政策によって陸軍士官学校や海軍兵学校などの軍関係教育機関がすべて廃止されたため、その出身者の処遇を決定する必要が生じた。そこで陸海軍は文部省と折衝を行い、旧軍関係教育機関出身者を中等・高等教育機関へ復学・転入学させようとした。その施策は「非軍事化」政策の一環に位置づけられたが、「軍国主義的」イデオロギーの影響を懸念して、彼らを極力転入学させないことで「非軍事化」を推し進めようとする者、むしろ積極的に学校に入れて再教育を行うことで「非軍事化」を遂行しようとする者など、「非軍事化」の内実は政策ア

▷13　教育の四大指令
超国家主義や軍国主義を一掃する禁止的措置として、GHQ／SCAPが日本政府に出した四つの指令。具体的には、(1)「日本教育制度ニ対スル管理政策」（1945年10月22日）、(2)「教育関係官ノ調査、除外、認可ニ関スル件」（1945年10月30日）、(3)「国家神道、神社神道ニ対スル政府ノ保証、支援、保全、監督並ニ弘布ノ廃止ニ関スル件」（1945年12月15日）、(4)「修身、日本歴史及ビ地理停止ニ関スル件」（1945年12月31日）をさす。(1)は教育内容および教職追放に関する基本方針を示したもの、(2)は(1)の教職追放の部分を具体化したもの、(3)は国家と神道の分離、教育における神道の除去、超国家主義的・軍国主義的イデオロギーの普及を禁じたもの、(4)は教育内容に関する超国家主義的・軍国主義的・国家神道的色彩の一掃を狙ったものである。

クターによって異なっていた。また「非軍事化」を徹底するためには「民主主義に若干の制限を加えることはやむをえない」という意見もみられ，「非軍事化」と「民主化」はせめぎ合い・もたれ合いの関係にあった（白岩，2017a）。

　旧軍関係教育機関出身者は高等教育機関の一般学生から「ゾル」（ドイツ語で兵士を意味する「Soldat」の略称）と呼称された。一般学生のなかにも出征した者は存在したが，そうした者も「軍国日本」の当事者ではなかったかのようなふるまいをしたのである（白岩，2017b）。中等教育機関では，復学・転入学した元予科練が「軍国主義」的な「リンチ」を下級生に加え，それがセンセーショナルなかたちで報道されるなど，彼らの「軍国主義者」としての側面が強調されていた。逸脱的な行動に焦点が当てられた元予科練は，かつてもてはやされた「若鷲」から没落した「予科練くずれ」や「特攻くずれ」などと称され，それが社会的な問題として浮上した（白岩，2018）。そうした問題の射程は帝国全土に及び，黄華昌（ホワンホアチャン）の人生はそれを端的に示している。台湾の貧しい家庭で生まれた黄は戦中に陸軍少年飛行兵学校に入り，教程修了後は特攻隊に編入された。その後出征しないまま台湾へ復員したが，十分な衣服もなかったため，外出時は飛行服を着るしかなかった。そのようななかで，特攻隊にちなんで「大塊呆（タコタイ）」と世間から揶揄され，元陸軍少年飛行兵であることを疑われて，思想犯として逮捕されるまでに至った（黄，2005，第1・3章）。

　再び内地に目を向けると，1946（昭和21）年2月に占領軍が作成した憲法草案における「the people」を，日本政府は日本国憲法の制定過程で「国民」と訳し，また憲法施行の前日に外国人登録令を出すことで，「日本臣民」だった朝鮮人や台湾人などを「外国人」とみなした。こうした規定は教育基本法や学校教育法に引き継がれ，「日本国民」中心の教育法制が確立した（小国，2007，第1章）。そのため黄が台湾での抑圧状況から逃れるために日本へ渡ったとしても，十分な教育を受けられず，従属的な位置へ排除された可能性が高いと思われる。

　以上に関連して，他民族への教育政策もみると，例えば朝鮮人は「外国人」として扱われながらも，日本国籍をもっていたため，朝鮮人学齢児童生徒は，学校教育法第1条で定められた小学校や中学校といった，「一条校」へ就学する義務が課せられた。その一方で朝鮮民族のアイデンティティ形成を図った朝鮮人学校は廃止の対象となったため，そうした政策に抵抗する朝鮮人の運動が激化して，1948（昭和23）年に阪神教育闘争が起きた。また1952（昭和27）年のサンフランシスコ平和条約の発効により，朝鮮人は日本国籍を失ったため，彼らの教育権を保障するものとして，朝鮮人学校を各種学校に認定するよう求める運動が展開した。この時期になると，占領軍は「非軍事化」と「民主化」という当初の目的が達成されたと判断し，政策方針を転換させていた。

2　学校と自衛隊の関係
――新制高等学校へ進学できない子どもの行方

　ソ連が社会主義国として力を増すにつれて，アメリカは占領政策の重点を対ソ・反共政策へ移し，1948（昭和23）年にロイヤル陸軍長官が演説したような「反共の防壁」として日本を位置づけていった。この転換は教育政策に重大な影響を与えている。例えば先の使節団は「民主化」を推し進めたのに対して，1950（昭和25）年に来日した第二次対日米国教育使節団は，その報告書で「極東において共産主義に対抗する最大の武器の一つは，日本の啓発された選挙民である」と指摘し，反共の立場を明確にした。

　そうした反共政策と並行して再軍備が進められた。その画期となったのは1950年に勃発した朝鮮戦争であり，在日米軍が朝鮮に動員されたあとの軍事的空白を埋めるために，警察予備隊が創設された。旧軍人の公職追放解除も進められ，その多くは警察予備隊に採用された。1951（昭和26）年にサンフランシスコ平和条約が調印され，翌年には条約が発効して占領が終結すると，海上警備隊が新設され，警察予備隊は保安隊に改組された。アメリカも再軍備の要求をさらに強め，1954（昭和29）年に新設された防衛庁のもとに，陸・海・空の3隊からなる自衛隊が発足した。従来の保安隊が陸上自衛隊に，海上警備隊が海上自衛隊に改編されたが，航空自衛隊はその母体となる組織がなかった。それに対応するために隊員の募集が開始され，そのなかには元予科練の志願者が多数含まれていた。元予科練の永末千里は1955（昭和30）年に航空自衛隊へ入隊すると，「予科練の残党が顔を揃えて」おり，「結局〈特攻くずれ〉は一般社会には馴染めなかったのであろうか」と述べている（永末，2012，第1章）。

　また戦後教育改革は六・三・三制を確立し，教育の機会均等を図ったが，社会的・経済的な理由により学校へ十分に通えなかった子どももいた（子どもの長期欠席問題については，第9章第4節）。経済復興が進むにつれて新制高校の進学率は上昇したが，逆にそのことが進学が阻まれている青少年の鬱屈した気持ちを大きくかきたてた。そうした状況に注目した防衛庁は1955年に自衛隊生徒制度という新たな教育制度を創設した。受験資格は年齢15歳以上17歳未満の中学校卒業者であり，それに採用されたものは衣食住すべてが無料で保障され，給料も与えられた。また図7-5のように自衛隊生徒は高校と同程度の「一般教育」を受けられ，卒業すると高校卒業資格を取得することもできた。そのため自衛隊生徒の志願は「就職問題」ではなく「進学問題」ととらえられ，向学心の強い勉学熱心な青少年が志願した。

　防衛庁は経済的都合などにより上級学校に進学できないものを広く求めるため，広報宣伝の重点を僻地の農漁村においた。また募集担当部隊は都道府県庁

▷14　文部省以外の省庁所管学校
明治初期において専門教育機関はその大半が各官庁の所管に属していた。だが内務省所管の駒場農学校や工部省所管の工部大学校など，その多くが明治中期までに文部省へ移管された。それ以降も文部省以外の省庁が所管する学校は存在していたが，学校教育法第1条の成立によって「学校」の範囲が定められると，省庁所管学校は「学校」以外の教育機関として位置づけられることになった。

図7-5　自衛隊生徒の「一般教育」の授業風景
出所：「平成30年度入校（平成29年度）陸上自衛隊高等工科学校生徒募集案内」（http://www.mod.go.jp/gsdf/jieikanbosyu/pdf/p/29seitop.pdf）2018年4月30日閲覧。

を通じて市町村役場や中学校に勧誘を依頼した。その結果，第1期自衛隊生徒の志願者は1万2043名，入隊者は316名であり，志願者の内訳をみると既卒業者よりも在学者の方が多かった。そのため自衛隊生徒の募集は青少年を日常的に管理している学校に依存していたと考えられる。そのことはアジア・太平洋戦争下に学校が少年兵の募集源だったことと重なっており，自衛隊生徒制度の創設を取り上げた各紙は，少年兵制度の復活を印象づける記事を掲げた。日本教職員組合も自衛隊生徒制度に対して反対運動を起こしている。しかしそれが全国規模で展開することはなく，「教え子を再び戦場に送るな」というスローガンは自衛隊生徒をめぐる問題にまで十分に及ぶことはなかった（安田，1956；逸見 2002）。再軍備によって徴兵制が布かれることはなかったが，学校と密接な関係を持ちながら安定的に自衛隊へ人員を補充するシステムが形成されたのである。

▷15 「教え子を再び戦場に送るな」
日本教職員組合（第9章▷1）が1951年1月の中央委員会で掲げたスローガン。同年5月の定期大会では，全面講和，中立堅持，軍事基地提供反対，再軍備反対の平和四原則の方針を決定した。同年11月には第1回全国教育研究大会を開催し，その中核に位置づけられた第11分科会において平和教育の問題を扱った。

5　「戦争」と「平和」

　最後にこれまでの内容をまとめながら，それに若干の補足を加えたうえで，現代の「戦争」と「平和」をめぐる問題について考えてみたい。第一次大戦のインパクトを受けて構想され，アジア・太平洋戦争のなかで形成された総力戦体制は，すべての人びとの参加と動員を可能にするために，1900年前後に確立した教育システムの再編をもたらした。そして教育の機会均等をめざした六・三・三制の教育システムは戦後教育改革を経由して完成した。その原動力の一つとなった占領政策は冷戦の進展によってその方針を転換させ，アジアにおける反共の拠点として日本を位置づけながら，再軍備を推し進めていった。そのなかで教育機会の不均衡を利用しながら，自衛隊へ動員する力学が働いたのである。

とはいえ戦後も70年以上が経過するなかで，中等・高等教育機関への進学率も急上昇し，「民主」的で「平和」な社会の実現によって，誰に対しても「平等」に活躍できるチャンスが与えられたようにみえる。だが赤木智弘は2007（平成19）年に，「「丸山眞男」をひっぱたきたい──31歳フリーター。希望は，戦争。」という衝撃的な題名を付けた文章を発表し，「戦争＝悪」・「平和＝善」という枠組みを根底から覆す見解を出した。実家暮らしのフリーターという「何も持っていない」赤木は，「穏やかで変わりがないこと」を意味する「平和」が，「流動性が存在しない格差社会」を温存し，むしろ「戦争が起きれば社会は流動化する」と主張する。そして「持たざる者」にとっては，「一部の弱者だけが屈辱を味わう平和」ではなく，「国民全体に降り注ぐ生と死のギャンブルである戦争」こそが現状をひっくり返し，丸山真男のようなエリートの「横っ面をひっぱたける立場にたてるかもしれない」，「希望の光なのだ」という（赤木，2007a）。

　このセンセーショナルな見解に対しては，さまざまな批判が各所から寄せられた。例えば映画監督の森達也は，「戦争」という「ギャンブルに負ける確率が高いのは，おそらくは三十一歳で家族がなく定職にも就いていないあなたなのだ」という（森，2007）。これまでみてきたように，まさに総力戦体制は教育の機会均等と社会の平準化をもたらす一方で，それまでの差別的な構造を温存したり，新たな格差を生み出したりしていた。近年注目された「経済的徴兵制」も，一部の貧困層を「戦争」へ動員するシステムとして問題視されている。だが森のような意見に対して赤木は，「そんなことはわかってるんですよ」と反論し，「平和のまま100％負けるのと，戦争状態で99％負けることのどっちがマシかといえば，当然99％です」と応えるのである（赤木，2007b，第5章）。もはや赤木を前にして「平和」を自明の理としてとらえることはできないだろう。「平和」によって不可視化された暴力の痕跡を丁寧に問題化することが求められるはずであり，そうした作業こそがこの世界とは異なった新たな社会のあり方を見出していく糸口になるのではないだろうか。

Exercise

① 本章が対象とした，第一次世界大戦，アジア・太平洋戦争，冷戦の流れを大まかにまとめ，それぞれの戦争に応じるために，どのような教育制度改革が行われたのかを整理してみよう。

② 軍関係教育機関のなかから一つ選び，その沿革や概要を調べながら，文部省が所管する学校とどのような関係にあるのかを探ってみよう。

③ 近年の「平和」に関する問題を踏まえながら，今日の戦争と教育，学校と

自衛隊の関係について，自分なりに考えてみよう。

📖次への一冊

寺崎昌男・戦時下教育研究会編『総力戦体制と教育——皇国民「錬成」の理念と実践』東京大学出版会，1987年。
　「錬成」を軸にして総力戦体制下の教育実践の具体相を解明したもの。学校にとどまらず，家庭，地域，職場での「錬成」も対象にして，戦時期教育の全体像の把握を試みている。

山之内靖・コシュマン, J. V.・成田龍一編『総力戦と現代化』柏書房，1995年。
　現代社会の大部分が総力戦体制下に形成されたことを指摘した問題提起の書。歴史学，哲学，教育学，文学を視野に入れた共同研究の成果であり，本書の見解をめぐる論争も参照してほしい。

広田照幸『陸軍将校の教育社会史——立身出世と天皇制』世織書房，1997年。
　歴史社会学の手法によって，戦前期日本の陸軍将校の選抜と社会化の過程を分析した専門書。将校の精神構造にも切り込みながら，近代日本の立身出世と天皇制の関係性を分析している。

佐藤卓己『八月十五日の神話——終戦記念日のメディア学』筑摩書房，2005年（ちくま学芸文庫版2014年）。
　新聞，ラジオ，教科書などのメディアを通じて，「終戦」の記憶がどのようにして創られていったかを明らかにしたもの。戦争に関することばやその危うさについても考えられる。

安田武『少年自衛隊』東書房，1956年。
　戦中は学徒出陣を経験し戦後は小説家として活動した安田武が，自衛隊生徒制度発足の翌年に出したルポルタージュ。自衛隊生徒への志願をめぐる問題は「進学問題」だという。

引用・参考文献

赤木智弘「「丸山眞男」をひっぱたきたい——31歳，フリーター。希望は，戦争。」『論座』第140号，朝日新聞社，2007年 a 。

赤木智弘『若者を見殺しにする国』双風舎，2007年 b（朝日文庫版2011年）。

飯塚浩二・丸山真男・豊崎昌二「日本思想に於ける軍隊の役割」『思想の科学』第5巻第1号，先駆社，1949年（飯塚浩二『日本の軍隊』岩波書店，2003年，所収）。

大内裕和「教育における戦前・戦時・戦後——阿部重孝の思想と行動」山之内靖・コシュマン, J. V.・成田龍一編『総力戦と現代化』柏書房，1995年。

大内裕和「「国民」教育の時代」『感情・記憶・戦争 1935-55年 2』（岩波講座 近代日本の文化史 8），岩波書店，2002年。

姜尚中『ナショナリズム』（思考のフロンティア），岩波書店，2001年。

木畑洋一「総力戦としての二つの世界大戦」木畑洋一編『20世紀の戦争とは何であった

か』（講座 戦争と現代2），大月書店，2004年。

神代健彦「青年訓練所から青年学校へ――初等後教育機関の展開」木村元編著『日本の学校受容――教育制度の社会史』勁草書房，2012年。

桑原敬一『予科練白書――下士官・兵のみた戦中と戦後』新人物往来社，2006年。

小国喜弘『戦後教育のなかの〈国民〉――乱反射するナショナリズム』吉川弘文館，2007年。

古野博明「ポツダム宣言の受諾と新たな教育法現象（1）・（2）」『北海道教育大学紀要（教育科学編）』第63巻第2号・第64巻第1号，2013年。

近藤正己『総力戦と台湾――日本植民地崩壊の研究』刀水書房，1996年。

佐藤卓己『八月十五日の神話――終戦記念日のメディア学』筑摩書房，2005年（ちくま学芸文庫版2014年）。

佐藤卓己『メディア社会――現代を読み解く視点』岩波書店，2006年。

佐藤秀夫「解説」『資料 臨時教育会議』第1集，文部省，1979年。

佐藤秀夫「教育慣行における軍と学校――学校の集団性形成過程における「軍隊的なるもの」の意味と役割」佐藤秀夫『教育の文化史2 学校の文化』阿吽社，2005年。

白岩伸也「戦後初期における旧軍関係教育機関出身者への施策――「非軍事化」と「民主化」の動向とその射程に着目して」教育史学会編『日本の教育史学』第60集，2017年ａ。

白岩伸也「旧軍関係教育機関出身者をめぐる中等・高等教育機関の対応――戦後初期における転入学措置の展開過程に注目して」『筑波大学教育学系論集』第42巻第1号，2017年ｂ。

白岩伸也「「予科練くずれ」の教育史的考察――秋田県立横手中学校における同盟休校と刺殺事件（1945～46年）を中心にして」『筑波大学教育学系論集』第42巻第2号，2018年。

竹内洋『立身出世主義――近代日本のロマンと欲望』日本放送出版協会，1997年（増補版2005年）。

寺崎昌男・戦時下教育研究会編『総力戦体制と教育――皇国民「錬成」の理念と実践』東京大学出版会，1987年。

塚越正男「中国で戦犯になった元日本兵」アジアの女たちの会・8.15とアジアグループ（アジア文化フォーラム）編『教科書に書かれなかった戦争』（Part1），JCA出版，1983年。

冨山一郎『戦場の記憶』日本経済評論社，1995年（増補版2006年）。

中内敏夫『軍国美談と教科書』岩波書店，1988年。

永末千里『航空自衛隊員誕生す――躍動感あふれる創設時代の物語』潮書房光人社，2012年。

永田鉄山「陸軍の教育」『岩波講座 教育科学』第18冊，岩波書店，1933年。

平田諭治「「学校／教育」システムの近現代史」宮寺晃夫・平田諭治・岡本智周『学校教育と国民の形成』（講座現代学校教育の高度化25），学文社，2012年。

平原春好『配属将校制度成立史の研究』野間教育研究所紀要第36集，野間教育研究所，1993年。

広田照幸『陸軍将校の教育社会史――立身出世と天皇制』世織書房，1997年。

逸見勝亮「少年兵史素描」教育史学会編『日本の教育史学』第33集，1990年。

逸見勝亮「自衛隊生徒の発足――1955年の少年兵」教育史学会編『日本の教育史学』第

45集，2002年。
黄華昌『台湾・少年航空兵――大空と白色テロの青春記』社会評論社，2005年。
宮田節子『朝鮮民衆と「皇民化」政策』未来社，1985年。
宮田節子「皇民化政策の構造」朝鮮史研究会編『朝鮮史研究会論文集』第29号，1991年。
森達也「ギャンブルに負けるのはあなただ」『論座』第143号，朝日新聞社，2007年。
森川輝紀『大正自由教育と経済恐慌――大衆化社会と学校教育』三元社，1997年。
安田武『少年自衛隊』東書房，1956年。
山口宗之『陸軍と海軍――陸海軍将校史の研究』清文堂出版，2000年（増補版2005年）。
山之内靖「方法的序論」山之内靖・コシュマン，J. V.・成田龍一編『総力戦と現代化』柏書房，1995年。
山室信一『複合戦争と総力戦の断層――日本にとっての第一次世界大戦』人文書院，2011年。
吉田文「昭和初期における初等教育後の進路分化」吉田文・広田照幸編『職業と選抜の歴史社会学――国鉄と社会諸階層』世織書房，2004年。
吉田裕『日本の軍隊――兵士たちの近代史』岩波書店，2002年。
林琪禎『帝国日本の教育総力戦――植民地の「国民学校」制度と初等義務教育政策の研究』台湾大学出版中心，2015年。

第8章
教師は子どもとどのように
向き合ってきたのか

〈この章のポイント〉

　教師とは，常にその時代状況による役割期待を背負い，子どもと向き合っている。眼前の子どもの姿をいかに読み取り，学びと成長へと導いていくのか。それは社会的要請と教師個々人のもつ教育観・力量ともかかわり，その狭間のなかから紡ぎ出されてきたのである。本章では，江戸期から1960年代の日本教育史上における教師たちの営みをとらえ，改革の荒波にもまれる現在と未来の日本の教師にとって継承すべき教育遺産とは何かについて学ぶ。

1　教師の役割と「生きがい」とは何か

　日本社会には，社会的・専門的に権威が認められる職業人を「先生」と呼び，敬意をあらわす風習がある。教師もまた「先生」と呼ばれ，家庭・地域で育てられてきた子どもを預かり，学校教育を通して社会へと旅立たせる責務を負っている。人の成長・発達や文化（国家や社会・集団）の伝達・伝承を担う特殊性ゆえ，教師の果たすべき役割は幅広く，そして寄せられる期待は大きい。新学期の担任発表における子どもたちのまなざし，教師の不祥事に対する社会的なバッシングの大きさなどを想起するとき，教師の立ち振る舞いがもつ影響力の大きさに気づかされる。

　それゆえ，「教師」という職業には，常にその時代状況による役割期待が課せられてきた。江戸期の封建社会に適応すべき「一人前」の人づくりを担った寺子屋・手習塾の師匠，明治維新後の文明開化の担い手となった学校教師，天皇制国家の臣民形成を担う「教化者」としての教師，そして戦後の日本国憲法・教育基本法の理念を体現すべく自主的な教育研究に取り組んだ教師たち……。日本教育史上には，実にさまざまな教師の群像をみつけることができる。とくに2000年代以降は明治以降の日本教育史上，稀にみる激動期にある。いじめ・不登校・学力低下・校内暴力・学級崩壊などへの対応に追われる一方で，学校週5日制の完全実施，教育基本法の「改定」や「ゆとり」教育路線からの転換，道徳の教科化，グローバル化やICT化，複雑多様化するニーズに対応することをめざす特別支援教育や「チーム学校」論といった改革が目白押しである。今日もまた，「待ったなし」で学校教育は営まれ，日本列島の津々

浦々で，教師は子どもたちと向き合い教育実践を重ねている。

　そのような教師たちを支え，子どもたちとの教え・学びの場へと向かわせるのは，そこに「生きがい」が感じ取られるからであろう。教育学者・大田堯は，「多くの教材にふれ，多くの知識（整理枠）を手に入れることができるばかりでなく，多くの新鮮な発想を，成長中の子どもたちから，毎日毎時のように提起してもらうことができる」こと，そこから工夫し考え，たゆみなく生を洗練させていくことができる教師とは「じつにめぐまれた職業」だと述べている（大田，1992）。政策（社会的役割）と子どもたちとの狭間にあり，それぞれが生きた時代状況のなかで，教師たちはいかに自らの専門性や役割を自覚し，子どもたちと向き合っていったのだろうか。そこに，どのような言葉や知恵が紡ぎ出されてきたのだろうか。時代は常に巡りゆき，時々の課題や政策に対応するなかで，かつての教師たちの残した言葉や実践史料は，ともすれば忘却のなかに埋もれてしまいがちである。本章では，これらを拾い上げ，教師は子どもとどのように向き合ってきたのか，その先に何を見出そうとしてきたのかを探っていくこととしたい。

2　変転する教師像

1　寺子屋の師匠

　近世の日本社会には，人々の生活要求に応じて「読み・書き・算」や学問を教える寺子屋・手習塾が全国的に広く普及していた（以下，沖田，2000参照）。農民や町人が副業として経営するものがほとんどであり，その規模は10〜20名で多くても50名ほどであった。一方，城下町のような都市部には，武士や女性が経営者となる例もみられ，規模は100〜300名，なかには600名ほどの寺子屋・手習塾もあったと記録に残る。

図8-1　寺子屋・手習塾の師匠と子ども
出所：国会図書館デジタルコレクション『職人尽絵巻』第2軸（コマ番号8）。

　日本社会には「七歳までは神のうち」といい，乳幼児死亡率の高い数え年七歳までは，できるだけ子どもをのびのびと育てようとする考え方があった。寺子屋・手習塾は，一般に7〜8歳ごろが就学年齢とされ，そこから封建社会を生きぬく知識や礼儀作法などがしつけられていった。それゆえに，父母たちは子どもを厳しくしつける「雷師匠」を高く評価したという。『論語』の「教えて厳ならざるは師の怠なり」という言葉が，子どもと向き合う師匠の念頭に置かれていたといえよう。学業の怠慢，喧嘩，

いたずら，暴言，盗みなどに対して叱責や説諭，居残り習字や師匠のそばで正座をする謹慎，教場や便所の掃除などの「罰」が課された。左手に線香，右手に水を満たした茶碗を持たせるなど体罰に類することも行われた（図8-1）が，師匠が手で子どもを殴打することはなく，最低限の社会性を身に染みてわからせることが主眼であったという（沖田，2000；江森，2013）。

　近世社会では「教える」行為は神聖さを帯びたものと考えられ，師匠は自らを天職と考え，名誉を重んじた。それゆえ聖職者として人格的尊敬を得た師匠も数多く，今でも各地に教え子たちが建てた「筆子塚」が残っている。

2　「文明開化の先導者」としての教師

　近代化後発国としてスタートを余儀なくされた明治新政府は，「文明開化」をスローガンに西洋の知識・技術を速やかに導入し，西洋諸国のような大規模工場や物流拠点をつくり，経済活動の展開をめざした（殖産興業）。1872（明治5）年に発布された「学制」により全国に設立がすすめられた小学校では，これを担う近代人の育成が図られた。小学校の教師は「文明開化」の先導者として，「新知識」を一斉教授にて伝達することが期待された。それは，個別指導で読・書・算を授けていた寺子屋・手習塾の師匠とは大きく異なる姿であった（以下，上沼，1991；佐藤秀夫，2005；森川，2010）。

　小学校教師を養成するため，政府は1872年に東京に師範学校を設置し，1876年までに全府県に師範学校を整備していった。アメリカからお雇い外国人としてスコットを招き，実物や絵図を示しながら教師が発問し，生徒がそれに答えるという，以下のような「問答法」が伝えられた。

　　教師：（柿の絵を棒で指しながら）これは何の絵ですか
　　生徒：柿です
　　教師：どんな役に立ちますか
　　生徒：果物で，食べるものです
　　教師：どのような方法で食べますか
　　生徒：皮をむいて食べます

　このほか教室への入室や授業開始・終了などの「号礼法」も併せ，『師範学校小学教授法』『小学教師必携』（1873年）や同『補遺』（1874年）などにより，全国に拡大・普及が図られた。ここに黒板や掛図を背にし，机を挟んで多数の子どもたちに発問・指示・号令を発する，現代に通じる教師の姿が形づくられていったのである（図8-2）。

3　「国策の担い手」としての教師

　「文明開化」は，天賦人権説や自由・平等といった「新知識」を人々の間に

▷1　筆子塚
墓石に似た記念碑または供養塔であり，寺子屋・手習塾の師匠の没後に筆子（弟子）たちがその遺徳を偲んで建立したもの（なかには存命中の例もある）。正面には「筆塚」と刻まれたり，師匠の姓名や履歴，さらには教育者として讃える言葉を添えたりしたものが多い。

▷2　師範学校
1872（明治5）年に東京に師範学校が置かれ，その後大阪・仙台・名古屋などに官立師範学校，東京に女子師範学校が設立された。設立当初，東京の師範学校ではスコットにより一斉教授法や教場司令法が伝えられた。1886（明治19）年の師範学校令では小学校教員養成のため府県ごとに置かれる尋常師範学校（1897年以降は師範学校）と，中等教員を養成する高等師範学校の二種類が設けられ，学費の公費支給，寄宿舎制，兵式体操の導入，一定期間の教職従事義務などが整備され，アジア・太平洋戦争後の学制改革にいたるまで教員養成を担っていった。

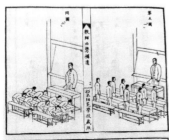
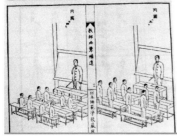

図8-2 「教師への礼」
出所：林多一郎編述『小学教師必携補遺』1874年。

▷3 小学校教員心得
1881（明治14）年6月18日文部省達第19号。第一に「人ヲ導キテ善良ナラシムルハ多識ナラシムルニ比スレハ更ニ緊要ナリ」と掲げ、知育よりも徳育を重視し、その本分を尊王愛国の士気を奮い起こさせることと定めた。そのために「剛毅、忍耐、威重、懇誠、勉励等ノ諸徳」をもつことなど、日常の立ち振る舞いについて細かな指示が連ねられている。とくに、生徒間に党派や論争を起こさぬよう「寛厚ノ量」と「中正ノ見」が必要であり、政治・宗教に関する「執拗矯激ノ言動」を厳しく戒める点には、自由民権運動の抑制や教師の統制強化を図るねらいが色濃く示されていた。

▷4 師範タイプ
唐澤富太郎『日本の教師』の「師範タイプの形成」が詳しい（創文社、1968年、40〜66ページ）。唐澤によれば「着実性、真面目、親切などがその長所として評

広め、国会開設を要求する自由民権運動をも生み出すこととなった。これを望まなかった政府は、学校と教師に「新知識」の伝達よりも天皇に対する忠君愛国を優先させることを求めた（上沼，1991；森川，2010）。1881（明治14）年の「小学校教員心得」では「人ヲ導キテ善良ナラシムルハ多識ナラシムルニ比スレハ更ニ緊要ナリトス」べきであり、「教員タル者ハ殊ニ道徳ノ教育ニ力ヲ用ヒ」と、教師は「徳」の指導者であるべきとする方向性が色濃く打ち出されていたのである。ここで教師ではなく「教員」が用いられ、「国策の担い手」としての役割期待が込められていた点は、その後（現代にいたるまで）の教師像を大きく規定することとなった。

1886（明治19）年に初代文部大臣・森有礼によって制定された「師範学校令」は、第二次世界大戦後に師範学校が廃止されるまで、日本の教員養成の基本的枠組みを定めるものとなった。森は学問と教育とを区分し、教育の担い手である教師に「良キ人物ヲ作ルヲ以テ第一トシ学力ヲ養フヲ以テ第二トスヘシ」として、学問よりも以下のような三気質を養うことを求めた。

順良：国家の指示に従順であること
信愛：同僚教師で助け合うこと
威重：児童や父母に威厳をもって臨むこと

森はさらに、教師は政治や経済に関心をもつべきではなく、ただ教育のことを一心に考えていなければならないとも述べている。この改革により、師範学校では全寮制で軍隊式の生活が課せられることとなった。これら規律や形式を重視した結果、着実性や真面目さを長所としてもつ教師が輩出された。その一方、内向的で融通性がきかない面などが後に「師範タイプ」として批判されることもあった。

1890（明治23）年10月30日に教育勅語が公布されると、学校儀式・修身科において孝悌・親愛・勤倹・恭敬・信実・義勇といった徳目を「忠君愛国」に結びつける徳育が奨励され、教師はその体現者であることが求められた。1902（明治35）年12月に検定教科書の売り込み競争から生じた「教科書疑獄事件」（梶山，1988）の影響で、1910（明治43）年までに小学校の全教科が国定教科書となり、教える順序や教え方が規定されることとなる。これに従って教師は教案をつくり、校長の検閲を受けて授業に臨んだ。明治期を通して、創造的な教育活動が難しい仕組みが形づくられていったのである。

日露戦争後の国家財政の疲弊のなか、政府は1908（明治41）年10月13日に「戊申詔書」を発布する。これは、天皇の詔勅として教育勅語に次ぐものであり、その一節「上下心ヲ一ニシ忠実業ニ服シ勤倹産ヲ治メ惟レ信惟レ義醇厚俗

ヲ成シ華ヲ去リ実ニ就キ荒怠相誡メ自彊息マサルヘシ」とは，国民にいっそうの勤労と共同一致とを求めるものであった。内務省は同時に全国に「地方改良運動」を展開し，そのなかで小学校長・教師に対して，町村内における社会教育・国民教化にもその力を発揮することを期待した（花井，1986；笠間，2003）。これにより在郷軍人会・農会・報徳社など諸団体の会合を小学校で開催したり，村治上の課題が学校教育に反映させられたりした。大正期には青年団・処女会の指導者に小学校長が就くようになり，「一村一地方の指導者」としてさらなる役割の発揮が期待されていった。

これは，昭和恐慌からの脱出を図るために1932（昭和7）年から展開された「農山漁村経済更生運動」や「教化町村運動」にも継承され，教師に部落会・町内会・隣組の会合（常会）の指導者として出席することが求められていった（須田，2008）。さらに1937（昭和12）年の日中戦争，1941（昭和16）年の太平洋戦争と戦時色を深めていくなかで，皇国民錬成のための訓育者像が強調されていった（寺崎，1987）。その時々の国策を反映した「徳」を人々に伝えるべく，「国策の担い手」としての教師像が繰り返し強調されていったのである。

4　授業者としての教師像

一方，教室に目を転じると，1891（明治24）年11月の「学級編制等ニ関スル規則」の制定以降，「学級」における教師と子どもの関係が整備されていく（以下，佐藤（秀），2005）。就学率が低く学校規模の小さかった当時は，複数学年を合わせた単級学校（全学年が一つの教室）や複式学級が多かった。単級学校は1893（明治26）年には全学校の42％，1900（明治33）年で32％であった。これを含む一部にせよ複式編成をとらねばならなかった学校数は，1900（明治33）年には75％，1912（明治45・大正元）年でも52％を占めており，1910年代にいたるまでの間，全国的に見れば複式編成が小学校において主要な形態だったといえる。

この実態に対して，政府はむしろ単級・複式を奨励したという。財政的な理由も多分に含んでいたが，それ以外にも教師の「薫陶」が徹底し，年長生徒が教師を助けて級長・組長などに就くことで年長生徒の「公共心」も育つことが強調された。江戸期の寺子屋・私塾等における人格的な師弟関係が想起され，モデルとして語られていた。

また，複式学級では教師の指導密度は低くなり，生徒の「自学」「自働」「自治」が必要となってくる。そこで，複式編成の第一学年（新入生）に対してだけ教師が「号令」を行い，それ以外は級長に代行させる方法が生み出され，全国的に普及していった。このほか，教師の位置や行動を「合図」とする場合もあり，「学級」内における集団行動を子どもの「自働」によって行っていくというスタイルが確立していったという。

価される反面，内向性，裏表のあること，すなわち偽善的であり，仮面をかぶった聖人的な性格をもっていること，またそれと関連して卑屈であり，融通性のきかぬということなどが世の批判を浴びて来た」という。師範学校や寄宿舎で行われていた下級生に対する鉄拳制裁，新入生に対する威圧的な寄宿舎規則の訓練などが委縮を生んだと指摘されている。戦後の教員養成改革の際に，これら形式性・画一性の払しょくが議論された。

これら「学級」における授業技術の変化は，1890年代半ば（明治20年代）以降，各道府県や郡市単位で組織化された教育会における教員研修により，普及が図られた面が大きい（梶山，2007；2010；白石，2017）。夏季講習会や，徒歩圏内の複数校における研究授業などで，教師たちは授業者としての力量を養った。以下は，福島県河沼郡教育部会第一支部の1919（大正8）年ごろの様子を回顧したものである（福島県公立学校退職校長会，1969）。

> 当番校では全学年一斉に，一時間の授業をやり児童を帰宅させ，その後選抜された先生が研究授業をしたものであった。何せ何十人と集まって見ておられる先生達を前にしての授業なのであがってしまうような先生もままあった。研究授業が終ると全会員が一室に集り支部長の司会で授業の批評会が開かれた。先づ教授者の自評に続いて各学校の同学年担任の先生や教科研究主任の先生の質問や批評があり，最後に司会者の総活的な批評があった。（中略）質問攻めにどう答えてよいか困って泣き出す先生もあった位烈しいものであった。筆者も歴史の研究授業をやりしぼられた事を思い出す。もっともこの研究授業が教材も十分調べられてあり指導も行届き立派な研究授業であれば視学さんや，校長先生達に認められそれだけ，前途が明るくなるという事にもなった。従って若い先生達はこの研究授業には非常な力の入れかたであった。

ここからは，研究授業の後の「質問や批評」のなかで，教育実践を媒介とした教育観・経験・授業技術の交流をうかがうことができる。ときには厳しさをともなう研究授業に対し，「前途が明るくなる」という出世欲も含みつつ，「若い先生達」が熱意を傾けていった点も興味深い事実といえよう。

3　自問自答する教師たち

1　大正自由教育運動を生み出した教師たちの想い

1910年代には定型化した授業への批判が高まり，学習者である子どもの視点から教育を再構築する「大正自由教育」が展開された（中野光，1968）。

その先駆となったのは都市部に新設された私立学校や師範学校附属小学校であった。1912（大正元）年に西山哲治が東京市巣鴨に創設した帝国小学校では，可能な限り子どもと向き合うため，あえて校長室や職員室を作らず，「教師は常に慈愛を以て師弟互に親み児童を未来の紳士淑女として親切に待遇すべ」きことや「児童の実力養成を主眼としなるべく自ら攻究努力せしむる様導

▷5　教育会
明治，大正，昭和の戦時にいたる期間，全府県さらに朝鮮，満州，台湾，樺太，南洋群島にも設立されていった組織。教育行政担当者，師範学校等の教育機関スタッフ，小学校長・教員そして地方名望家を構成員とし，演説・討論・教育会雑誌発行・教材作成・展覧会・講演会・図書館設置・教員養成・教員研修など，各地の教育課題に応じて多様な活動を展開した。これらの事業によって戦前の教員・教育関係者の価値観と行動様式を方向づけ，地域住民の教育意識形成に大きな影響を及ぼしていた。

▷6　研究授業
校内または同一教科担任間が集い，専門性を高めるために相互に厳しく鍛え合い，職能集団として成長を図るもの。教師教育の場としてきわめて重要なものである。授業者はあらかじめ入念な教材研究のもとに指導案を作成し，その授業を参観した教師間で事後に検討会を行う。検討会では，指導法や学習過程，児童生徒の理解・達成度などをテーマに討論する。明治初期の欧米の授業方法を学びとる時期から行われており，「伝習」や「研修」の側面を含みつつも，創造的な授業方法や教材開発が試みられる場ともなった。

く」ことが掲げられた（西山，1937）。1917（大正 6 ）年に沢柳政太郎を校長に創立された成城小学校では「科学的研究を基礎とする教育」が掲げられ，成城小の教師は「教えつつ学ぶ」を格言としつつ，低学年での修身科廃止，低学年からの理科の導入などが試みられ，その成果を機関誌『教育問題研究』で発表していった。

明石女子師範学校附属小学校では，主事・及川平治により「分団式動的教育法」の実践が積み重ねられていた。「分団式」とは，子どもの能力や題材に応じて学習集団を適宜編成することであり，「動的教育法」とは子どもたち自らが学びを形づくっていく授業の姿をさしている。千葉師範学校附属小学校の主事・手塚岸衛は，教師の行き過ぎた指示を否定し，尋常小 1 年生から学級自治会を組織し，写生遠足会，学芸発表会，綴方批評会，相互忠告，雛祭などを企画・実行させていった。奈良女子高等師範学校附属小学校の主事・木下竹次は，子どもが主体となる「独自学習〜相互学習〜独自学習」のサイクルによる授業をめざし，教科枠をはずした合科学習を展開した。

彼らの念頭にあったのは，ルソーやペスタロッチの思想を源流とする「自己活動」や「自学」の思想であり，またエレン・ケイが掲げた「児童中心主義」[47]であった。教育実践における出発点を子どもに据え，与えられた教材をただ伝達するのではなく，子どもにどのような力を身につけさせるべきか，自問自答し，指示から支援へと自らの役割を変化させていった教師たちの姿であった。

2 生活をみすえた子ども理解と生活指導

昭和初期には，国定教科書がなく制約が少なかった綴方（作文）において，子どもの生活現実と向き合おうとした実践が広がりをみせた（中内，1970）。生活綴方と呼ばれたこの実践は，提唱者・小砂丘忠義が1929（昭和 4 ）年に『綴方生活』を創刊したことを機に，全国的に支持を得て広がった。具体的には，子どもに自身の生活を題材にした文章を書かせ，子どもたちと教師が共同で読み合い，また書くというサイクルを繰り返す。生活現実を直視させることで社会認識を育てる「生活指導のための表現指導」に取り組んだ教師たちがいた。

教育学者・大田堯は，「綴方教師」[48]と呼ばれた彼らの実践を以下のように述べている（大田，1992，91〜92ページ）。

「生活と表現」という問題を，一人ひとりの子どものなかに緊張としてつかまえていくということ，一日のいとなみ，毎日のいろいろな所作，振舞いのなかで，生活と表現，言わんとするものと言ったものとの緊張，あるいは，行われんとするものとの緊張を，みつけていく，とらえていく。そういう張りつめたものをだいじにして，私たち教師が授業・子どもに取り組んで

▷ 7 児童中心主義
19世紀末から20世紀初頭にかけて，教師の側の「教授」を中心とする近代学校教育のあり方を批判し，子どもの自主性・自発性を尊重して主体的な「学習」を中心とする教育思想と実践が世界的に広がりをみせた。日本に影響を与えた代表的なものに，スウェーデンの女性教育家エレン・ケイ（Ellen Key, 1849〜1926）が1900（明治33）年に著した『児童の世紀』があり，日本には1906（明治39）年に抄訳・紹介された。またアメリカのデューイ（John Dewey, 1859〜1952）が同年に著した『学校と社会』も「教育上のコペルニクス的転回」と評され，1901（明治34）年に日本で翻訳・出版された。

▷ 8 「綴方教師」
小砂丘に続き，1930年には千葉春雄（1890〜1943）が雑誌『教育・国語教育』を創刊し，全国各地の教師たちの交流の舞台となり，またサークルが誕生した。同年には秋田で成田忠久（1897〜1960），滑川道夫（1906〜92），佐々木昻（1906〜44），加藤周四郎（1910〜2001）らが北方教育社を結成し，機関誌『北方教育』が創刊された。北方教育社は1934（昭和 9 ）年の東北大凶作を機に青森，岩手，宮城，福島の教師たちと結びつき北日本国語教育連盟を結成し，1935年に機関誌『教育・北日本』を発刊し，東北地方の地域性や自然環境に根ざした実践は，全国の綴方教師たちに注目された。

いくことは，たんに生活綴方だけではなくて，あらゆる教科を通じてだいじな今日の問題であると思います。

目に見える言動や表現のみならず，その奥に見え隠れする子どもの内面に迫ろうとする。そうした真の子ども理解をめざした教師の姿を，教育の本質に関わるものと意義づけている。

1930年代を通して「生活綴方教育運動」が広がりをみせていく一方で，農林省・内務省が展開した「農山漁村経済更生運動」のなかでは，幕末の農政家・二宮尊徳が唱えた報徳思想と常会（話し合い）が生活建て直しの有効な方策として提唱され，生活現実と向き合う教師たちに影響を及ぼした（森川，1997；須田，2012；2013）。

富山県では1924（大正13）年４月のパーカスト来県前後から全県下に「個性」の「発見」や「理解」を重視する自由教育が展開されていた。鷹栖小学校長・高島秀一は報徳思想を学び，調査に基づく個に応じた生活復興支援の手法（報徳仕法）と，自由教育の考えとを重ね合わせ，「学校仕法」という造語を生み出している。彼は「個性を発見し，理解し，実現せしめんとする実態把握」と「この個性を全体の努力によって伸展せしめ，矯正すること」を重視し，学級の常会，部落の常会，学校の常会を組織化していった（須田，2014）。

このように大正自由教育の系譜上に，個々に応じた生活改善を重視する報徳思想を重ね合わせる発想は，島根県師範学校訓導・渡部年男によっても語られている。彼は「一府二市五県十六校」から集まった男女20名ずつの高等科一年の担任であり，「小グループの対立」に苦心するなか，二宮尊徳が行った「『心田開発の仕法』と類を一にするもの」として，以下のような「教育仕法」論を生み出している（須田，2016b）。

　　先づ第一には教育仕法の対象である児童の教育的調査を十分にせねばならぬ。(中略) 次には調査の結果に基づいて経営上の「癌」になるものを発見せねばならぬ。(中略)「癌」を「癌」として甘受し，その「癌」を生かして学級全体を教育的に仕上げる。つまり「癌」の如きものにもその恩徳を認めて，生かして使ふ態度が学級経営を成功に導びくものである。(中略) こゝで注意せねばならぬのは，報徳仕法と同じく，此の教育仕法は教師のためのものでなく，児童の自発性の根柢に立つた「児童のもの」でなくてはならぬ事である。(中略) 絶えず子供の内面の生活を凝視しながら，その児童内心の動向の向ふところ，そこを察して，一歩一歩築いて行くのでなくてはならぬ。(中略) 私はその「験するもの」として生活記録，乃至生活反省録，生活日記といつたものを利用してゐる (中略) 彼等の赤裸々なる記録による私

の見極めが，右の「癌」を見せしめたのである。

日記や生活記録を用い，子どもの「内面の生活を凝視」する考え方は，生活綴方にも通じるものがあった。

　二宮尊徳生誕地に近い神奈川県足柄上郡福沢小学校では，地域の婦人常会と児童常会を合同で行う母子常会のほか，学校常会・学級常会・班常会など学校内外で活発な常会が展開された。常会ごとに「感心な人の発表」＝「善行者」表彰を行って生活の仕方をみつめる視点を養い，母子常会では子どものしつけをめぐり教師と保護者との連携を深めていったという（須田，2008；2012）。子どもの生活現実へと視野を広げることで，新たな子ども理解や教育実践の場を切り拓いた教師の姿を見出すことができる。

　常会における「感心な人の発表」は，戦時色深まるなか「錬成」の名のもとに，内面支配へと転じる振れ幅をもっていたことも事実である（須田，2016c）。1940年前後には，教員が学校内外の常会指導にあたることが「新体制」下の「教育家の使命」として，より強調されていった（須田，2016a）。

3　受験準備教育

　このほか，とくに都市部において教師に強く要請されたものに，受験準備教育があった。1930（昭和5）年に東京市西巣鴨第三小学校に赴任した青年教師・金沢嘉市は，校長から受験準備教育への期待をかけられ「学校の名誉のため，子どもたちのためにがんばらなくてはならないと決意せざるを得なかった」と，以下のように回顧する（金沢，1967，13～14ページ）。

　　五年から六年に進むといよいよ入学戦争に突入して行った。昭和六年に始まった満州事変がだんだんと戦線を拡げて行く中で，私はただ教室に閉じこもって入試の戦果のみに期待をかけていた。一日の課業が終ってから子どもにおやつを食べさせ，夕方六時ごろまで準備教育を続けた。ときには七時，八時になることさえもあって，電灯のついた教室で子どもたちは夜学同様の学習を続けていった。この準備教育はもっぱら入学試験のためのもので，中学への入学希望者だけに限られていたが，それでもクラスの三分の二近い子どもたちが参加していた。（中略）日曜日には模擬試験が各所で行われ，そこに子どもを引率して行かなければならなかった。私の一週間の生活は全く受験準備に埋めつくされていた。「学校の名誉のため，子どもたちのため」ということで若さにものを言わせてのがむしゃらな生活であった。

　こうして受験準備教育に没頭する一方で，金沢は高等小学校に進学する（受

▷9　**受験準備教育**
帝国大学を頂点とする高等教育機関の進学をめざし，熾烈な入学試験競争と，受験対策の予備校や試験といった受験準備教育が形成されたのは1890～1900年代（明治20年代後半から明治30年代前半）である。1910年代以降（大正期）には高等教育機関や中等教育機関への進学率の急上昇があり，これにともない特定校への志願者の集中や過度の受験準備教育が誘発されていった。とくに大学へと接続する中学校受験は重要な選択肢とされ，本文で取り上げた1930年ごろには小学校教師が進学希望者を集めて早朝や放課後に補習を行う姿までもが生み出されていた。

験のない）者たちの入学手続きを怠るという失敗を犯してしまう。なんとか事なきを得るものの、金沢は「ふだんの授業をしていた時も、中学へ進学する子どもの方に重点をかけ（中略）明らかに差別した取扱いをしていたと言える」「彼らのはげしい眼つきには、いくらわびてもわびきれないのがあった」と猛省し、以後は受験準備教育を拒絶するようになる。

金沢は言う、「この時期の子どもたちはからだもまだじゅうぶんな成長をしていないし、自分からそういう意欲も湧いてこない。小学校時代にはできるだけ伸び伸びとした生活を送らせ、あたたかい人間感情の基礎、ヒューマニズムの基礎を育てることにこそ心をかけるべきではなかろうか」と。国策のみならず、「学校の名誉」や「子どものため」＝保護者の期待に翻弄された末に見出した、子どもへの「まなざし」であった。

4　教師の自律性・自主性・創造性

1　戦後教育改革における教師像の再定義

第二次世界大戦の敗戦を転機とし、それまで臣民の「義務」とされていた教育（を受けること）が、すべての国民の基本的人権として保障された。1947（昭和22）年に定められた教育基本法は、その前文のなかで、日本社会の進むべき方向を「民主的で文化的な国家」と位置づけ、「世界の平和と人類の福祉に貢献しようとする決意」を明記している。そして「この理想の実現は、根本において教育の力にまつべきものである」と宣言した。こうした使命を負った教育は「人格の完成をめざし、平和的な国家及び社会の形成者として、真理と正義を愛し、個人の価値をたつとび、勤労と責任を重んじ、自主的精神に充ちた心身ともに健康な国民の育成を期して行われなければならない」（教育基本法第1条）のであり、教師は「自己の使命を自覚し、その職責の遂行」（教育基本法第6条）に努めるべきことが定められた。

これら戦後教育改革の方向性を示した1946年の『第一次米国教育使節団報告書』では、「教師の最善の能力は、自由の空気の中においてのみ十分に発揮される」と述べており、これをうけて同年6月に文部省が刊行した『新教育指針』では「自由に考え、批判しつつ、自ら新教育の目あてを見出し、重点をとらえ、方法を工夫せられることを期待する」と、教師の自律性・自主性・創造性の尊重を掲げていた。1947年3月の『学習指導要領一般編（試案）』では、各校独自の教育課程の編成が推奨された。続いて1949（昭和24）年に制定された教育公務員特例法は、「職責を遂行するため」に「絶えず研究と修養に努めなければならない」と定め、現職教育・教員研修を重視する方向を打ち出すこ

▷10　『新教育指針』
GHQの指示により文部省が一般教師向けに作成。第六章：平和的文化国家の建設と教育者の使命で、「世界歴史の方向に照らして祖国の将来を見通し、これを現在の青少年の教育において実現するのが教育者のつとめ」、「今日の教育者がつちかひ育てる青少年の心の若芽が、五年、十年、三十年、の年月を経てりつぱにのびてゆくとき、軍国主義や極端な国家主義はあとかたもなくぬぐい去られ、人間性・人格・個性にふくまれるほんとうの力が、科学的な確かさと哲学的な広さと宗教的な深さとをもつて十分にはたらかされ、そこに民主主義の原理はあまねく行はれて、平和的文化国家が建設せられ、世界人類は永遠の平和と幸福とを楽しむであらう」と呼びかけ、戦後の教師のあり方を示した。

ととなった。これらを背景に，高い教育水準をもち，校内研修を中心として専門家集団として資質・能力を高め続ける教師像が目指されることとなった。

戦後教育史に特徴的なのは，民間教育研究団体の結成である。1946（昭和21）年4月19日の日本民主主義教育研究会をはじめ，代表的なものに「コア・カリキュラム連盟」や「日本綴り方の会（後に日本作文の会と改称）」「教育科学研究会」などがある。彼らに共通するのは，「何よりも日本の子どものための教育を，権力や行政当局にまかせておくことはできないという発想」（大槻，1982）であり，多くの教師たちが集い，自律性・自主性・創造性に基づく教育研究活動を展開した。

2　子どもを起点とした戦後新教育の創造

新教育において花形と称されたのは「社会科」であり，従来の修身や地理，歴史などが既存の知識を受容・吸収させることに終始し，子どもの内発的な学習意欲や学習活動を軽視する傾向にあったことへの反省に基づき，身近な社会生活を理解し，自ら進んで追究する姿勢を育むことが重視された。この方針のもと，各地で自主的な教育計画や教育実践がさまざまに展開され，文部省の実験学校となった東京都港区桜田国民学校の「桜田プラン」や，埼玉県川口市で市民の協力を得ながら地域に根ざした教育計画を策定した「川口プラン」などが多くの教師たちの注目を集めた。

ここで「農村型社会科の実験校」として，文部省教科書局第二編修課長・教材研究課長・石山脩平の指導を受け，研究を展開した神奈川県足柄上郡福沢小学校の例をみていこう（以下，須田・武藤，2012）。同校は先述したように戦前期の報徳教育実践校であり，校内昇進で1947年7月に校長となった井上喜一郎（1938年度赴任）のリードにより「福沢プラン」といわれる実践を形づくり，1951（昭和26）年2月にはその成果を『農村地域社会学校』として刊行している。

実験学校指定という契機があったとはいえ，戦後新教育への転換は厳しい自問自答を経なければいけなかった。井上校長には，アメリカ教育思想の直輸入にためらいがあったとみられ，戦後民主主義教育の理論として注目されていたデューイ哲学と，自らが学んできた報徳哲学を対比して，両者が発展や変容を前提としている点，「行動の哲学」である点に類似性を見出し，そこから以下のような思索を行っている。

> 従来の報徳教育で「親心を以て児童の徳の愛撫育成する」といふことを言ってきたが，この言葉を単なる言葉でなく実践する時だと思ふ。「この鼻たらし小僧が」といふやうな考へからは，ほんとの新教育は決して生れない。（中略）私は長年の間の経験で，うんとビンタをはる，子供を子供とし

▷11　民間教育研究団体
早くも1945～46年から生み出されていた教師たちの自然発生的な「サークル」体であり，近隣校から全国規模までさまざまな組織がある。自ら課題を求めるがゆえに教育政策・行政とは対抗的・競合的な関係も示し，1957年からの勤務評定や1958年版学習指導要領改訂など教育行政が統制色を強めるなか，1959年には日本民間教育団体連絡協議会を結成した。一方，日本教職員組合（日教組）が1951年に開いた教育研究全国集会（教研集会）は，それ以降，教育・研究サークル活動の研究発表・交流の場としても機能していった。

て尊ばない先生の受持の級の子供は不思議にも上級生になると下級生に平気でどんどんビンタをはるといふことを見ておそろしいことだと感じてゐます。この学校で常会に於て又朝会に於て他人のよい所をみつけて誉めることは，このお互い同士のよさをみつけやがて友人の人格を尊重する学校全体の雰囲気を作ってゐると自負しております。（中略）どんなこどもの中にもよさをみつけることが大切だと思ふ。その一つのよさを機縁としてその人全体を尊ぶことになると思ふ。さうして学校でやってゐるこの人格尊重の気風が村の婦人会にうつり，家庭にうつり，村全体の空気となることを念願しております。

「親心を以て児童の徳の愛撫育成する」と掲げた報徳教育を，今こそ真に言葉通り実践できるのか，と厳しく自問している。また，戦前に存在した「ビンタをはる」体罰教師の存在と，そこから生み出された「下級生に平気でどんどんビンタをはる」子どもの姿を「おそろしいこと」と思い起こしている。こうして戦前的な姿からの脱却を強く自らに課すとともに，一方で井上は，戦前以来

表8-1　1946年度井上喜一郎「本校の新教育の底流を流れる原理的なるもの」

原理	実践構想
①発展の原理	学級目標について，「昨今までのやうに一つの型をして児童より離れて教師の独善に陥ってしまふことを避けて子供の毎日の生活に密接に結びつき，生き生きとした目あて」を心がけ，文言は「子供達自身が反省して学級常会などできめてよくなったりどんどん自分達の手で変へてゆく」ようにする
②個性の原理	児童の中に人間のよさをみつけることが教師の使命であると思ふ。児童は敏感である。自己を喜んでくれる教師については明るく伸び伸びと，新教育の目指す児童の姿に伸びると思ふ。天皇も偉いがルンペンも偉い先生も偉いんだが，子供も偉いんだ，まこととまことの接触であり，そこには屈従がないものでなくてはならぬ。
③社会性の原理	本校の根底に流れてゐるものに，譲，推譲の精神がある。「人のためにつくす」ことです。人のためになることが人間の存在の意義がある人間存在の社会性があるとするものです。（中略）本校では譲の出発点としほめることを考へてゐる。お互同志よい所をみつけてほめてゆくここに譲の精神が深くなってゆくと見方をとってゐる。
④自発性の原理	子供の過失を許し，之を大きなる心でよい方に伸していかうとする親心が，子供の心に浸みこむ時に，ほんとに子供は生き生きとした人間としての自発活動をすると思ふ。さうしてこの寛容は子供達同志の間にもその心掛をつくることが民主教育には是非必要だと思ふ
⑤実証の原理	○たえず進歩している社会に順応させる能力と態度を養ふ目的とす。注入するよりもむしろ子供の能力を十分に延すこと ○すべてはっきりした事実に基づいて行動す。事実に基づくことはすべてのことを把握的にする。民主主義のゆき方
⑥自由の原理	学校といふ団体の場合，その学校がどうありたいか，そこに権威があり，それを知る必要がある。それを問題にしないでめいめい自分はああしたいこうしたいと言ひ思ひ又やってゐては，不幸な混乱した学校であって幸福の学校ではない。 学校の規則などおしつけられて守ると思ふと圧迫になるが，自分からそれに従ふ場合は，自由の境地だと思ふ。
⑦効率の原理	その児童はそれだけの素質と体力と境遇が与へられてゐるが，それをみつめ天分一杯に働かせることが，効率的学習である

出所：井上喜一郎「本校の目標」および「本校に於ける新教育の実際」『戦後新教育・「実力の検討」実践資料集［編集復刻版］　第1巻』不二出版，2013年。

継続してきた常会での「感心な人の発表」が,「よさを機縁としてその人全体を尊ぶことになる」と普遍的な価値を見出し,やがて「村全体の空気となる」ことを願っている。

こうした方針のもと井上は,7つの原理と実践を構想している(表8-1)。そこには従来(戦前)の教育実践が陥っていた権威主義的で「型」にはめるようなあり方を否定し,児童の実態を起点に自律・自立した人間形成をめざすことこそ教師の本分である,という使命感をうかがうことができる。

3　子どもの「わかる」を追い求めて

福沢小学校は全国から多数の参観者を集めて公開研究会を重ね,戦後初期社会科の代表例としての評価を得た。しかしすでにそのとき,「はいまわる経験主義」や「学力低下」といった批判が上がっていた。1955(昭和30)年12月15日の「試案」が削除された『小学校学習指導要領社会科編』発行,1956年の全国抽出学力検査実施,1957年の低学年社会科廃止論争,1958年の特設「道徳」を定めた学習指導要領の改訂といったように,大きな論争と政策転換の時期を迎えていくことになる。

井上校長のもとで福沢小学校では,早くも『農村地域社会学校』刊行直後の1952年度から実践を問い直す取り組みを開始し,その後1964年3月まで全16輯にわたる研究物『実力の検討』シリーズを生み出していった(表8-2)。

注目すべきは,1957(昭和32)年の第8輯までに「ちえのおくれた子ども」を「すべての教科,教科外において,iQの高低にかかわりなく,自分の立場において,その地位を認められず,自信を失い,生きるよろこびを失っているこども」と再定義している点である。そのうえで,特殊学級では「みんなの中で生かされる子ども」「みんなの中で自分の位置をつかみ全力をつくす子ども」を掲げ,普通学級では「彼等から不安の原因をとりのぞき,自由に行動ができるようにしてやること笑顔でいる時を少しでも多くしてやること」がめざされた。ここに,個々の存在や力量を尊重しつつ,互いに成長していく子ども像が描かれていた。

1958(昭和33)年の第9輯「子どもに『わかる』社会科の指導」では,子どもの学びのプロセスが具体的なイメージで語られている。

　第一に「自分を強く打ち出すこと,自分で思うようにやらせてみる」
　第二に「対立や衝突する事態に直面したらお互に考えさせ,話合をさせて」,「次第に世の中の道筋を見つけ出させていく」
　第三に「その育て方を中心にして,他人との関係がよくわかり,「友だち同志手をにぎりあう子」「いたわりあう気持」を育てること」

これを1959(昭和34)年の第10輯では,冒頭で「私たちは人や物事に対して

▷12　戦後初期社会科
1947年5月『学習指導要領社会科編Ⅰ(試案)』,6月『同Ⅱ(試案)』から1951年改訂版までに貫かれた理論と実践を総じて「初期社会科」という。その理論は,自他ともによりよい生活を追究する強靭な主体形成,民主的な国家形成を主眼とする。そのため,切実な問題に対して一人ひとりが個性的な思考を巡らせ,話し合い活動による吟味を経て解決を目指す学習が必要となる。これに対し,1955年改訂版は学問の系統に足場を置き,それを教え込む注入主義に転じてしまった。それ以後,「初期社会科」の理念は民間教育研究団体「社会科の初志をつらぬく会」など有志の研究者・教師たちに受け継がれていった。

表8-2 『実力の検討』シリーズ全16輯の概要

研究年度 (昭和)	発行年 (西暦)	輯	タイトル
27	1953年2月	1	実力の検討―実践指導をとおして
28	1954年2月	2	学習の主体的必然性―問題・知識・実践・評価
29	1954年12月	3	個人差を重んずる指導―ちえのおくれた子どもの指導を中心として
30	1955年10月	4	社会科の実践的あり方
	1956年2月	5	ものわかりのわるい子どもの指導をどうするか ―み方,考え方,行動のし方としてのはたらきをとおして
31	1956年10月	6	子どもの考え方を高める社会科の指導（資料の扱い方）
	1957年2月	7	ものわかりのわるい子どもの指導をどうするか ―生きがいのある生活をさせるには
32	1957年12月	8	ちえのおくれた子どもの指導をどうするか ―生きぬく力を得させるには
	1958年2月	9	子どもに「わかる」社会科の指導 ―国に対する意識の育て方，社会科実践上の問題
33	1959年2月	10	子どもに「わかる」社会科指導 ―子どもの考えを中心として指導・評価
	1959年3月	11	新らしい道徳の姿をさぐる―ものわかりのわるい子どもの指導をとおして／しごとをとおして生きぬく力をどう育てていったか―言うべきときに言える子―よくわかる―みんなでみんなを
34	1960年2月	12	子どもに「わかる」社会科指導 ―知識における方向性　学習指導のあり方
35	1960年11月	13	子どもの思考の発展と学習指導―続「わかる」ことの追求
36	1961年12月	14	子どもの「思考のすじみち」と「考えのまとまり」の検討―続「わかる」ことの追求　学習指導における目標と方法
37	1963年2月	15	学習指導に子どもの思考体制をさぐる―「わかること追求四」　事実・子どもの思考活動・価値の具体的相関
38	1964年2月	16	学習指導における思考体制―「わかることの追求五」　事実と価値観の相関・思考の核と発展

出所：『戦後新教育・「実力の検討」実践資料集［編集復刻版］　第1巻』不二出版，2013年，7ページ。

「正対する子」と言ってきた。或いは「言うべき時に言える子」とも言ってきた（主体的必然性）。そして又一方に「手をつなぎいたわりあう子」と言ってきた（社会的協力性）」と，かみ砕いた言葉でそのイメージが説明されている。

　1960（昭和35）年の第13輯では，話し合いにおける「思考」を検討した松本健嗣教諭（図8-3）により，「わかる」以前に子どもが抱く不安・不安定感の側面が考察されている。

　「まちがってしまった」という絶望，「ぼくだけがそう考えている」という孤独，「どちらが正しいか，わからなくなってしまった」という不安（中略）いいかえれば，子どもが，問題と，もっとも「安らかでない」関係に

陥った状態——そういうものからの脱出を通して，はじめて「わかった」ことになり，知識がゆるがぬものになり，思考が研ぎ澄まされ，エネルギーが蓄積されていくのではなかろうか。

第13輯には，「無駄な事でもたくさん言わせる事，そしてその一人一人の発言を大事に育ててやる事」という教師と子どもとの向き合い方の工夫が提起されていた。そして，「子どもに考えさせ，発展させ，人の意見と，自分の思考にからみあわせる訓練を常にしている学級は，そのわかり方が早いのをみる」と，実践の手ごたえも述べられていた。

松本教諭は（1992年に退職），戦後教育のあゆみと共に生きた自らの教師人生を振り返り，次のように述べている（松本，2009）。

図8-3 福沢小学校における社会科授業
（左：松本健嗣教諭，福沢小学校蔵）

　わかっていく過程というものは単に教材の内容を与えられたものとして受け入れていくことではなく，教材の内容や友だちの考えや自分自身の考え方や教師の指導目標などに問いかけながら「わかり直す力」が育っていくのである。そして同時に，まわりにいる友達や教師との間にあたたかい支え合いの関係を深めていくのである。
　教師が子どもの学力を高めるのだという思い上がりと，教師が熱心に指導すればするほど子どもの学力は向上するという錯覚が，子どもを教育の操作の対象としてみる傲慢さを生み出すのである。

ここに，いつの時代も教師とは，悪しき「教育熱心」に陥り子どもを操作の対象とする傲慢に陥るとの警鐘が鳴らされている。それは，前述の受験準備教育に翻弄された金沢嘉市が，苦心の末に見出した教育観とも重なるものであった。

5　教育史の延長上に現在とこれからの教師を問う

　近代化後発国という現実のなかで，日本の教師たちは「立身出世」「富国強兵」（戦争協力）といった国策の末端を担いながら，眼前の子ども・地域社会との狭間で自問自答を繰り返してきた。そのなかで，子どもの多様な感性・認識をくみ取るため，教師らは児童中心主義，生活綴方教育，報徳教育（常会）など，さまざまな理論と実践を用いて子どもの生活背景（地域社会や保護者）にまなざしを向け，教育実践の幅と奥行きを模索してきたのである。
　これは戦後，教育基本法・学校教育法・学習指導要領の体制となっても同様

であった。戦後改革で一旦は大幅に認められた教師の自主的な教育研究も，戦後復興，高度経済成長という命題のもと，次第に「学力低下」「はいまわる経験主義」の批判によりかき消されようとされた。そのなかで，福沢小学校教員のように，「個人差のある子ども」を受け止め，その言動から一人ひとりの「思考」や「理解」に思いをはせ，互いに絡み合わせる授業を追究する教師たちがいたのである。

戦後に再び「国策の担い手」像が強調されるなかで，これに抗して自らの専門性を問い続けた教師は少なからず存在し，1950年代から1960年代にかけて授業研究運動が勃興することになる。こうした姿を教育史研究者・唐澤富太郎は「日本の教師こそ，今後の精進如何によっては，世界の教師の理想像を示し得るものとなる可能性を多く持っているのではなかろうかと思われる」と述べている（唐澤，1968）。

一方で，冒頭に述べたように2000年代の日本における教育改革の波は，いやおうなしに教師たちに変化への対応を迫り，ともすれば豊かに形成されてきた教師の専門性を損なう危険性も指摘されている。OECD 国際教員指導環境調査（TALIS）では日本の教員の労働時間の長さ（参加34か国平均週当たり38.3時間に対して日本53.9時間）が浮き彫りとなり，文科省の調査では1966年を1とすると2006年の教員研修0.3，授業準備0.7という結果が示されている（佐藤，2016）。本章で見てきたように，教師とは常にさまざまな役割期待と眼前の子どもとの狭間にあり，自問自答してきた。その機会さえも失われようとしている状況は，歴史的にみても稀であり危機ともいえる。

これまで教師たちが子どもと向き合ってきた歴史を知り，繰り返し強調されてきた教師の自律性・自主性・創造性の重みを知ることは，改革の荒波にもまれる現在と未来にむけ，「教師とは何か」を考える視座となろう。

▷13　授業研究運動
1950年代には民間教育研究団体を中心に「問題解決学習」「系統学習」「生活と教育との結合」といったテーマで授業研究が展開した。1950年後半には木原健太郎『教育過程の分析と診断』，重松鷹泰指導『授業の研究』が刊行され，「授業研究」「授業分析」が教育学研究のキーワードとなった。1963年には全国授業研究協議会が設立され，集団思考を主題に研究を展開していった。1964年には日本教育方法学会が設立され，毎年の研究大会の成果を『教育方法』シリーズとして出版している。2000年代以降，世界的なレッスン・スタディ運動の発展とともに，日本の授業研究運動の歴史は注目を集めている。

Exercise

① 教師像の変遷を江戸期，明治期，大正期，昭和戦前期，昭和戦後期という流れでまとめ，教師に大きな影響を与えた国策や出来事は何か，みつけよう。
② 出身・現在居住している都道府県・市区町村の自治体史や自治体教育史をもとに，具体的な人物や教育実践の例を調べてまとめてみよう。
③ 教師にとって普遍的に必要とされる資質・能力とは何か，現在と未来に継承すべき専門性とは何か，考えてみよう。

📖 次への一冊

船寄俊雄編『論集 現代日本の教育史2 教員養成・教師論』日本図書センター，2014年（とくに「第Ⅱ部教師論 Ⅳ歴史の中の教師像」461～560頁）。
　明治以降に語られてきた理想的教師論，それに対する実態としての教師像，激動の昭和史に生きた教師の回顧，戦後の高度経済成長や諸改革と教師像の変遷など，秀逸な論稿を集めたもの。

須田将司『昭和前期地域教育の再編と教員――「常会」の形成と展開』東北大学出版会，2008年。
　国策的な「常会」の指導者となり，一方では「児童常会」「学校常会」といった「報徳教育」を実践した教員像を描き出し，国策と地域現実との狭間で教師がいかに生きたかに迫った一冊。

『戦後新教育・「実力の検討」実践資料集』全4巻，不二出版，2013年。
　神奈川県福沢小学校の1946～63年度の授業研究記録。「わかること」や「個人差を重んじる」テーマから教師達が紡ぎ出した言葉は哲学的かつ本質的で，時代を越えて響いてくる。

田中耕治編『戦後日本教育方法論史』上巻・下巻，ミネルヴァ書房，2017年。
　戦後初期から現在までの教師たちの実践研究・理論研究の成果と課題を，上巻「カリキュラムと授業をめぐる理論的系譜」，下巻「各教科・領域等における理論と実践」として凝縮した一冊。

教育科学研究会編『講座 教育実践と教育学の再生 別巻 戦後日本の教育と教育学』かもがわ出版，2014年。
　「8・15敗戦とその後の教育再生への努力と，3・11を経た人々の祈りに寄り添って」，敗戦から2010年代までの教育学と教育実践の歩みを，わかりやすい解説つきでまとめたもの。

引用・参考文献

江森一郎『体罰の社会史 新装版』新曜社，2013年。
大田堯『教師の生きがいについて』一ツ橋書房，1992年。
大槻健『戦後民間教育運動史』あゆみ出版，1982年。
沖田行司『日本人を作った教育――寺子屋・私塾・藩校』大巧社，2000年。
笠間賢二『地方改良運動期における小学校と地域社会――「教化ノ中心」としての小学校』日本図書センター，2003年。
梶山雅史『近代日本教科書史研究』ミネルヴァ書房，1988年。
梶山雅史『近代日本教育会史研究』学術出版会，2007年。
梶山雅史『続・近代日本教育会史研究』学術出版会，2010年。
金沢嘉市『ある小学校長の回想』岩波書店，1967年。
上沼八郎「近代的教師像（人間像）の形成」日本図書センター，1991年（船寄俊雄編『論集 現代日本の教育史2 教員養成・教師論』2014年所収）。
唐澤富太郎『日本の教師』創文社，1968年。
佐藤秀夫「教育慣行における軍と学校」『教育の文化史2 学校の文化』阿吽社，2005

年。
佐藤学「転換期の教師教育改革における危機と解決への展望」『日本教師教育学会年報』第25号，2016年。
白石崇人『明治期大日本教育会・帝国教育会の教員改良』渓水社，2017年。
須田将司『昭和前期地域教育の再編と教員――「常会」の形成と展開』東北大学出版会，2008年。
須田将司「昭和戦前期における福沢小学校・国民学校の報徳教育――「生活即教育」の展開」『地方教育史研究』第33号，2012年。
須田将司「1930年代における報徳教育実践の創出――神奈川県・富山県における模索の諸相」『地方教育史研究』第34号，2013年。
須田将司「1930年代における学校報徳社・児童常会の端緒――富山県下指定教化村の報徳教育に着目して」『日本の教育史学』第57集，2014年。
須田将司「1952〜63年度における神奈川県福沢小学校の『実力の検討』シリーズ――子どもの「実力」を高める授業研究の歩み」『東洋大学文学部紀要』第68集教育学科編XL，2015年。
須田将司「報徳教育の錬成論的な形成と展開――加藤仁平のイデオローグ性に着目して」『東洋大学文学部紀要』第69集教育学科編XLI，2016年a。
須田将司「1930年代半ばにおける「新興報徳運動」と報徳教育の広がり――栃木県・島根県の実践と言説に着目して」『日本教育史学会紀要』第6巻，2016年b。
須田将司「日中戦争期における「学校常会」論の広がり――培地となった「国民訓育連盟」と「日本青年教師団」」『日本の教育史学』第59集，2016年c。
須田将司・武藤正人「戦後福沢国民学校における報徳教育の再評価――民主主義・民主教育への「転回」」『東洋大学文学部紀要』第65集教育学科編XXXVII，2012年。
福島県公立学校退職校長会編『明治百年福島県教育回顧録』1969年。
寺崎昌男編・戦時下教育研究会編『総力戦体制と教育――皇国民「錬成」の理念と実践』東京大学出版会，1987年。
中内敏夫『生活綴方成立史研究』明治図書出版，1970年。
中野光『大正自由教育の研究』黎明書房，1968年。
西山哲治『私立帝国小学校経営廿五年』モナス，1937年。
花井信『近代日本地域教育の展開――学校と民衆の地域史』梓出版社，1986年。
松本健嗣『「未熟者」としての教師』農山漁村文化協会，2009年。
森川輝紀編『小学校教師になるには』ぺりかん社，2010年。
森川輝紀『大正自由教育と経済恐慌――大衆化社会と学校教育』三元社，1997年。
『戦後新教育・「実力の検討」実践資料集［編集復刻版］』全4巻，不二出版，2013年。

第9章
子どもを取り巻く教育問題から何がみえてくるのか

〈この章のポイント〉
　子どもを取り巻く教育問題は，何を教育問題とみなすかという人びとの意識やまなざしによって顕在化される。教育の世界の外側に教育問題の根源が認識されていたといわれる1970年代以前の教育問題の歴史から何がみえるのか。(1)学生生徒の校外風紀問題，(2)浮浪児・戦争孤児の問題，(3)子どもの長期欠席問題という戦前・戦後にまたがる歴史的事象を取り上げながら，この問いを考える。本章では，歴史に学ぶ視点として，教育問題と不可分な関係にあった政治・経済・社会・文化の諸問題への着目が，現代もなお有効であり必要であることを学ぶ。

1　歴史のなかの教育問題をとらえる

　私たちは，子どもの「教育問題」として，何をまず想起するだろうか。いじめ，不登校，体罰，非行などなど，事件性があるものを含めて，教育に関するニュースとして飛び込んでくるような諸問題が思い浮かびやすいだろう。実は，何を「教育問題」あるいは「教育事件」としてとらえるかについては，歴史的にみれば，1970年代を境とする前後では，その性格が大きく変容していることが指摘されてきた。すなわち，1970年代以前における教育問題（事件）は，教育をめぐる政治的対立，教育を支える制度の不備や環境悪化，教育を舞台に展開される社会階層的な対立・葛藤である点に主要な特徴があり，あくまで教育の世界の外側に教育問題の根源が認識されていた。戦後日本でいえば，1950年代の教育政策をめぐる文部省と日教組の対立，1960年代の家永三郎による教科書裁判，高校全入運動などがそれである。他方，1970年代を通じて顕在化し，80年代以降に主流となる教育問題（事件）は，教育制度や教育実践といった教育の日常的な世界そのものが問題視され，批判される点に大きな特徴があり，学校や学校教育のあり方に焦点づけて問題視されるようになったというのである（児美川, 2001, 460ページ）。

　私たちが普段，想起しやすい冒頭でふれた教育問題の一例も，子どもに焦点が当てられる場合には，1970年代以降に認識されてきた教育問題の性格に近いといえるだろう。もちろん，このことは，近代以降に時代や時期を限定したとしても，学校という存在に関わっていじめや不登校などに該当する歴史的事象

▷1　日本教職員組合（日教組）
1947年に結成された日本最大の教職員団体。1950年の朝鮮戦争勃発を受け，翌51年にスローガン「教え子を再び戦場に送るな」を採択，60年代にかけて勤務評定反対や全国一斉学力テスト反対などの運動をリードした。また，全国的な教育研究活動を推進し，教育研究全国集会を毎年開催している。旧社会党の主たる支持団体であった日教組は，戦後長らく自民党や旧文部省と対立してきたが，1995年から旧文部省との協調路線に転じた。

▷2　教科書裁判
歴史学者の家永三郎が，自著である高等学校日本史教科書『新日本史』（三省堂）の検定結果の不当性をめぐって提訴した裁判。第1次訴訟（1965年），第2次訴訟（1967年），第3次訴訟（1984年）と教科書検定の違法性・違憲性について長期にわたり争われた。

▷3 高校全入運動
戦後復興のさなかにあった1947～49年の第1次ベビーブーム期に生まれた子どもたち、いわゆる「団塊の世代」が高等学校へ入学する頃、高校進学要求の高まりを背景に、進学を希望しても高校が足りないために入学できない子どもの問題が社会問題化した。こうした状況に対し、高校を準義務教育ととらえて、高校進学希望者の全員入学を目指す教育運動が「高校全員入学問題全国協議会」などを中心に展開された。

家永の教科書裁判によって、保護者・教師・研究者・市民らによる支援の動きが全国的に広がった。

が1970年代以前にまったく存在しなかったことを意味するわけではない。歴史のなかに個々の事実として存在したとしても、社会的注目を浴びたり、政策的な課題として取り上げられたりするなど、その事象を「問題」だとみなす人びとのまなざしや意識によって顕在化する契機をもたなければ、それは教育問題としては立ち現れにくく、またそれを裏づける歴史資料も残りにくい。

同時に、教育問題が人びとのまなざしや意識によって浮上するとすれば、そのまなざしや意識のあり方、認識そのものを鵜呑みにするのではなく、突き放して考えることが不可欠になってくる。そのうえで、政策担当者や教育関係者を含めて、人びとが「問題」だとみなす事象に対していかなる取り組みが行われたのか、その方針や中身は果たして妥当といえるものだったのかどうかを歴史的に検証することも必要である。

歴史のなかの教育問題をとらえる作業は、上述のような教育問題の性格からして常に限界を孕んでいるし、けっして簡単なことではない。その点を承知しつつも、本章では1920年代から60年代にかけての戦前・戦後にまたがって、子どもを取り巻く教育問題としてとらえられる歴史的事象を3点に絞って取り上げる。第一に学生生徒の校外風紀問題、第二に浮浪児・戦争孤児の問題、第三に子どもの長期欠席問題である。これらの教育問題の歴史を各々の時代状況を踏まえながら描くとともに、そこから何がみえてくるのかを考えたい。

2　学生生徒の校外風紀問題（1920年代後半～40年代前半）

1　校外教護聯盟・保導聯盟の登場

▷4　中等学校
旧学制の中等教育段階の学校の総称。「中学校」「高等女学校」「実業学校」の3種がある。修了期間は4～5年、尋常小学校卒業後の12～16、17歳の年齢段階の子どもを対象とした。旧制の中学校は「男子ニ須要ナル高等普通教育」を行う男子のための特権的な学校、高等女学校は「女子ニ須要ナル高等普通教育」を行う女子のための「良妻賢母」主義を掲げた学校、実業学校は「工業農業商業等ノ実業ニ従事スル者ニ須要ナル教育」を行う男女別の学校であった。中等学校への進学率は、1930年代において2割ほどであり、限られた子どもたちの進学先でもあった。

戦前日本における学生生徒の校外風紀問題の歴史を振り返ることから始めたい（以下、鳥居、2006、第Ⅱ部参照）。1920年代半ばごろから、主に中等学校の生徒を対象とした学校外の「不良化」防止・風紀取り締まり活動が展開された。この活動を担ったのが、「校外教護聯盟」「保導聯盟」などと呼ばれる組織であった（以下、引用資料を除き、本文では「連盟」ではなく「聯盟」と記す）。これらの組織は、規模はさまざまであるがいずれも複数の加盟校で構成され、個々の学校間の壁を越えて校外生活の指導監督を広範に行うことができる仕組みとなっていた。1930年代にかけて近畿地方や中部地方など西日本の都市部を拠点に全国的な広がりをみせ、警察などの治安当局と連携しながら、学生生徒の校外取り締まりにあたった。1937年10月時点で、校外教護・保導機関数は132にのぼった（表9-1）。校外教護・保導事業ともいわれたこの取り組みを先導したのは、「大阪府中等学校校外教護聯盟」（1929年4月設立、以下「大阪府教護聯盟」と略す）と「神戸保導聯盟」（1928年11月設立）という、いずれも100校前後

表9-1　地域別校外教護・保導機関数（1937年10月）

年	北海道	東北	関東	中部	近畿	中国	四国	九州	朝鮮	台湾	関東州	合計
1924	1											1
1925			1			1						2
1926												
1927												
1928					1							1
1929			1		1			1				3
1930				3	1							4
1931			2	1	2	2						7
1932		1	3	2	1	1	1	1				10
1933	2	3	1	5	9		6	5	6			37
1934	1	3	2	6	3		2	7	1	1		28
1935	1	2	1	2		2	2	1	1			12
1936				2	2	2	2	1	2			11
1937			1	2		1		1	11			16
合計	5	9	11	21	20	12	11	11	16	15	1	132

出所：鳥居（2006, 130ページ）。

の加盟校をもつ大阪と神戸の二大聯盟であった。

　以下では，校外風紀問題の歴史に関わる校外教護・保導史を辿りつつ，その取り組みが直面した教育上の課題についてみていきたい。

2　校外教護・保導の言葉の由来と活動の背景

　「教護」ないし「保導」という言葉は，現在ではあまり馴染みがないかもしれない。大阪府教護聯盟の名称にも使われた「教護」という言葉は，管見の限り，1920年1月に大阪府救済事業嘱託であった小河滋次郎（おがわしげじろう）が著した「非少年法案論」において最初に登場する。小河の論考は，当時，司法省によって立案された少年法案において，14歳未満の「学齢児童」が適用対象となっていたことを批判したものである。この論考のなかでは，「教養保護」「保護教養」などの略語とみられる「教護」という言葉が使用された。小河は，「遺棄状態にある各種の少年に対し，親権者其他の私法的保護の責任ある者に代り若くは之を助けて，社会的又は公共的に教養保護を加ふる」などと論じている（小河，1920）。「親権者又は保護者の為すべき教養（エルチーフング）若くは保護（ゾルゲ）の任務」とも表現される，親が子に対して本来果たすべき監護教育の責務を代行・補助することが「教養保護」＝「教護」という言葉で表されていたのである。校外教護とは，親の監督が及ばない子どもたちの校外生活を教師が親に変わって社会的・公共的に監督指導するとの意味合いが込められていたと考えられる。

　「保導」という言葉については，それを聯盟の名称に冠した神戸保導聯盟の設立経緯が参考になる。神戸保導聯盟は，もともと検事正，少年審判所長，刑

▷5　旧少年法と感化法
「不良行為」や「犯罪」などを行った子どもの処遇に関する法律として，「感化法」（1900年制定，1908年改正）と，旧「少年法」「矯正院法」（1922年）があった。前者は18歳未満で不良行為をなし，またはなすおそれのある適当な親権者のいない子どもを内務省所管の「感化院」に，後者は原則14歳以上18歳未満で犯罪をなし，またはなすおそれのある子どもを司法省所管の「矯正院」に入院させることなどを定めた。立案段階では少年法案・矯正院法案に適用年齢の下限が設けられていなかったため，感化法制定に携わった小河をはじめ，感化院関係者から反発の声があがった。のちに感化法は「少年教護法」（1933年）を経て戦後の「児童福祉法」（1947年）に解消され，施設名称は「感化院」→「少年教護院」→「教護院」→「児童自立支援施設」へと変遷した。また，20歳未満を適用年齢とする新「少年法」「少年院法」（1948年）により，矯正院は「少年院」に改められた。その後，2007年の少年法改正では，少年院送致の下限年齢が14歳以上から「おおむね12歳以上」へと引き下げられた。

▷6 三・一五事件
田中義一内閣の時,日本共産党の党員ら1568名が「治安維持法」(1925年)違反の容疑で全国一斉に検挙された思想弾圧事件。その後,労働農民党,日本労働組合評議会,全日本無産青年同盟の左派系3団体に解散命令が出された。引き続き,翌1929年4月16日に日本共産党員の一斉検挙が行われ,党の中央指導部は大きな打撃を受けた(四・一六事件)。

▷7 少年審判所
1922年少年法制定によって設立された少年に保護処分をなすための準司法的な行政機関。司法機関としての一般の裁判所とは区別され,少年審判官,少年保護司および書記が置かれた。当初,東京と大阪に少年審判所が設置され,神奈川,京都,兵庫を含む5府県を施行区域に活動が開始された。戦後の少年法のもとでは,少年審判所の機能は現在の家庭裁判所に引き継がれた。

▷8 文部省訓令「児童生徒ニ対スル校外生活指導ニ関スル件」
本訓令は,主として少年赤十字や少年団日本連盟傘下の少年団,または労農少年団(ピオネール)などの動向への一定の対抗策として,学校中心の少年団への組み替えをねらいとするものであった。ただし訓令では,社会的環境の複雑多様化のために生ずる「不良ナル影響ヲ防止」し,かつその「教育教化ニ資スベキ適切ナル方策」を講ずることが「緊切ノ要務」であるとし,「学校当事者教育教化ノ関係者等相倶ニ力ヲ協セ児童生徒ノ校外生活ニ関シ

事課長,警察署長,県学務課,市教育課,社会課,少年保護司,その他教育家百数十名が集まって「湊川研究会」が組織されたことが設立の背景にあった。1922年に旧少年法が成立して以降,神戸市においては少年保護運動が高まりをみせ,青少年の「不良化」防止を目的とした青少年の「保護善導」という言葉が少年保護関係者の間でスローガンになっていた。「神戸保導聯盟設立趣意書」をみると,本聯盟の目的について,第一次的に「児童生徒を保護善導して其不良化を未然に防止」することにより「家庭及学校の教育を補成する」と記されていた(神戸保導聯盟,1929)。このように少年保護関係者と課題を共有するかたちで,学校関係者が児童生徒を「保護善導」=「保導」して「不良化」を未然に防止し,家庭および学校の教育を補い成り立たせることがめざされたのである。このように,「(校外)教護」「保導」という用語は,学校に通う子どもたちの校外生活を教師が親に代わって「保護」しつつ,「教養」を加え「善導」しなければならないとの認識のもとに定着していった。

校外教護・保導聯盟がとくに1920年代後半から30年代にかけて誕生し,全国的に広まった背景や事情として,次のことがあげられる。(1)学生の「思想問題」をめぐる政治的状況,(2)モダニズム期における社会的・文化的変動,(3)1922年少年法成立以降の少年保護運動の高揚,(4)文部省による校外生活指導に関する訓令の影響などである。

(1)については,中等・高等教育段階の学生生徒が,戦前日本の支配層によって「反体制」「左傾」思想とみなされた社会主義・マルクス主義の影響を受けることを恐れて,彼らの校外生活にまで監視の目を行き届かせようとしたことと関わっている。事実,1928年3月15日の日本共産党員一斉検挙事件(三・一五事件)▷6は,共産党の活動の中心地であった大阪府において校外教護聯盟の設立を促す契機となった。(2)については,主に都市部において学生生徒を取り巻く社会文化的環境が変化したことが背景にある。カフェ・喫茶店などの飲食店や映画館・劇場などの大衆娯楽施設の急速な普及が,学校関係者によって校外生活への指導監督の必要性を大きく意識させることになった。(3)については,上述の神戸保導聯盟の設立経緯に端的に示されている。1922年少年法成立以降,大阪少年審判所▷7の管轄区域を中心に高まりをみせていた少年保護運動の過程で,保導聯盟の設立契機が訪れることとなった。(4)については,1932年12月17日の文部省訓令第22号「児童生徒ニ対スル校外生活指導ニ関スル件」▷8および同件名で各地方長官宛に発せられた文部次官通牒のインパクトがあげられる。この訓令と次官通牒,さらに翌年5月3日に発せられた同件名の社会教育局長通牒には,既設少年団から学校少年団への移行とその組織化が含意されていたことが知られている(海老原,1975,第6章:上平ほか,1996など)。ところが,先にあげた表9-1が示すように,「校外生活指導」に関する文部省訓令が

出されて以後，1933・34年をピークに60以上もの聯盟が急速に組織された。文部省の意図を超えて，教育界を席巻したいわゆる「校外生活指導ブーム」に煽られる格好で，校外教護・保導聯盟も急増したのであった。

3 校外教護・保導聯盟の活動とその受け止められ方

学校教師を中心とした校外教護・保導の活動は，学生生徒たちにどのように受け止められていたのだろうか。校外教護・保導運動を先導した大阪府教護聯盟の場合をみてみよう。

旧制北野中学校（現・大阪府立北野高等学校）に1927年度に入学した野間宏の自伝には，大阪府教護聯盟に関する記述がある（野間，1972，43〜44ページ）。戦後初期に『真空地帯』『暗い絵』などを著した小説家として知られる野間は，北野中学校に在学当時，「学校には教護連盟というものがあって，学生の風紀に注意し，そこに乱れたものがあると，それを摘発して，たがいの学校に知らせ合うという組織であり，例えば学校の帰りに百貨店に入るということは，たとえそれが本を買うためであろうと，その教護連盟の注意を受けなければならないという状態であった」と振り返っている。大阪府教護聯盟が発足したのは1929年度で，野間が3年生の時であった。野間によれば，「中学生の小さな心の上にのしかかってくるおとな達の圧力というものは，いかに抵抗しようとも抵抗することの出来ない，全く無慈悲な力のように考えられ，その中にとり囲まれている自分が，全く籠の中に入れられている一個の小さな動物にすぎないような感じがしていた」。本を買うために百貨店に入ることでさえ，教護聯盟の監視を受けなければならず，窮屈な校外生活を送っていたことがうかがえる。

1930年度に旧制八尾中学校（現・大阪府立八尾高等学校）に入学した川井薫は，「当時の教護連盟は生徒には特高警察的存在で事例によっては最高刑の退学もあり，その他停学，謹慎，戒告等の処分が行われ，『泣く子と地頭と教護連盟に勝てない』と恐れられていた」と回想している（大阪府立八尾高等学校創立100周年記念会「百年誌」編集委員会，1995，836ページ）。生徒にとって「特高警察」同然であったのは，教護聯盟に発見されて学校に通告されれば，懲戒処分を免れなかったからである。ほかにも，教護聯盟については「私服の刑事や憲兵同様に恐れられていた」（中野，1992，62ページ）などの回想もあり，多くの学生生徒にとって，特高警察，憲兵，（私服）刑事といった治安当局になぞらえつつ恐怖とともに思い起こされる存在であった。

もっとも，学生生徒たちは単に抑圧されるだけの対象だったわけではない。旧制八尾中学校の1936年度入学生であった松永肇は，映画好きな中学生であったが，1年生のうちは教護聯盟を恐れて映画館に一度も足を運ばなかった。し

適切ナル指導及訓練ノ方途」を講ずるよう促していた。体裁上は，児童生徒の校外生活の指導強化を図るための方針を示したものであった。

▷9 特別高等警察（特高警察）と憲兵
特別高等警察とは，社会運動や共産主義などの思想取り締まりにあたった内務省直轄の警察組織のこと。三・一五事件後には全府県に特別高等警察課が設置・拡充された。憲兵は，旧日本陸軍において陸軍大臣管轄のもと，軍事警察や普通警察をつかさどる軍人であり，これらの軍人を主体に憲兵隊が組織された。憲兵の権限はやがて社会主義団体などの動向の視察に及んだため，思想取り締まりにあたっては特高警察と任務が重なっていた。

かし，2年生になって中学生活に慣れてくると「映画の虫がムズムズして来て，段々と大胆にな」った。教護聯盟の「縄張り図」の上で危険度が高い場所にある映画館を避けて，場末の館に走り，『路傍の石』や『大菩薩峠』，『土と兵隊』などを堪能したという（旧制八尾中学校42回50周年誌，1986，160～162ページ）。教護聯盟の監視の網の目を搔い潜って，映画を享受した中学生もいたのである。

また，1939年度に旧制生野中学校（現・大阪府立生野高等学校）に入学した中野武彦は，大阪と神戸を行き来して映画を観覧した経験を綴っている（中野，1999，22～23ページ）。中野によれば，「甲子園口の私たちの仲間が映画を観る秘策としては，至って簡単なことで，神戸の学校に通う者は大阪の映画館に出掛け，そして私たち大阪の中学生は神戸の三宮や新開地の映画館で観ればよかったのである」。というのも，当時，学生帽や制服の色が大阪では黒色，神戸ではカーキ色であり，どの地域の生徒なのかが見た目で判別できたため，大阪府教護聯盟や神戸保導聯盟のそれぞれの管轄外では大目に見られていたからであった。このように，教護聯盟の目を盗んで，あるいは取り締まりのルーズさを心得たうえで，時には公然と映画を観に行ったという話は，1930年代後半から40年代に学校生活を送った人たちの体験記に比較的多くみられる。校外生活の「自由」を追い求めた学生生徒のしたたかさもみてとれるだろう。

それでは，学生生徒の親の反応はどうだったのだろうか。校外教護・保導聯盟が活動を展開した1920～30年代当時，中等学校では飲食店，映画館，劇場等には保護者同伴の場合を除き，原則立ち入りが禁止されていた。例えば旧制北野中学校の『生徒心得』には，「風紀」に関する条文のなかに，「父兄同伴ノ場合ノ外ハ飲食店，活動写真館，劇場等ニ立入ルベカラズ」と定められていた（大阪府立北野中学校，1927，1932，1935）。しかし，上述の回想録にみるように，学校外の娯楽・文化的生活を常に親の保護監督下で過ごすような学生生徒ばかりではもちろんなかった。そうした学生生徒は懲戒処分の対象になったから，親にとっても校外教護・保導聯盟の存在は無視できないものであった。

この点に関して，大阪府教護聯盟の活動に対する親の冷ややかなまなざしがうかがわれる卒業生の回想がある。旧制豊中中学校（現・大阪府立豊中高等学校）の1931年度入学生であった池堂末弘は，中学1年生の冬休みに映画館出入りを理由に教護聯盟に捕まった。第3学期が始まると早速，担任教師から「二時間近いお説教を聞き」，その後，母親も呼び出された。その際，「もともと活動写真（映画）大好き人間であった母は『それ位が何じゃ』と問題にしませんでした」と記している（池堂，執筆年不明）。

また，1938年5月24日開催の大阪府教護聯盟理事会に出席した文部省の中島視学官による次の発言は，親のこうした不満が一部にとどまっていたわけでは

なかったことを示唆しており，興味深い。中島は教護聯盟理事会の席で，教護聯盟が取り扱った生徒に対する「学校ノ処置ハ往々重キニ過グルヤニ聞ク」，「教護生徒」のなかには「操行」に関する帳簿に記されている者も多く，とくに「不良行為」が度重なった者には「今後非行アラバ退学セシムル」として年月日のみを記入すればただちに退学願書となるようあらかじめ願書を提出させている向きもある，「父兄ハ学校ノ処置ヲ心底カラ納得シ居ラズ」「父兄ハムシロ学校ニ対シ怨ヲ持テ居ル向アリ」，さらにその事故が校外において起こったものである場合は「怨嗟ノ声ハ教護聯盟ニ向ケラレ教護聯盟ニ対スル恐怖怨嗟ノ的」となっているなどと述べた（鳥居，2007）。厳格な生徒処分について文部省の役人から釘を刺されるほど，学校や教護聯盟に対する親の「恐怖怨嗟」の声は広がっていたのである。

学校関係者の意識やまなざしによって顕在化した校外風紀問題に対する校外教護・保導聯盟の対応は，治安当局と肩を並べて消極的な取り締まり活動に重点を置いたために，学生生徒や親の理解を得られることなく，批判の的とならざるをえなかった。

3 浮浪児・戦争孤児の問題（1940年代後半〜50年代）

1 第二次世界大戦後の浮浪児・戦争孤児の歴史

第2節の校外風紀問題への取り組みが，家庭でも学校でもない社会における子どもたちの様態に目を行き届かせようとするものであったとすれば，本節で取り上げる第二次世界大戦後の浮浪児・戦争孤児の問題は，社会に否応なく放り出された子どもたちに焦点をあてたものである。戦争によって生み出された戦争孤児は，1948年2月1日時点の厚生省による全国調査結果によれば，12万3511人にのぼった。一般に戦争孤児とは，戦災孤児，浮浪児，引揚孤児，原爆被災孤児に分類されるが，同一の人物でも時期によって呼称が変化している多くの例があり，それぞれの呼称を厳密に定義するのは難しい（前田，1997）。したがってここでは，空襲などで両親を失った戦災孤児と，日本の植民地・占領地において孤児になった者，あるいは引揚げの途上で孤児になった者などの総称として戦争孤児を用いる。また，戦争孤児たちの多くは放置され，浮浪児となったことから，浮浪児・戦争孤児とも表記する（逸見，1994）。

本節では，いかなる生活の場にも自らの居場所を求めることが容易ではなかった浮浪児・戦争孤児の問題に着目し，そこにみられる課題を考えたい。

▷10 操行と操行査定
近代日本の学校において，子どもの平素の行為や行状（操行）を学級担任が判定する教育評価の形態を「操行査定」という。通例，甲・乙・丙などの評語が用いられた。小学校では「小学校令施行規則」（1900年）において「操行点」の学籍簿への記入が義務づけられた一方，旧制中学校では各県・各学校で独自に実施された場合が多かった。また，小学校における操行査定が，あくまで「平素ノ成績」の一部とみなされ，進級や処分とは直接の関係がなかったのに対し，旧制中学校では全教科の成績に比肩されるほどの重要な意味を与えられ，「生徒管理」のための手法と結びついていた（斉藤，1995，第6章）。

▷11 戦争孤児の種類
戦災孤児とは，本土空襲によって親を失ったり，家を焼かれて家族が離散してしまったり，学童疎開をしたものの帰るべき家を失ってしまった子どものこと。浮浪児とは，そのような戦災孤児のうち，定住する家がなく街頭を放浪する相対的に年齢の高い子どもをさす。家庭不和などが原因で家出した子どもも浮浪児に含められる。引揚孤児とは，満州，朝鮮，樺太などの「外地」で敗戦を迎え，両親と死別したり生き別れになったりして帰ってきた子どもの呼称。原爆被災孤児とは，両親を原爆や原爆症により失った子どものことである。

2　浮浪児・戦争孤児へのまなざし

　敗戦後の浮浪児・戦争孤児は，新聞・雑誌にしきりと取り上げられた。浮浪児・戦争孤児は，戦争未亡人・復員兵ともに，疲弊し混乱していた敗戦後の日本社会を象徴する社会現象であった。人びとは，浮浪児・戦争孤児を犯罪者の温床もしくは犯罪者とみなす一方で，戦争犠牲者として憐憫（憐れみ）の対象ともみなした（逸見，2007，第Ⅰ部）。

　浮浪児・戦争孤児に対する社会的イメージの一例を，敗戦直後に発刊された『漫画　見る時局雑誌』からうかがってみたい。この漫画雑誌の真骨頂は，天皇と吉田茂・芦田均・片山哲・徳田球一ら政治家の戯画・風刺画という点にある。とはいえ，ガード下に眠るおそらくは戦争孤児でもある浮浪児に母親を届けるサンタクロースを描いた杉浦幸雄「クリスマス・プレゼント」（1946年6月号）や，編上靴（兵隊靴）を履き，ポケットに札束を突っ込んで，バーで煙草を燻らせている少年を描いた冨田英三「恐るべき子供」（1947年12月号）など，当時の世相を反映した浮浪児を主題とする漫画も少なくなかった（逸見，2007，第Ⅰ部，参照）。ここでは，『漫画　見る時局雑誌』から，荻原賢次「ボーイス・タウン」（1947年4月号）に描かれた3つの漫画を紹介する（図9-1）。「子供のゐるたのしい街のことです」とキャプションが付されたタイトルにあるボーイズ（ス）・タウンとは，1917年，E. J. フラナガン神父によってアメリカ合衆国ネブラスカ州オマハに設けられた孤児施設に始まり，1936年に広大な面積を有する独立した地方自治体となった「少年の町（Boys Town）」をさしていると考えられる。[12]

　図9-1の上図の「大と小」は，戦後，女性が新たに社会進出した職種で，かつて「婦人警官」と呼ばれた女性警察官に対し，男性が窃盗被害を訴えている場面の描写である。注目されるのは，体も大きく厳めしい大人の男性と，いたいけな小さな子どもの姿が対照的に描かれている点である。一見，加害者と被害者がどちらなのかを読者はみまがいそうになるが，おそらくそれを想定して作者は意図的にこのように描いている。幼く可愛らしい浮浪児・戦争孤児が，同時に大人から平然と財布を盗む犯罪者としても明示的に描かれている。

　次に，真ん中の図の「雪のあさ」では，雪が降り積もる朝に，「貸間アリ」と張り紙のある家屋のなかで，貸主と思われる人物と焚火をしながら寒さを凌ぐ浮浪児・戦争孤児の姿がみえる。貸間提供といっても，積雪で今にも倒れそうな完全に吹き抜けの建物である。焦土と化した戦災都市の住宅難問題を背景に，安心して身を寄せられる親も親戚もなく，その日その日を生きる子どもを取り巻く厳しい状況がかすかな温かみをもって表現されている。

　さらに，下図は「街の宵」と題して，浮浪児・戦争孤児とこれらの子どもを

▷12　E. J. フラナガンと浮浪児・戦争孤児問題
エドワード・ジョゼフ・フラナガン（E. J. Flanagan, 1886～1948）は，アイルランド出身のキリスト教カトリックの聖職者。18歳の時にアメリカに渡った。アメリカでは彼の活動を題材とした映画『少年の町』が1938年に公開された。フラナガンは第二次世界大戦後の1947年，浮浪児・戦争孤児の問題に対応するため来日し，各地の児童保護施設の視察や指導・助言，講演活動を行うとともに，施設の最低基準の設定などを提案した。また，同年にはフラナガンの勧めにより，日本では共同募金運動が開始された。

救済する社会活動に取り組む人びとを描いた漫画である。富裕層とみられるこの女性たちは、浮浪児・戦争孤児のために日没後に募金活動にいそしんでいるのであるが、滑稽に思えるのは、すぐ目の前に浮浪児・戦争孤児たちがいるにもかかわらず、我関せずと「みなさま　哀れなるもののために……」と募金集めに徹している姿である。孤児たちは空き缶で金銭を乞うているようにもみえる。つまり、ここでの募金活動は、浮浪児・戦争孤児たちによる金銭収集活動と奇妙にも競合している。むろん、女性たちはボランティアに従事している以上、浮浪児・戦争孤児の存在に無関心ではないはずであるが、作者はこうした募金活動を行う人びとの「救済」の中身とその矛盾をシニカルに描き出している。

敗戦後の浮浪児・戦争孤児たちは、人びとから憐れみや同情のまなざしとともに、罪を犯しかねない存在として恐怖や脅威のまなざしをも受けながら、荒廃した社会を生きていたのである。

図9-1　漫画に描かれた浮浪児・戦争孤児
出所：荻原（1947, 26ページ）。

③　敗戦後の浮浪児・戦争孤児対策

敗戦後の日本の浮浪児・戦争孤児に対する政策をみておきたい（以下、逸見、1994；前田、1997参照）。政府による最初の浮浪児・戦争孤児対策は、文部省による「戦災孤児等集団合宿教育所」の設置であった。文部省は敗戦から1か月を経た1945年9月15日、「戦災孤児等集団合宿教育ニ関スル件」を発し、集団疎開児童で戦争孤児になった者、疎開先から復帰が難しい者、身体虚弱などの理由で収容が適当と認められた者を集団合宿教育所の対象とした。この通牒により、少なくとも17以上の集団合宿教育所が全国に設置された。

その後、浮浪児・戦争孤児対策はGHQとの関係で予防対策的な傾向を強めていく。アメリカ占領政策の遂行という点で、街頭に溢れている浮浪児は好ましくなく、その対策を厚生省に強く要求したのである。1946年4月15日に発せられた厚生省通牒「浮浪児その他の児童保護等の応急措置実施に関する件」は、浮浪児・戦争孤児の取り締まりの嚆矢であった。通牒の趣旨は、「戦災孤児其の他にして停車場、公園等に浮浪するもの」の「応急保護対策」を講ずることにあった。「応急保護対策」とは、社会事業関係者・警察官が「浮浪児の徘徊する虞ある場所」を「随時巡回して浮浪児等の発見に努め」「保護者に引渡し又は児童保護施設に収容する」ことであった。この対策は「狩込み」という名の浮浪児に対する警察的な取り締まりとして具体化した。さらに、同年9月19日付の厚生省次官名通牒「主要地方都市浮浪児保護要綱」は、「狩込み」

▷13　戦災孤児等集団合宿教育所
戦災都市町村の国民学校の分教場として位置づけられた教育施設。定員は250人、職員は教員10人、寮母12人、作業員10人とし、児童の勤労教育と食料自給自足のために必ず附属農場を設けること、都道府県市町村に対する国庫補助は所要経費の8割とすることなどが定められた。

▷14　連合国軍最高司令官総司令部（GHQ）
第二次世界大戦後、アメリカ主導のもとに連合国軍が設置した日本の占領政策の実施機関。General Headquarters, the Supreme Commander for the Allied Powers（略称：GHQ／SCAP）とも表記される。初代の最高司令官は陸軍元帥ダグラス・マッカーサー。1952年、サンフランシスコ講和条約の発効とともにGHQは廃止された。

を常時発見・一斉発見・巡回発見に定式化し,「浮浪児,戦災孤児等の救護協力」が警察の所管事項として明記されることとなった。

　1948年9月7日の閣議決定「浮浪児根絶緊急対策要綱」は,背後で浮浪児を利用している者を厳重に取り締まり,浮浪児に対する保護取り締まりを徹底的に行うことを定めるとともに,浮浪児を「根絶」できない大きな理由が,人びとの浮浪児に対する安価な同情や自己の一時的便宜によって彼らの浮浪生活を可能にさせていることにあることを,一般社会人に深く認識させるよう強調していた。同年11月5日付の厚生・文部・運輸・労働各次官および国家地方警察本部次長連名通牒「浮浪児根絶緊急対策要綱の実施について」は,この閣議決定の趣旨をさらに徹底させる措置であった。人びとの憐れみや同情などが,浮浪児対策の足かせになっているとの認識がそこにはあった。

　敗戦後の政府による浮浪児・戦争孤児対策は,このようにほとんど犯罪取り締まりと同義のものとして展開していった。敗戦直後にいち早く戦災孤児等集団教育合宿教育所の設置を進めた文部省も,1946年10月7日には文部次官通牒「青少年不良化防止について」を発し,戦後の思想の混迷や青少年犯罪の激増を理由に,青少年犯罪の未然防止策に力点を置くようになった。また,1947年5月に文部省内に設けられた「青少年教護委員会」は,翌年4月26日に発表した「青少年教護対策に関する建議」において,最近の青少年不良化の実情に鑑みて政府に早急な対策を建議した（鳥居,2011）。こうした流れのなかで,同委員会はさらに1949年2月12日付の「浮浪児対策に関する建議」において,政府に「浮浪児教護対策」を要請し,各省間における連絡調整を密にするとともに,学校・家庭・社会を中心として為すべきことをそれぞれ提案した（文部省青少年教護分科審議会編,1950,28〜31ページ）。このことは,敗戦から3年半ほど経過してもなお,浮浪児・戦争孤児に対する施策の徹底が要請されなければならないほど,対応すべき課題が山積していたことを意味していた。国や行政による浮浪児・戦争孤児たちの生活保障と教育・養護への責務が,十分に果たされたとは言いがたい状況であった。

▷15　青少年教護委員会
「青少年の不良化防止並びに教護に関し必要なる事項を調査審議し,これに関する具体的方策の企画実施に努め,政府の諮問に応じ又は進んで政府に建議すること」を目的とした組織。多方面にわたる民間の有識者や実務者が委員の大半を占めた。1947〜49年に「青少年研究所設立に関する建議」（1947年8月）,「青少年教護対策に関する建議」「浮浪児対策に関する建議」を文部大臣に提出した。

4　浮浪児・戦争孤児が生きるということ

　浮浪児・戦争孤児たちはどのように生きたのだろうか。かつての浮浪児・戦争孤児たちの語りを中心にみていきたい。

　1945年3月10日未明の東京大空襲によって母親を失い,父親も戦死した当時7歳の元孤児の女性は,父方の祖父の家に引き取られた。しかし同居する傷痍軍人の叔父は「酒びたりの生活」であり,教科書も買えず,給食代も払えないことがあった。「汚い服を着ているので誰も教科書を借してくれず,『きたない』『親なし子』『くさい』『こじき』と言われ,いじめられどうし」になっ

た．その後，彼女は叔母に「売春宿」で働かされそうになったことがきっかけで，祖父の生まれた千葉の鎌ヶ谷に移り住み，地元の農家の子守として生活を始めた．小学3年生になった彼女は，その農家の3人の子どもを連れて小学校に通わなければならなかった．転校先の小学校でもいじめられるようになり，3人の子連れの学校通いはだんだん休みがちとなって，4年生ごろには完全に行かなくなった．農作業から子どもの世話まで働きどおしのなか，中学卒業を機に上京し，住み込みを経て，ある会社の工員となった．会社の女子寮で生活するが，ある時，会社で盗みがあった際，疑われることとなった．「孤児だというだけで真面目に働いても犯人扱いされる」という屈辱的な経験であった（戦争孤児を記録する会編，1997，52〜61ページ）．親戚の家でも奉公先でも学校でも，彼女は肩身の狭い思いをしながら幼少期を送り，戦争孤児であることへの偏見のまなざしにも耐えながら生きてきた．

　千葉県への疎開中に東京大空襲によって両親家族7人を失った当時9歳の元孤児の男性は，再疎開先の岩手県の山奥の寺から東京に引き揚げた後，文部省指導の北多摩の施設（上述の戦災孤児等集団合宿教育所と思われる）に収容された．彼はその施設で，ある子どもの万年筆を盗んだと疑われ，「私は盗りません！」「私は知りません！」と主張したにもかかわらず，軍隊帰りの若い園長に「嘘を言うな！」と怒号と殴打を繰り返し浴びた．そのような施設での生活において，本好きだった彼にとって「よかったといえること」は，施設のなかに図書室があったことくらいであった（戦争孤児を記録する会編，1997，176〜182ページ）．施設での暮らしは，戦争孤児に必ずしも平安をもたらすものではなかった．

　このことは，街頭や闇市を放浪する浮浪児にとっても同様であった．東京・上野では警察による「狩込み」後，浮浪児たちは一旦，浅草の国際劇場へ連れて行かれ，しばらく待たされてからトラックの荷台に乗せられて施設に送られた．しかし，「施設に到着するまでに三分の一はいなくなっていたよ．施設も施設でドアがないような状態だったから，簡単に逃げることができたね」という元浮浪児の回想にあるように，食料不足や職員からの体罰などを理由に，施設で保護されることを嫌がって脱走する子どもも少なくなかった（石井，2014，132〜139ページ）．なかでも1946〜50年ごろ，現在の品川台場（お台場）に存在した東水園は，浮浪児収容施設の性格をよく特徴づけるものであった．朝日新聞記者は，海上に設けられた東水園（第一台場）の1947年当時の様子を，監視の巡査が一日交代で詰めかけているだけで，人権無視の人情味がまったくない「ブタ箱」同然だと評し，施設の少年たちから聞いたこととして，5〜6人が陸を目指して泳いだが溺死した者もあったこと，「逃水園」ともいわれていることなどを書き記した（逸見，2007，第Ⅰ部参照）．

▷16 生存権・労働権・教育権
生存権は、日本国憲法第25条に定める国民が健康で文化的な最低限度の生活を営む権利。労働権は、憲法第27条に定める国民の勤労の権利。関連して、第28条には団結権、団体交渉権、団体行動権の労働基本権（労働三権）が規定されている。教育権は、憲法第26条に定める国民の教育を受ける権利。いずれも社会のなかで人間が人間らしく生きるための保障を国に要求できる権利である。

▷17 六・三制
新学制における9年間の義務教育段階である小学校6年、中学校3年の学校体系のこと。小学校、中学校、高等学校について「六・三・三制」、さらに大学を含めて「六・三・三・四制」と呼ぶこともある。六・三制のうち後半の中学校の制度は、小学校卒業後における中等教育の機会均等の理念を実現するものであり、旧学制の中等学校の制度的位置づけとは大きく異なっている。

▷18 中央青少年問題協議会
青少年の指導、保護および矯正に関する総合的施策、関係機関の協力、各種資料の整備に関する事項を調査審議するため、1950年4月に設置された総理府（現内閣府）所管の組織。前年に設置された「青少年問題対策協議会」を前身とする。戦後初期からの政府による青少年行政や青少年（問題）対策は、現在では内閣府による「子供・若者育成支援」施策として展開している。

親戚の家、他人の家、施設、街頭その他において、浮浪児・戦争孤児たちは、肉親を失った悲しみが癒えないままに、生きること（生存）、働くこと（労働）、学ぶこと（教育）への当然の権利・要求さえ充足されない局面に立たなければならなかった。彼・彼女たちは、人間として自らの心が求めるものを辛うじて守りながら、しなやかに、したたかに、戦後の歴史を生きたのである。

4 子どもの長期欠席問題（1950年代～60年代）

1 戦後初期の子どもの長期欠席状況

第3節でみた親を失った浮浪児・戦争孤児たちは、義務教育すら満足に受けられない状況に置かれていた。このような事態は、浮浪児・戦争孤児を極点として、1950年代から60年代にかけての戦後初期の日本において、親のいる子どもたちの間にも広範にみられる現象であった。本節で扱う戦後の子どもの長期欠席問題は、経済的な事情などにより、六・三制義務教育制度のもとで、小学校や中学校にも十分に通えなかった子どもたちの歴史である。政府、教育委員会、学校の教師など、大人たちは子どもの長期欠席・不就学問題にいかに取り組んだのか、その際、いかなる問題に直面したのかを、本節では取り上げたい。

戦後、最も早い時期の公立小学校・中学校における長期欠席児童生徒調査は、中央青少年問題協議会が第2回青少年保護育成運動期間（1950年5月5～18日）において実施した全国的調査である。本調査の時点で「長期欠席児童生徒」とは、年間30日以上の欠席者（引き続いて欠席している者、出席が常でない者）が対象であったが（中央青少年問題協議会編、1950a）、その後、文部省が実施した「公立小学校・中学校長期欠席児童生徒調査」（1952～58年度）や「学校基本調査」（59年度以降）では、年間50日以上の欠席者が対象となった。また、1991年から現在までは、年間30日以上の欠席が長期欠席とされている。

上述の1950年5月の調査では、すべての道府県の調査結果は出ていないものの、37府県の公立小学校・中学校の長期欠席状況をうかがうことができる。それによれば、図9-2にみるように、小学校の長期欠席は「病気」を事由とするものが37.9％で最も多く、次いで「家事家業の手伝」を事由とするものが25.4％で全体のほぼ4分の1を占めた。小学校よりも長期欠席現象が顕著に現れていた中学校では、「家事家業の手伝」を事由とするものが50.5％と約半数を占めているのが注目される。小学校・中学校ともに3ないし4番目に多い事由である「本人が学校に関心をもたないから」「家庭が教育に無関心だから」というのは、学校に関心を示さない子ども本人に原因があるとか、教育に無関心・無理解である親に原因があるなどとして簡単に片付けられない問題でもあ

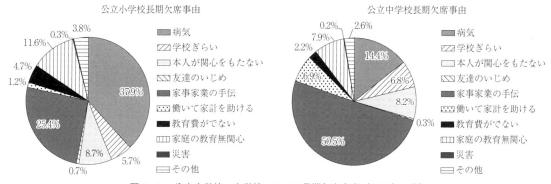

図9-2 公立小学校・中学校における長期欠席事由（1950年5月）
出所：中央青少年問題協議会編（1950b, 26～29ページ）掲載の調査表をもとに作成。

る。とくに小学校高学年から中学校にかけて，身体的な発達の程度からして一家の働き手として家計を助けられるような年齢の子どもたちが長期欠席しやすかったこと，また家庭の経済的事情などのために，親も子どもの教育よりも生活を優先せざるをえない状況に置かれていたり，子ども本人も欠席が度重なるにつれて次第に学習への意欲が失われ，学業の遅れのためにますます出席しにくくなったりといった連関があることも，考慮に入れなければならないだろう。

2 子どもの長期欠席問題へのさまざまな取り組み

1950年代に顕著であった子どもの長期欠席問題を受けて，1955年9月30日付で文部事務次官・厚生事務次官・労働事務次官通達「義務教育諸学校における不就学及び長期欠席児童対策について」が発せられた。本通達では，「義務教育諸学校における不就学および長期欠席児童生徒対策要綱」が提示され，不就学・長期欠席問題の解決を図るために，教育関係機関（学校，市町村教育委員会，都道府県教育委員会），児童福祉関係機関（児童委員，児童相談所，福祉事務所），生活保護実施機関，労働関係機関などの関係諸機関において適切な措置を講じるよう求めた。

長期欠席問題が切実に受け止められた地域では，長期欠席の子どもたちに就学機会を与えるために，1940年代後半から50年代にかけて，公立中学校に夜間中学校（夜間学級）◁19を設置する動きが生まれた。夜間中学校は，戦後の混乱期に校舎や教室等の不足により，午前・午後などの二部に分けて授業を行う「二部授業」として法制度上，暫定的に位置づけられた。文部省は夜間中学校に対し，昼間における就学の機会が阻まれている生徒に就学機会を与えようとの趣旨については一応認められるとしつつも，学校教育法の趣旨からは夜間中学校を正規に認めることは困難だとして，当初から消極的な対応を示していた（大多和，2017，第1章）。

長期欠席問題への対応として，夜間中学校のほかに，各地では訪問教師制度

▷19 夜間中学校（夜間学級）
新学制において二部授業を行う公立中学校の後半の二部に相当する夜間学級をさす。「夜間中学」とも呼称される。法制度上の根拠をもたない自主夜間中学校もあるが，公立の夜間中学校とは異なり，中学校卒業証書はもらえない。当初は長期欠席・不就学の学齢期の子どもが対象であったが，やがて学齢超過者が多くなり，中国からの帰国者や在日韓国・朝鮮人，不登校経験者，就学猶予・免除となった障害者，外国籍のニューカマーなど，多様な人びとの受け皿となっている。

が実施された。全国的には，夜間中学校よりも訪問教師のほうが，予算面からも既存の学校体系との摩擦が少ないことからも，導入しやすかったと思われる（木村，2015，69ページ）。その最初期のものに，高知県の福祉教員制度がある。福祉教員の場合，被差別部落出身の融和運動家・教育者の溝渕信義が制度成立の最大の立役者であり，福祉教員の職務の多くがその後「同和教育主任」へと移行していったことに示されるように，制度の趣旨は，部落・同和問題へのアプローチと「同和教育」[20]の推進にあった（倉石，2009，180～183ページ）。その背景には，被差別部落の子どもの長期欠席状況がきわめて深刻化していた実情があった。

また，被差別部落と同様，長期欠席現象が顕著に現れていたのが漁業地域の学校であった。1950年代初頭に漁村の中学校の長期欠席現象について調査した富田竹三郎によれば，臨海町村において長期欠席の特徴的な型がみられた。千葉県の長期欠席の分布図などから，外洋砂浜型のなかのある漁村と，東京湾などの内湾型のなかのある漁村に長期に及ぶ欠席現象が強く現れていたというのである（富田，1953）。こうした状況のなか，例えば茨城県の磯浜中学校では，校長の裁量で長期欠席生徒のために特別学級を設け，学力補充を広い観点から進めるとともに，体験を通した労作教育や自由研究などの実践が行われた（木村，2006）。また，1950年代の千葉県では夜間中学校は設置されなかったものの，海岸地区の小中学校に「長欠対策教員」が配置され，長期欠席の子どもを受け入れる昼間の「補導学級」が設置された（鳥居，2017）。夜間中学校，訪問教師，特別学級（補導学級）など，教育委員会や学校関係者によって，各々の地域ではさまざまなバリエーションで長期欠席問題への対応が図られていった。

3 神戸市の訪問教師の活動をめぐって

1950～60年代における長期欠席の子どもへの具体的な取り組みの事例として，神戸市の訪問教師の活動を取り上げたい（以下，鳥居，2014；2016参照）。

戦災により甚大な被害を受けた神戸市では，街頭や盛り場を放浪する子どもたちや，闇市・自由市場で金銭を得ながら生きる子どもたちの存在は，復興神戸の前途にとって危機的な事態として受け止められ，敗戦直後から学校教師を中心とした校外教育が推進されていった。神戸市に独自の用語と思われる「方面教育」がそれである。方面教育は当初，青少年の「不良化」問題を機に誕生し，本章第2節で扱った戦前における神戸保導聯盟の活動との連続性をもっていた。しかし，それにとどまらず，1950年代になると長期欠席・不就学児童生徒の「救済」や，交通安全指導ないし危害予防対策などの安全教育へと方面教育の活動領域は拡がっていった。さらに，神戸市では1960年度から長期欠席・

▷20 同和教育
被差別部落に対する差別解消のための教育活動。歴史的には，戦時下に従来の「融和教育」が「同和教育」へと改編され，「同和奉公」の名のもとに被差別部落の人びとを総力戦遂行のために戦時動員する役割をも担った。敗戦後はこうした事情から，地域によっては「同和」の語を避けて異なる名称が用いられたが，行政側の用語として定着するなどして存続した。1953年には全国同和教育研究協議会（現・全国人権教育研究協議会）が結成され，同和教育の運動が進められていった。1965年の同和対策審議会答申では，同和問題の早急な解決こそ「国の責務」であり，同時に「国民的課題」であることが明記された。現在，同和教育が人権教育の枠組みへと再編されつつあるなかで，被差別部落の問題に固有の教育課題がみえにくくなっている面もある。

不就学の子どもの家庭訪問による指導などを担当する訪問教師制度が新たに誕生した。訪問教師制度そのものは，先述のとおり他地域でも実施されたが，神戸市の場合は，訪問教師が通常の授業をもたずに長期欠席・不就学問題に専従であった点において特徴があった。

　神戸市においては，被差別部落の子どもたちの長期欠席がとりわけ深刻な問題であった。1950年代に被差別部落を学区にもつ中学校における長期欠席率が顕著に高い傾向がみられたのである。したがって神戸市の訪問教師は，配置学校区を中心に地域のなかに足を踏み入れ，長期欠席の子どもたちの家庭などを訪問することを日課としていくなかで，彼・彼女らを取り巻く被差別部落問題（同和問題）ともぶつかることとなった。

　「教育を受けることは，子供にとってかけがえのない大切な権利である」という趣旨のもと，活動を展開した訪問教師たちは，しかしながら，必ずしも地域の実態や子どもたちをめぐる諸事情を最初から把握できていたわけではなかった。例えば，1965年4月から66年8月まで，長田区の被差別部落B地区を担当した訪問教師の玉本格はこう振り返る。「それまで敗戦までの教師としての反省から，戦後民主主義の教育をすすめてきたつもりでした。ところが，訪問教師となって学校へ来たくても来られない長欠児童・生徒の家に一軒一軒入りこんでいくうちに（当時長欠生78名中丸山中学校だけで40名いました）わたしは鉄槌で頭をぶんなぐられたような気持でした。お前はいままで何をやってきたのか，民主教育民主教育と口では叫びながら。数百年も差別と偏見の中におかれてきた同和地域の実態にふれて，だれが悪いのかと怒りがこみあげてきました」（玉本，1977，6ページ）。このように「戦後民主主義の教育」に率先して取り組んできた教師でさえ，被差別部落の実態に衝撃を受けて初めて，同和問題に目が開かれるのが実情であった。玉本の例のように，訪問教師の経験を機として，のちに被差別部落出身の子どもたちの貧困と差別の現実に立ち向かった気骨のある教師も生まれた。

　訪問教師は，長期欠席の子どもを疎外する学校現場の体質や受け入れの問題にも直面した。ある訪問教師は1967年当時，学校において長期欠席の子どもが「来ないのを奇貨として喜んでいる現状」をみて「自分はどう処すのが正しいかと悩」み，「あの子の顔つきが気に入りまへん，悪いことはせんけど，だまったまゝで気味が悪うて，来なんだらホッとしますわ」などの担任教師の言葉に「コンチクショウ（はしたない許されよ）それでいいのか，と言いたくなる」と吐露した（神戸市教育委員会指導部青少年課，1968，16ページ）。訪問教師は，かつて学校現場にいた教師であり，また近い将来，学校現場に復帰する教師であったから，こうした長期欠席の子どもの扱いをめぐる学校との温度差の自覚は，訪問教師たちのその後の教育観に多少とも変容をもたらしたと推測される。

神戸市の訪問教師は，長期欠席者の就学奨励を図ったとはいえ，彼らが子どもたちを向かわせようとしたその学校には，教育における疎外と同和教育の不在があった。その実態を目の当たりにすればするほど，訪問教師は自らの役割に苦悩せざるをえなくなる。高知県の福祉教員制度に比して，被差別部落問題や同和教育との関係において不徹底な位置づけにあった神戸市の訪問教師制度は，長期欠席・不就学問題と不可分な関係にあった被差別部落問題の解決をめざして積極的に舵を切ることはなかった（できなかった）のである。

5　現代の教育問題を歴史から問う

　以上のように，歴史を振り返れば，子どもを取り巻く教育問題は単なる「教育」問題ではなかったことがみえてくる。それはときに政治の問題であり，社会・経済の問題であり，生活文化の問題であった。1930年代を中心に中等学校に通う子どもたちの教育問題として浮上した校外風紀問題は，当時の政治情勢を反映した思想問題や社会風俗・文化の問題と切り離しては成り立たなかった。学生生徒が親の同伴なしで映画館などの娯楽施設や飲食店に出入りすることは「不良」「非行」とみなされ，教育問題として学校や校外教護聯盟・保導聯盟に扱われた。また，敗戦後の浮浪児・戦争孤児の問題は，親を亡くした子どもたちの教育や養護の問題であるだけでなく，国の施策からすれば，紛れもなく治安問題として認識されていた。こうした子どもたちは，周囲の人びとから孤児であるというだけで懐疑的なまなざしや不条理な扱いを受けることも皆無ではなかった。浮浪児・戦争孤児に憐れみや同情をみせることはむしろ望ましくないとされ，犯罪取り締まりの方針が政策的にも進められた。さらに，戦後の新学制のもとで顕在化した子どもの長期欠席問題は，その背景に貧困という経済的な問題が主として横たわっており，なかでも被差別部落問題とのかかわりでは政治的に解決されるべき問題も含んでいた。長期欠席の子どもの問題は，学校教育の範囲でのみ対応できる問題ではもちろんなかった。
　このような子どもを取り巻く教育問題の歴史的性格は，第1節でふれたように，1970年代以前の教育問題が，教育をめぐる政治的・社会的状況と不可分であったことが関係しているともいえる。ただし，ここで改めて問いたいのは，1970年代以降，現代に至るまでの教育問題が，政治・経済・社会・文化の問題と切り離されて，純粋に教育の世界そのものの問題としてあるのかどうかということである。
　久木幸男は「教育問題と言われているものが，それは教育問題であるにちがいないんですが，それだけにつきない面〔非「教育問題」的側面——筆者注〕をもっているんじゃないか」「そのことにかかわってですね，教育史は発言権と

いうものを持っていると，つまり歴史に学ぶということが意味があるんだということを主張できるんじゃないか」と語っている（久木,1998）。ここでいう教育問題につきない面，いわゆる非「教育問題」的側面とは，教育をめぐって政治・経済・社会・文化の諸問題が立ち現れる側面と言い換えてもよいだろう。こうした側面への着目は，現代ではみえにくくなっているとはいえ，逆にみえにくくなっているからこそ，依然として有効であり重要であるということができる。例えば，子どもの長期欠席のなかの一部である現代の不登校の問題については，従来は「神経症」的傾向や「怠学」傾向をもつタイプの子どもが注目されてきた研究状況に対し，学校文化からの脱落型不登校といえるものの背後に，そもそも学校に行くための前提となる家庭環境が整っていなかったり，家庭の養育能力に問題を抱えていたりするケースが相当数潜んでいることを示唆する研究も現れている（保坂，2000）。歴史に学ぼうとするならば，現代の教育問題をとらえる際にも，その背後にあってみえなくされている諸問題，すなわち学校を中心にとらえられがちな教育の世界の外側にある問題群をあえてみようとすることが，よりいっそう必要になっているといってもよい。

　もっとも，子どもを取り巻く教育問題が単なる教育の世界の問題ではないとすれば，教育の役割として何をどこまですべきか，すべきでないかを慎重に吟味することも欠かせない。本節で紹介した3つの歴史的事象は，教育の役割の範囲をめぐって危うさや限界を孕んでいたが，そのことは同時に，現代の私たちが乗り越えるべき教育の課題でもあるはずである。教育の外の世界に起因する諸問題が子ども自身の問題にすり替えられ，本来の役割を超えて教育の力によって過剰に解決されようとしてはいないか。逆にこれまで教育の世界から放逐され見逃されてきた問題はないのか。教育は万能ではないが，けっして無能ではない。教職に就こうとする人たちの心に留めておいてほしい点である。

Exercise

① 本章で取り上げた学生生徒の校外風紀問題，戦争孤児・浮浪児の問題，子どもの長期欠席問題と同時期の日本教育史に関する重要事項を確認してみよう。

② 子どもを取り巻く教育問題を一つピックアップし，それが社会的注目を浴びて問題化されていく歴史的経緯を調べてみよう。

③ 現代の教育問題において政治的・経済的・社会的側面が見出せるとすれば，それはどのようなことだろうか。具体的な例に即して考えてみよう。

📖次への一冊

大多和雅絵『戦後夜間中学校の歴史——学齢超過者の教育を受ける権利をめぐって』六花出版，2017年。
　　戦後1950〜80年代における夜間中学校の開設と存立にかかわる法制度的矛盾や教育現場の動きを実証的に明らかにしたもの。学齢超過者の教育の権利保障の問題を中心に考察。

倉石一郎『包摂と排除の教育学——戦後日本社会とマイノリティへの視座』生活書院，2009年。
　　戦後日本の在日朝鮮人教育や同和教育の実践記録などを手がかりに，これらの教育にみる〈包摂〉の様相を分析した教育社会学分野の書。高知県の福祉教員について第2部で扱われている。

戦争孤児を記録する会編『焼け跡の子どもたち』クリエイティブ21，1997年。
　　かつて戦争孤児であった人びとが，敗戦後の社会の中でどのような経験をし，どのように生きてきたのかを，過去と向き合う痛みとともに綴った貴重な体験集。巻末の「解説」も必読。

鳥居和代『青少年の逸脱をめぐる教育史——「処罰」と「教育」の関係』不二出版，2006年。
　　1922年少年法成立史，校外教護・保導史，戦時下勤労青少年輔導史の3つの対象に即して，子どもの「逸脱」「不良化」問題への対応を「処罰」と「教育」の関係を軸に考察したもの。

広田照幸・伊藤茂樹『教育問題はなぜまちがって語られるのか？——「わかったつもり」からの脱却』日本図書センター，2010年。
　　教育問題の見方・考え方を平易な文章で説いたもの。いじめ，不登校，自殺，少年犯罪をはじめ，教育問題をめぐる議論や情報，解決策などを問い直す視点を提供する入門書。

引用・参考文献

池堂末弘「教護連盟のこと」（大阪府立豊中高等学校豊陵資料室・浅井由彦氏から提供された手書き原稿による。執筆年不明）。

石井光太『浮浪児1945――戦争が生んだ子供たち』新潮社，2014年。

上平泰博・田中治彦・中島純『少年団の歴史――戦前のボーイスカウト・学校少年団』萌文社，1996年。

海老原治善『現代日本教育実践史』明治図書出版，1975年。

大阪府立北野中学校『昭和二年九月改正　生徒心得』1927年（大阪府立北野高等学校所蔵）。

大阪府立北野中学校『昭和七年四月改正　生徒心得』1932年（大阪府立北野高等学校所蔵）。

大阪府立北野中学校『昭和十年四月改正　生徒心得　附．校友会・保護者会・同窓会規定』1935年（大阪府立北野高等学校所蔵）。

大阪府立八尾高等学校創立100周年記念会「百年誌」編集委員会編『八尾高校百年誌』

大阪府立八尾高等学校創立100周年記念会，1995年。
大多和雅絵『戦後夜間中学校の歴史――学齢超過者の教育を受ける権利をめぐって』六花出版，2017年。
小河滋次郎「非少年法案論」『救済研究』第8巻第1号，1920年。
小川利夫「学校外教育思想の歴史的遺産――学校外教育論序説」小川利夫・土井洋一編『教育と福祉の理論』一粒社，1978年。
荻原賢次「ボーイス・タウン」『漫画　見る時局雑誌』第15巻第2号，1947年。
木村元「漁村における草創期の新制中学校――茨城県磯浜中学校の場合」『〈教育と社会〉研究』第16号，一橋大学〈教育と社会〉研究会，2006年。
木村元『学校の戦後史』岩波書店，2015年。
旧制八尾中学校42回50周年誌『若江堤の幻燈』1986年（大阪府立八尾高等学校同窓会事務局所蔵）。
倉石一郎『包摂と排除の教育学――戦後日本社会とマイノリティへの視座』生活書院，2009年。
神戸市教育委員会指導部青少年課『訪問教育』第8集，1968年（神戸市立中央図書館所蔵）。
神戸保導聯盟『神戸保導聯盟要覧』1929年（推定）。
児美川孝一郎「教育問題・教育事件　総説」久保義三・米田俊彦・駒込武・児美川孝一郎編著『現代教育史事典』東京書籍，2001年。
斉藤利彦『競争と管理の学校史――明治後期中学校教育の展開』東京大学出版会，1995年。
戦争孤児を記録する会編『焼け跡の子どもたち』クリエイティブ21，1997年。
玉本格「――創立30周年記念によせて――実態を知って」神戸市立丸山中学校『まるやま創立30周年記念誌』1977年。
中央青少年問題協議会編『第二回青少年保護育成運動実施要領解説』総理府内閣総理大臣官房審議室，1950年a。
中央青少年問題協議会編『第三回青少年保護育成運動　青少年問題協議会の手引』中央青少年問題協議会，1950年b。
富田竹三郎「漁村における長欠席の現象」海後宗臣・牧野巽編『地域社会と教育』（講座教育社会学，第4巻）東洋館出版社，1953年。
鳥居和代『青少年の逸脱をめぐる教育史――「処罰」と「教育」の関係』不二出版，2006年。
鳥居和代「1930年代における学生生徒の『愛護善導』事業――大阪府中等学校校外教護聯盟の活動事例から」『中等教育史研究』第14号，中等教育史研究会，2007年。
鳥居和代「敗戦後の『青少年問題』への取り組み――文部省の動向を中心として」『金沢大学人間社会学域学校教育学類紀要』第3号，2011年。
鳥居和代「神戸市の方面教育の始まり――その前史から1950年代までの展開」『歴史と神戸』第306号，神戸史学会，2014年。
鳥居和代「戦後の神戸市における方面教育と訪問教師制度の展開――子どもの長期欠席・不就学問題への取り組みに焦点を当てて」『日本の教育史学』第59集，教育史学会，2016年。
鳥居和代「1950年代の千葉県漁業地域における子どもの長期欠席問題と米軍基地問題――銚子市・九十九里浜沿岸地域を中心に」教育史学会第61回大会コロキウム報告

「1950年代教育史研究の意義と課題」岡山大学，2017年。
中野武彦『針槐』新日本文学会，1992年。
中野武彦「針槐ふたたび」『北方文芸別冊2　寺久保友哉・坂本幸四郎追悼特集号』1999年。
野間宏『鏡に挟まれて——青春自伝』創樹社，1972年。
畑潤「戦前における学校外教育実践・理論の成立と展開」酒匂一雄編『地域の子どもと学校外教育』東洋館出版社，1978年。
久木幸男「講演　現代の教育問題と教育史研究」『教育文化』第7号，同志社大学文学部教育学研究室，1998年。
逸見勝亮「第二次世界大戦後の日本における浮浪児・戦争孤児の歴史」『日本の教育史学』第37集，教育史学会，1994年。
逸見勝亮「敗戦直後の日本における浮浪児・戦争孤児の歴史」『北海道大学大学院教育学研究院紀要』第103号，2007年。
保坂亨『学校を欠席する子どもたち——長期欠席・不登校から学校教育を考える』東京大学出版会，2000年。
前田一男「解説」戦争孤児を記録する会編『焼け跡の子どもたち』クリエイティブ21，1997年。
文部省青少年教護分科審議会編『青少年の教護について』文部省，1950年。

第10章
近代日本の教育思想史をどうとらえるか

〈この章のポイント〉
　近代日本の教育思想史を考える際，アプローチとして，事実の分析と説明に徹する実証主義的な教育科学と，事象の本質を内観に基づき解釈する精神科学的教育学という2つの学問方法が存在する。本章では，西洋思想が一気に流れ込む近代日本を舞台に，科学主義の時代にあって見落とされがちな精神科学（解釈学）的な思想史研究の意義を学ぶ。具体的には，近代日本を代表する教育学者谷本富と，ナショナリズムの時代に国体論を主導した倫理学者西晋一郎に着目し，〈知の連続性〉〈精神科学〉という2つの観点から教育思想史的位置づけを解説する。

1　近代日本教育思想史を考える視点

1　「水平軸の思考」と「垂直軸の思考」

　近代日本の教育思想史を考える際，私たちはどのような視点をもつべきだろうか。そこでは，人物や思想を含む明らかにしたいことがらを起点に，共時的（ヨコの広がりにおいてとらえる）かつ通時的（タテのつながりにおいてとらえる）な見方が必要となる。共時的視座とは，狭義には，ことがらにかかわる同時代の諸相を多角的にとらえることを意味するが，広義には，空間（国や地域等）を超えて関連する同時代のことがらをも考慮する見方をさす。一方，通時的視座とは，関連するそれ以前のことがらを含めた長期のスパンで時系列のうちに現在のできごとを位置づける視点である。

　さらに，これら2つの視座に加えて，近代日本の教育思想史を考える場合，忘れてはならないことがある。それは，事象を読み解く方法論には大きく2つのアプローチが存在するということである。一つは，徹底した観察を通して事象の表面化した〈事実〉に焦点を合わせて分析する実証主義科学（自然科学）の手法であり，いま一つは，歴史を支える〈精神・文化〉領域に向けられた精神科学（解釈学）的方法である。本章では，前者を「水平軸の思考」，後者を「垂直軸の思考」と呼び，解説を進めていきたい。

　前者の「水平軸の思考」とは，叡智的な普遍領域（真善美）への言及を回避し，私たちが知覚できる現象の事実領域に考察を限定し，そこでの因果連関を

だれもがわかる形で説明・記述するアプローチである。この意味で，この立場は，「事実の学」とも「説明の学」「記述の学」とも呼ばれる。

一方，後者の「垂直軸の思考」は，自然科学的な「水平軸の思考」のような，〈現象の事実領域〉と〈真善美の叡智的な普遍領域〉とを分断する二元論には立たない。現実の事実は相対的であると考え，私たちは普遍的な真実在とかかわり合うことができるという確信をこの立場はもっている。ここでは普遍は私たちと別にあるとは考えずに，私たちのなかに内在しているととらえられる（これについては第3節 2 で取り上げる「普遍論争」の説明で詳細にみていく）。それゆえ，私たちと普遍は分断されず，私たちは内観（内省的理解）を通して，事実領域を超えて真善美という価値領域と垂直軸的なつながりをもつことになる。したがって，この見方は，「価値の学」「理解の学」とも称される。本章では，こうした心の「深み」や「高み」の次元を組み込み，特殊な個人と真善美の普遍とをつなぐ見方を「垂直軸の思考」と名づける。この「垂直軸」の視点は，近代日本の思想家（西田幾多郎，和辻哲郎，西晋一郎，谷本富（たにもとととめり）など）たちに共通する思考のため，当時の教育思想ならびに教育思想史を理解するためには必須の見方といえる。

そして，以上見てきた「水平軸の思考」と「垂直軸の思考」のそれぞれにもっとも顕著に対応する教育学が，教育科学と精神科学的教育学となる。

2 教育科学と精神科学的教育学という2つのアプローチ

教育科学は，20世紀初頭に，主観的あるいは規範的な従来の教育学に対して，事実に基づく実証的な客観性を根拠とする教育学としてフランスの社会学者デュルケーム（Émile Durkheim, 1858～1917）によって最初に提唱され，ドイツやアメリカでも教育学の科学化要求のもとこの立場は広がりをみせていく。今日の教育史研究もまたこの流れを受け，その多くはこの教育科学の立場からの歴史記述を支持する。

他方，精神科学（解釈学）の起源は詩や神託を理解する技法として古代ギリシアに見出しうるが，その学問的な体系化は19世紀のシュライアマハー（Friedrich Daniel Ernst Schleiermacher, 1768～1834）を介し，ディルタイ（Wilhelm Christian Ludwig Dilthey, 1839～1911）にいたって一つの哲学的地位をうることになる。そのディルタイ以降，精神科学の対象は従来の文献学・神学・法学にとどまらず，文化や歴史を含むあらゆる生の表現に拡張される。自然科学が現象の因果事実を〈説明〉するのに対し，精神科学は人間活動の所産を精神の現れととらえ，精神現象に科学的な基礎づけを与え，〈理解〉という内観的手法によって現象の価値と意味を構造的にとらえていく。教育学では，この立場を精神科学的教育学と呼ぶ。

では，科学の時代にあって見落とされがちなこの精神科学的教育学の観点は，近代日本の教育思想史研究においていかなる意義をもつのだろうか。

ここでいう精神科学的教育学は，先に指摘した近代日本の思想家たちの多くに共通する「垂直軸」の思考をもつことに特徴がある。それは，ある意味，「分けない思考」「計量化しない思考」といえる。つまり，近代西洋思考が分断してきた，主観と客観，特殊と普遍，個と全体，心と物，心と体，知と徳，知と行為，思考と感情と意志などを，高次の心の作用である「精神」のはたらきもとに総合するという視点である。それゆえ，この精神科学的教育学の見方を理解することは近代日本の教育思想（史）を正しくとらえるために不可欠といえる。科学が飛躍的な発展を遂げる現代において，私たちは，精神科学的な見方が，「水平軸の思考」に立つ教育科学の見方と相補的関係にあるものと位置づける必要がある。しかし，これまでの近代日本教育思想をめぐる史的解釈は，急激な西洋思想や科学主義の流入という時代状況ゆえに，このような「水平軸」と「垂直軸」のダイナミックな思想の重なりや変容，そしてその基盤にある一貫した理念の連続を有機的に描き出すことに成功しているとはいいがたい。こうした点を踏まえ，以下では，近代日本の思想状況を概観したうえで，西洋思考を介した後，元来，自らが保持する「垂直軸の思考」へと比重を移す二人の教育思想家，谷本富と西晋一郎を例に考察を進めていく。彼らの思想構造を示すことで，近代とその思想史解釈にあって見落とされがちな「垂直軸の思考」に立つ精神科学的視点の意義を問う。

3　近代の特徴——明治における欧米思想の流入

ここでは近代日本における思想の潮流について確認しておこう。明治維新前のわが国においては，「神儒仏の三教」と称された神道，儒教，仏教が生活に浸透し，国民性を形成する大きな要素となっていた。しかし，それらは，維新後顕著となる3つの思想的傾向によって大きな変化を強いられることになる。つまり，第一は藩閥政治家の主導によって明治政府の中核として据えられた，儒教道徳と神道精神を柱とする天皇制絶対主義であり，第二は西洋近代思想としてのダーウィニズム的進化論，ベンサム，ミル，スペンサーらのイギリス功利主義思想，カントらのドイツ観念論，マルクス社会主義，ルソー，モンテスキュー，コントらのフランス啓蒙思想・実証主義などであり，第三は博愛・ヒューマニズム精神を旨とするキリスト教思想であった。とりわけ，第二，第三の外国思想の流入は，儒教・神道の力強い地盤をふまえたとしても，井上哲次郎が「単に優勢と云ふ位でなく，

図10-1　I. カントの肖像画
出所：小牧（1967）。

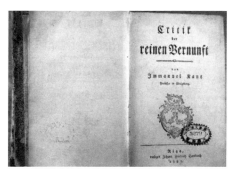

図10-2　カント『純粋理性批判』（Kritik der reinen Vernunft）』1781年の初版本
出所：広島大学西洋哲学研究室所蔵。

▷1 人格教育学
ここでの「人格」概念は，直接には，「尊厳をもつ理性的存在者」というカントの規定に由来する。この教育では，自然（動物的状態）から人格の存在に向けた理性化・精神化がめざされる。人格教育学が主張された背景には，個々人の理性化を考慮に入れない，当時の，形式化したヘルバルトの教授唯物主義，功利的実科主義，主知主義，国家主義，実験主義，社会順応を優先する社会的教育学等への危惧が存在した。人格教育学の提案者には，リンデ（Ernst Linde 1864〜1943），オイケン（Rudolf Christoph Eucken, 1846〜1926），ブッデ（Gerhard Budde, 1865〜1944）らがおり，日本では中島半次郎が『人格的教育学の思潮』（同文館，1914年）でこの立場を紹介している。

▷2 プラグマティズム
19世紀後半以降にアメリカを中心に広がりをみせた実用主義に立つ思想である。パース（Charles Sanders Peirce, 1839〜1914）に始まり，ジェームズ（William James, 1842〜1910），デューイ（John Dewey, 1859〜1952），ミード（George Herbert Mead, 1863〜1931）らによって継承され発展した。ここでは意識や内観に根拠を置く見方は退けられ，哲学の基礎には具体的な経験が据えられ，その経験に支えられた生活有用性こそが唯一の指標とされる。それゆえ，この派の教育では，問題解決的な学習を通した生活経験の改造や，共有された関心領域の拡大，それに民主主義の根幹である公民的資質の形成とそれに基づく合意の形成がめざされる。

……洪水の如く侵入」（井上, 1932, 7ページ）と説明するように，わが国学術界に急速な広がりと浸透をみせていった。

大正期以降においても同様に外国教育学移入の傾向がうかがえる。趨勢としては，従来の知識中心主義，生物学主義，個人主義，社会本位主義への偏重に対して，批判的，総合的，調和的，生活本位的な視点が教育学において強調されはじめた。こうした教育思潮は，当時の哲学や科学の成果を取り込み，公民教育論，作業教育論，人格教育学◁1，実験教育学，社会的教育学，プラグマティズム◁2，教育科学，文化教育学◁3等の諸理論の移入として現れていく。

しかし，そのような教育学理論の乱立状態にあって，とりわけ第一次世界大戦後の1910年代後半（大正期）以降においては，教育学理論の移入元はアメリカからドイツに比重を移していくことになる。そして，このドイツ教育学の流入は，人格教育学，新カント派教育学◁4として現れ，1930年代（昭和初期）には，生・精神・民族への回帰を背景として文化教育学が根を下ろすことになった。この20世紀初頭以降顕著となるドイツの学問（Wissenschaft）への傾斜について，その思想的背景を説明しておこう。

ドイツにおいては，19世紀後半に入り，自然を対象化・客観化する近代自然科学や唯物論，それに行為の結果としての快や幸福に根拠を置く功利主義といった世界的な思想の潮流に対して，ロマン主義や観念論哲学が新たな"Wissenschaft"としての科学的知を提供していく。そうした新たな見方は，まなざしを自己自身の内奥に向け，いっさいの前提や偏見を排除し純化した「精神」のうちに真実在の認識という役割を見出した。それゆえ，この立場は，可視の事実に限定された推論的な思考や主客の分離を前提とする自然科学的な対象視（主体と客体を分けて主体の側から客体をみるあり方）とは一線を画す。むしろ，無時間的で直観的な思考を支持することになる。そこで採用される「特殊（個）と普遍（全体）の即応的認識」のあり方は，人格的な善さへと向かうギリシア的な「内観の知」が，近代の科学的観察と反省的思考のフィルターを通して，今日的意義をもって再構築されたものととらえることができる。

本章で取り上げる「垂直軸の思考」にもとづく精神科学的教育学もまた，そうした拡張する科学の知の系譜に位置づくことになる。したがって，このような科学上の背景を踏まえるならば，"Wissenschaft"としてのドイツ精神科学は，近代以降顕著となる"Science（サイエンス）"としての自然科学の知と異なり，古代の叡智に発し，19世紀の"Wissenschaft"論において磨かれ発展を遂げた今日的なホリスティックパラダイム（全体的で包括的な見方）に位置づくものといえる。そして，当時の日本も同様の思想的な葛藤状況にあった。近代日本の思想家たちは「洪水の如く侵入」してきた西洋思想の概念をいったんは頭で理解を試みるものの，その分断的・功利的・唯物的な見方に対して違和感を

おぼえ，できごとのうちに精神・文化の意義を認める伝統的な「分けないパラダイム」への回帰が哲学や教育学の領域で起こることになる。その際，日本的な伝統思想に単純に逆戻りするのではなく，同様の理論体系を先取りして示すドイツの思潮への傾斜が加速していったといえる。こうした時代や思想の背景を押さえることもまた近代日本の教育思想史を理解するうえで重要な観点といえる。

加えて，近代日本の教育思想史を考える場合，1920～30年代のわが国の国内事情についても理解する必要がある。この時代は，日清・日露戦争，さらには第一次世界大戦を経て，1927年には昭和金融恐慌が起こり，さらにその不況の余波と凶作の影響を受け農村が経済疲弊に陥る。学生のなかには，資本主義システムそのものに疑問をいだき，労働・社会運動にかかわるなかで，マルクス主義を理論とする社会・共産主義運動に向かう者が増えつつあった（これを学生の左傾化という）。そして，この動きは国内の体制をも揺るがす事態を招き，国民教育の方針として，「日本精神の高揚」といったスローガンが社会に広がっていったのである。

実際に，教育学においても，この「日本精神」の原理は，仏教・儒教・神道を取り込んだ教育学解釈や指導原理に反映されていく。そうした当時の状況について，1927～28年に出版された『日本現代教育学大系』の「日本現代の教育学」の項では，「教育学研究の態度が著しく批判的総合的になり，且つその業績としての教育学が日本的タイプを示すに至った」（大日本学術協会編，1927～28，39～45ページ）と説明される。すなわち，この時代，わが国の教育学は，従来の欧米教育学の模倣から脱すべく，近代的な批判精神や左傾化の反動として，独自の日本的教育学の建設をめざしはじめたとみることができるのである。そして，「日本精神の教育的涵養」といった時代的傾向に沿う形で，先にみたように，生・文化・精神・民族を理論的に解説しうる「精神科学的教育学」や「文化教育学」が隆盛を極めていく。当時の思想的成熟について，教育ジャーナリストの藤原喜代蔵は，「欧米的教育学者の日本文化への還元」「文化教育学の日本的転動」という言葉でその時代的な意義を特徴づけている（藤原，1959，304ページ）。

2 近代日本教育思想史の盲点——谷本富を例に

1 谷本思想に関する従来の位置づけ

この節では，近代日本を代表する教育思想家であり，わが国初の教育学博士でもある谷本富（1867～1946：京都帝国大学文科大学教授，図10-3）に焦点を合わ

▷3 文化教育学
ディルタイ（Wilhelm Christian Ludwig Dilthey, 1839～1911）の精神科学（解釈学）やパウルゼン（Friedrich Paulsen, 1846～1908）の文化哲学の影響を受けたシュプランガー（Eduard Spranger, 1882～1963）はじめ，彼とともに精神科学的教育学派をリードしたリット（Theodor Litt, 1880～1962），それに労作教育で知られるケルシェンシュタイナー（Georg Michael Kerschensteiner, 1854～1932）らが文化教育学者に位置づけられる。この思想は，人間の精神活動の表出とされるすべての文化的事象を対象とし，「理解（Verstehen）」によって生の本質をとらえようとする立場であり，その認識の根源的あり方として「体験知」が重要視される。日本では，入澤宗壽の『文化教育学と新教育』（新教育協会，1925年）以降，「文化教育学」の概念が認知・受容されていく。

▷4 新カント派
近代社会に多大な影響を与えたカント（Immanuel Kant, 1724～1804）を中心とするドイツ観念論哲学は，19世紀に入ると，その合理主義的な観念性が，実存主義，唯物論，経験主義科学を支持する立場からの批判にさらされる。そうした思潮に対して，「カントに帰れ」というスローガンのもと反旗を翻したのが新カント派である。この派には，カントの意義を批判主義・論理主義に見出すマールブルク学派と，価値を含む文化や歴史に見出すバーデン（西南ドイツ）学派とがある。

図10-3 谷本富
出所：大日本学術協会編
（1927～28, 4ページ）．

▷5 ヘルバルト（Johann Friedrich Herbart, 1776～1841）
ドイツの哲学者・教育学者。ヘルバルトは、普遍的な形而上世界と特殊な現実世界とを分断するカント的な二元論を独自な人間形成論によって架橋しようとした。具体的には、両世界は普遍を洞察・表現する美的判断によってつながれ、価値へのアプローチを倫理学が、事実へのアプローチを心理学が担い、だれもがわかる表象や経験概念のもとに知が体系づけられた。実際の教育場面においては、対象への専心（明瞭）→比較による分析・総合（連合）→知の体系化（系統）→原理の演繹的適応（方法）という段階教授法の原形を築き、谷本富をはじめとする日本の教育思想家にも影響を与えた。

▷6 新教育
新教育は、管理的で画一的な旧教育に対して、19世紀末から20世紀初頭にかけ世界的な改革運動として展開される。その特徴は、子どもの独自性や実際の生活を配慮した、芸術教育（手工）、作業学校、田園教育舎（寄宿舎）、生活共同体学校、統一学校、学校自治

せ，谷本思想への従来の評価とそこから漏れた彼の思想的核心を解説することで，近代日本教育思想史の盲点について言及してみたい。

谷本の教育思想は，これまで，『日本現代教育学大系』（第二巻，1927年）ならびに雑誌『教育』（第二巻，1934年）のなかでその思想変遷の経緯が概観され，それらの記述にもとづき一般化されてきた。さらに，戦後，堀松武一によって谷本独自の儒教的解釈や「活教育」の視点を踏まえ，客観的にその思想変遷の再読が試みられてきた。これらの先行研究によれば，谷本の教育思想は，ほぼ以下のように4つの時期に区分される（堀松，1970，26～36ページ）。

まず，第一は「ヘルバルト派の盲信盲崇時代」とされる。これは，谷本が1890（明治23）年に山口高等学校教授として赴任し，後に東京高等師範学校教授，東京博物館主事，文部省視学官となる明治20年代をさしており，当時の彼の思想は『実用教育学及教授法』（1894年），『科学的教育学講義』（1896年）として示されることとなる。この明治20年代とは，1890年に「教育ニ関スル勅語」が出され，国民道徳が高唱されていた時代であり，そうした時代性に呼応する形で，倫理学を教育学の基礎としたヘルバルト教育学がわが国において受容されていった。その代表的な推奨者が谷本であり，当時の彼の事績により「ヘルバルト派教育学の紹介者」といった確固たる地位が築かれていったのである。

第二は，「一国の隆盛繁栄を旨とする教育学説の時代」とされ，高等師範教授時代後期の明治30年代にあたる。彼は，当時『将来の教育学』（1898年）において，国家主義の立場からの教育を説いていくことになる。

第三は，「新教育・新個人主義の時代」で，官命による英独仏への留学（1899～1902年）を終え，京都帝国大学講師を経て同大学教授となった明治末から大正初年をさしている。この時代，彼は個人を社会的に位置づけながらも，いち早く新教育の影響を受け，個人主義的な要素を取り込んでいくことになる。主著は，『新教育講義』（1906年），『系統的教育学綱要』（1907年）とされる。

第四は，「実験を尊重する時代」とされ，これは，1913（大正2）年のいわゆる京都大学七教授戮首事件にともなう辞職から1923（大正12）年の『最新教育学大全』出版までの期間をさす。この時期には，彼の教育思想は大正デモクラシーの影響を受け民主主義的色彩を強めていくこととなる。その際，人格教育学等，多様な教育学説を受容するものの，とりわけアメリカの新教育に顕著である実験的・実用的なプラグマティズムの立場に強く依拠していたとされる。

以上が谷本の教育思想に関する一般的な区分であるが，こうした区分においては，第四期（1923年）以後の谷本の教育思想は，「宗教通俗講演等に堕した」とされ，考察の対象から外されることとなる。

だが，谷本の生涯にわたる著作や論文を鳥瞰するとき，その立場は若干の揺れや矛盾を呈するものの，従来の区分を超えてある一つの観点に貫かれている

ことがわかる（衛藤，2001，261〜280ページ；2018，186〜197ページ）。それが，本節で谷本思想を解読する鍵とみる「宗教教育」の視点なのである。そうした見方に立ってはじめて，谷本の第四期以降の思想が連続的に整合性をもつものとして読み解かれ，彼の思想構造全体が解読されうるのである。次項で取り上げる谷本におけるシュタイナー教育思想受容の過程は，まさにこのような彼の「宗教教育」考究の道程に符合するものといえる。

2 谷本の最晩年における思想とその意義

　前項では，従来なされてきた谷本の教育思想の展開区分が第四期の「実験を尊重する時代」（1913〜23年）までとなっていたことを確認した。しかし，谷本自身の記述を見るかぎり，明らかに彼は自らの思想変遷に第五期をみている。すなわち，彼によれば，自らの度重なる思想転換には，「宗教教育」の探求という一貫した姿勢が通底しており，第五期において，その宗教教育は，「東洋的教育哲学の完成」として結実するとされるのである（谷本，1935，27ページ）。では，歴史的記述から除外された谷本による第五期はいかなる思想内容を示すのであろうか。

　谷本の描く宗教教育は具体的には「仏教教育学」として構想され，1902年の欧米留学以降，そのパラダイム構築の糸口は西洋的概念に求められていく。実際の理論構築は，すでに，「実験を尊重する時代」と称される第四期（1913〜23年）において始まる。なかでも，谷本は，この時期，日本における多くの思想家と同様に，自然科学的思考とは別の「垂直軸の思考」を有するフランスの哲学者ベルクソンの思想に注目する。彼はその思想に自らの理論基盤を見出そうと努めるが，結局，そこからは確たる基礎づけをうるに至っていない。この仏教教育学の構想は，1923年以降の第五期において文化教育学や精神科学的教育学を受容するなかではじめて理論的な指針を見出すことになる。そして，その成果は，1929年に出版された『宗教々育の理論と実際』において示される。その記述に従うならば，谷本は，無意識を対象とした心理学研究の過程で，精神科学的心理学に関心を抱くようになり，最終的にドイツの思想家R.シュタイナーの人智学に出会い，そこに自らの教育思想の雛形をみた，とされる。このことについて，彼は，「実は目下早已に第五期に入って，教育哲学の建設に努めているが，それは同じディルタイ流でも，スタイナーのアントロポソヒーを斟酌するので，東洋固有の哲学味を加え様としている」（谷本，1929，139ページ）と語っている。そこでめざされる東洋的な教育哲学の建設とは，彼のいう「日本独立の仏教的教育学」の創建に相当し，その思想的基盤に東洋思想をも射程に入れたシュタイナーの人智学的精神科学が位置づけられたのである。そして，従来，彼においてあいまいなままであった「宗教教育」の方法論は，

の運動として展開された。イギリスのレディ（Cecil Reddie, 1858〜1932）によるアボッツホルムの寄宿学校，ドイツのリーツ（Hermann Lietz, 1868〜1919）の田園教育舎，フランスのドモラン（Edmond Demolins, 1852〜1907）のロッシュの学校，アメリカのデューイ（John Dewey, 1859〜1952）のシカゴ実験学校が知られる。日本でも大正新教育運動として沢柳政太郎の成城小学校や芦田恵之助の綴り方教育などの多くの実践がなされた。

▷7　シュタイナー教育とヴァルドルフ・シューレ（学校）
シュタイナー（Rudolf Steiner, 1861〜1925）は，「精神生活の自由」を教育において実現する場として，1919年にドイツ南部の都市シュトゥットガルトに最初の「自由ヴァルドルフ学校（支援したモルトの会社名にちなんでヴァルドルフ学校とも呼ばれる）」を創設した。その教育は，生の哲学や文化批判を基底に労働・社会運動を経て生成した実験学校として，また，主知主義の否定，手工・芸術的活動，統一学校制度，男女共学，合議制の自治，子どもへの無償の愛といった点で改革教育学に位置づけられる。現在，シュタイナー学校は60か国に拡大し，総学校数は1000校を超え，オルタナティブスクールとして世界的な注目を集めている。

▷8　ベルクソン（Henri Bergson, 1859〜1941）
わが国の思想界は，明治の初めに，近代西洋思想として，ダーウィニズムや功利主義等イギリス哲学の影響

図10-4　R・シュタイナー
出所：Childs（1996, p.26）．

「学校における宗教教育の方法としては，スタイナーのワルドルフシューレを参考にしたらば宜しかろう」（同前，34ページ）と述べられ，シュタイナー教育の実践をモデルケースとすべきことが最晩年に明示されたのである。

　この谷本によるシュタイナー教育思想への共鳴もまた，前節でみたドイツ流の"Wissenschaft（学問）"への共鳴と考えられる。この"Wissenschaft"とシュタイナー教育との関係について少し解説を加えてみよう。

　この深化・拡張された"Wissenschaft"としての知は，シュタイナー教育においては"Kunst（術）"と融合することになる。シュタイナーにとって"Wissenschaft"は，思考を通じて理念をもたらす人間の精神活動の産物であり，"Kunst"はその理念を，存在世界から採られた素材に刻印し表象化する営み（不可視な本質の可視化）と理解される。つまり，ここでの両者の関係は，"Wissenschaft"が普遍の内実から紡がれた理性的な知であるのに対して，"Kunst"は方法論としてのメカニズムであり，行為に応用された具体的な実践科学（praktische Wissenschaft）という位置づけになる。対象視に徹する通常の自然科学の知が，認識に限界を定め，現象の表層的な事実の記述に終始するのに対し，この"Kunst"としての"Wissenschaft"は，その記述された文字の背後にある本質へと歩み入り，理念を実践へと還元する力をもつ。それゆえ，シュタイナーの教育術（Erziehungskunst）においては，知は"Kunst"的創造の領域に接近し，融合することになる。それは，認識行為と"Kunst"的行為とが，ともに，目の前にある現象への理解を介して，私たちを真実在の領域に引き上げることを意味する。このことは，内観によるあくなき自己尺度の更新を通して，偶然にみえる自然現象の内に必然的な統一性（Natureinheit）が精神的なまなざしの前に立ち現れる，とシュタイナーによって表現される。

　以上が，"Wissenschaft"のフィルターを通してみたシュタイナーによる教育術の意義となる。このことを踏まえれば，シュタイナー教育思想は，本章が近代日本教育思想史をみる視点としてあげる「垂直軸の思考」を有する理論といえ，分断された知情意・身体・モラルを総合し，本来的な生や精神を回復する有効な一つの教育理論といえる。谷本は晩年の第五期において，精神科学に基づく「日本独立の仏教的教育学」の雛形を，このシュタイナー教育思想にみたのである。

　ただし，本節で見てきた谷本の生涯にわたる思想経緯と第五期におけるシュタイナー教育思想の受容との関係については，これまで正しく位置づけられることはなかった。それは，従来の谷本研究が，表出された彼の思想と当時の学問分類に規定されてきたため，そこでの時系列に現れる事実と事実との奥をつなぐ因果連関の意味や思想の質的変容を理解（Verstehen）するに至っていないことに由来する。近代日本思想の多くは，当時支配的であった西洋的な普遍と

を受けたが，その後，カント等のドイツ哲学を広く受容し，明治末から昭和初期にかけては西田幾多郎，西晋一郎，谷本富ら近代日本の思想家の多くがフランスの哲学，とりわけベルクソンの思想に注目していく。九鬼周造は，ベルクソンを，「二十世紀の前半が生んだ世界最大の哲学者」と呼んだ。彼の思想では，普遍（エイドス：形相）は私たちを超えていると同時に私たちに内在すると考えられ，不完全な私たちが内奥での〈気づき〉を通して普遍へと回帰するという生成・流動の過程が描かれる。彼は，それを「創造的進化」という（菅野編，1941）。

▷9　人智学（アントロポゾフィー）
ルドルフ・シュタイナーが使用した概念として広く知られる。人智学（Anthroposophie）とは，ギリシア語のanthoropos（人間）とsophia（叡智）を組み合わせた語で，「真の人間認識へと導く学」という意味をもち，シュタイナーが「真の認識科学」と呼ぶ「精神科学（Geisteswissenschaft）」によって基礎づ

特殊の二元論を採らず，普遍（善）が不完全で特殊な私たちのうちにも内在し，そこへの気づきに応じて主体が特殊なまま具体的な普遍に向けて変容するという見方を支持する。それゆえ，谷本の理解にみるように，近代日本教育思想を正しくとらえるためには，まさに，〈非連続の連続〉ともいえる一貫性のもとでの質的な変容や〈特殊と普遍の即応関係〉を文化や歴史に見出す，精神科学（解釈学）的視点が必要となるのである（普遍・特殊関係の詳細については次節を参照）。

けられる。彼は，当時の危機的な教育・文化状況の原因を欠陥のある唯物的・功利的な認識のあり方にみて，精神を含めた深い人間認識に基礎を置く新たな物の見方を人智学として提示した。そして，この人智学に基づく精神科学的教育学によってシュタイナー教育の理論と実践は構築される。

3 ナショナリズムと成熟した近代的思考
——西晋一郎を例に

1　倫理学者西晋一郎とその思想史的位置づけ

現在，わが国の教育哲学・教育思想では，戦後教育学によって〈封印〉〈分断〉された戦前の教育学に原理的な再検討を加え，「教育哲学のアイデンティティ」（小笠原・田中・森田・矢野，2008，175ページ）を追求する試みが進められている。戦後教育学が〈封印〉し〈分断〉したものは，戦前・戦中の教育学のうち，「前近代的な天皇制イデオロギーに適合的な観念論的かつ非科学的な性格」（森田，2008，151ページ）をもつとされた教育学（思想）である。そうした選り分けの最大の基準は，「国家主義的イデオロギー」（小笠原，2008，170ページ）を保持しているかどうかであり，それは政治的な思惑を背景に「検閲」的な機能を果たしていく。その結果，「戦前と戦後の教育学の切断」「思想的継承への意識的無意識的な忘却」（矢野，2008，158ページ）が生じることになったのである。

本節で取り上げる戦前の倫理学者・西晋一郎（1873～1943）は，戦前・戦中に，わが国の国体論形成に主導的な役割を担った倫理学者である。はじめに，西のひととなりを紹介してみよう。

「学園の魂」。西を語る際，教え子たちは彼をそう称した。1902年の広島高等師範学校創立以来，広島文理科大学時代を含め，西の教え子は数千人に上るとされる。彼らにとって，西はたんに学問的な導きの師であるだけではなく，西の人格そのものが学びと畏敬の対象となっていた。教え子のひとりに，広島高等師範学校で西に学び，その後，京都帝国大学に進み西田幾多郎に師事し，「全一学」の哲学を提唱して「立腰教育」を全国に普及させた，哲学者にして教育実践家である森信三（1896～1992）がいる。彼は，西と西田を，わが国の哲学界に空前絶後の偉業を成し遂げた人物と評し，とりわけ，西については，「生をこの世に享けてよりこの方，五十有余年の歳月の間に，直接まのあたり

図10-5　西晋一郎
出所：西（1940，裏表紙）。

に接しえた日本人のうち，おそらく最高にして最深なる人格ではないかと思う」（森，2004，1ページ）と，その人格の崇高さに最大の敬意を表している。

こうした評価は，西の思想と生き方が重なりをもつものであることの一端を物語っており，その意味で，思想家西は倫理探求者（求道者）でもあったといえる。白井成允は，こうした性質をもつ西の思想を，人の人たる所以の道を徹い行い証する「証道の学」と呼ぶにふさわしいものであるという（白井，1963，1ページ）。隈元忠敬もまた，西の哲学思索の根底には「学と人との一致」への確信があったとし，西田幾多郎の思想が西田哲学と呼ばれ，専ら形而上学的・宗教的であったのに対し，西の思想はむしろ実践的・道徳的で「西倫理学」と呼びうるものであったと述べている（隈元，1995，129〜131ページ）。

次に，西の履歴についてみてみよう。彼の生涯と思索における歩みは，まさに近代天皇制公教育体制の成立から終焉までの時期と重なる。彼は，山口高等中学校，東京帝国大学文科大学哲学科，同大学大学院（文部省欧米各国師範教育取調嘱託兼任）を修了後，1902年の広島高等師範学校創設にともない，30歳の時に同校教授（1927年から広島文理科大学教授）となり，徳育，倫理学，国体学の各専攻を指導していく。1931年の欧米留学後には，国民精神文化研究所所員を兼務し，さらに教学刷新評議会委員（1935年），文教審議会委員・教育審議会委員（1937年）を兼務・歴任し，わが国の国体論形成に大きく関わっていく。しかし，1940年には大学をはじめ国家の要職を退き，1943年には天皇への御進講（第4節 2 で解説）を果たし，終戦を待たずに70歳の生涯を閉じることとなる。

こうした西の履歴をみるかぎり，彼の思想や教育が上述した文脈に位置づけられ，「国家主義的イデオロギー」の側に意識的・無意識的に振り分けられていったことが予想できる。事実，当時，ともに高い評価を受け，戦後もさらに発展をつづける西田幾多郎の思想とは逆に，西の思想は戦後，〈封印〉されたように衰微していく。こうした戦前と戦後の分断状況に対し，本節では，この西思想に理論的な再検討を加え，戦前からつづく知の連続的な蓄積のうちに「思想上のアイデンティティ」と「成熟した近代日本教育思想の意義」を描き出していく。この考察において，第二次世界大戦にむかうナショナリズムの時代の教育思想を再考する視点，より具体的には，前節で示唆した近代的思考としての「垂直軸の思考」に基づく「特殊即普遍のパラダイム（事実と価値を一つにとらえる見方）」の構造と意義が確認され，西的な近代日本教育思想への「封印」の是非が明らかにされるだろう。

▷10　ナショナリズム
バートランド・ラッセルによれば，人間には大きく「所有衝動」と「創造衝動」といった2つの根本衝動が存在するとされる。後者が建設的な形で発動されたときには文化的発展へと向かうが，前者が破壊的な衝動に突き動かされたときには権力や戦争につながるという。第二次世界大戦当時，ナショナリズムに組み込まれた思想の多くが，この文化的な「創造衝動」と，全体的均質へと向かう「所有衝動」といった両義的な関係を内側に保持しつつ展開された。本論では，とりわけ，所有衝動から破壊衝動への転化を，「排他的ナショナリズム」「闘争的ナショナリズム」と呼ぶ（Russell, 1997, p.62, p.161）。

2　西洋近代思想の克服としての特殊即普遍のパラダイム

ここでは，現象（特殊，事実）世界と普遍世界（価値）を分断する近代西洋思

想に対して，両者を一元的に架橋する西の思想が，いかなる整合性をもって語られるのかについて解説してみたい。

近代西欧思想の多くが，〈主観の疑わしさ〉ゆえに，真善美の普遍的な価値領域と現実における個々人の特殊な主観意識の事実領域とを分断するなか，西は両者を主観意識の質的変容という「垂直軸」的高まり（深まり）において架橋できるものと考えた。

まず，こうした見方の背景にある「普遍と個物（特殊）との関係」について，中世の「普遍論争」の論点から確認しておこう。

普遍（真善美の実在）と個物（不完全な個々人など）との関係について，「普遍論争」で問題とされたのは，(1)「普遍は個物の先に（universalia ante rem）」，(2)「普遍は個物の中に（universalia in re）」，(3)「普遍は個物の後に（universalia post rem）」のうち，どのスタンスが世界を説明するのに妥当かということであった。

(1)では，普遍的なもの（真善美）は私たちの現実世界にはなく，叡智界に存在するという超越論の立場がとられる。それゆえ，この立場は基本的には現象界と叡智界の二元論に立つ。ただし，それは厳密な二元論ではない。私たちのうち一部の者は究極の善のイデアを捉えることができるという「イデアとの関与の道」は残される。(2)では，普遍的なものは私たちと別の世界にあるのではなく，私たちの内部に見出しうるとする普遍内在論が採用される。ここでは不完全な私たちが内奥の気づきの程度に応じて普遍へと向かいうるとする一元論が支持される。(3)は，もともと普遍的なものは存在せず，私たちが状況に応じてあとから名づけた抽象の産物にすぎない，とする立場である。

西の説く「普遍即特殊のパラダイム」は，これらのうち，第一の「普遍は個物の先に」を顧慮した第二の「普遍は個物の中に」の立場といえる。すなわち，それは，普遍が形式的な名称にすぎないとする第三の見方と異なり，普遍が時間的・位階的に根源的なものとされる第一の超越的見解と，実在に通じる普遍が現実の不完全な個物（私）に内在するという視点とを融合する立場といえる。

以上の見方に立ち，西は，自己に内在する普遍を確信する。それゆえ，近代西洋思想が危惧する「認識主観の疑わしさ」（私たちの認識は不確かな感覚や感情を介してなされるためその判断は相対的で客観的とはいえないとする疑念）は，内観を通した〈気づき＝意識〉の深まりによって克服できるものと考えられた。重要なことは，前節の谷本をはじめ，西田幾多郎・和辻哲郎といった近代日本を代表する思想家の多くが西と同様の枠組みをもっているということである。

こうした意識変容を通した個人と真実在との合一という思想は，二元論が広く浸透する近代西洋思想においては異端的な位置づけがなされるが，西が支持する近代日本の思考においてはその異端性こそが理論の起点となり，近代西洋

思想が危惧する〈認識主観の疑わしさ〉そのものが超克されていく。そして，西はこの視点から，実践と乖離しがちな近代西洋的な知に対して，日本的な「知行一（学び知ることと行為することの一致）・知在一（学び知ることと善く在ることの一致）」としての実践知の優位を強調するのである。

では，「明治維新まで達せられた日本人の大いなる思想に現代の研究を内面的に接続する」（西，1923，序）という西の思想は，「実行との交渉疎遠」（西，1915，序）と批判される西欧思想をいかに超克し，日本独自の思想的アイデンティティを解説するのだろうか。

3　成熟した日本的近代思考としての意識論

ここでは，真実在（真善美）が自己意識を介して開示されるとする，西の主体変容論の内実についてみていこう。こうした自己意識の普遍内在性について，西は，「もともと自らの中にないことを識りようがない」（西，1923，1ページ）と語る。私たちが自他を含む現象の変化のなかにあって，その変化をとらえることができるのは，自己意識の奥底に本質と即応する部分があるからだという。そこでは，常に，認識がもつ内省の働きが想定されており，普遍との循環的な感応体験を繰り返すなかで，ある認識はさらに内奥の認識によって破られ，あくなき更新をつづけ，自己の感覚・感情的な偏りに基づく固執を超えた，あるがままの認識体験へと高まっていくとされる。

そして，西によって，そうした内省運動の究極の動因に位置づけられたのが，日本思想のうちに成熟していった東洋的な「虚」という概念であった。「虚」とは，西によれば，実在の根源としての「空所」（中江藤樹や老子の概念と重なる）であり，限定のない「絶対自由性」を本源的性質にもつ「意識の本」と理解された（西，1931，10ページ）。そのエゴを棄てた，とらわれのない境地としての「虚」に私たちの心が感応してはじめて深い因果が理解され，それに基づき新たな意識創造が展開されるという（同前）。では，この内観を通した存在論的な組み替えにおいて，私たちはいかなる変容をとげるのだろうか。

とらわれを去って心虚しくし，「自他ともに自由であるか否か」の内省に徹すること，それは必然，これまで依存していた非理性的な「自然的限定」と対峙することになる。例えば，西は，普遍と隔絶し，他を排して，己の我を貫こうとする誤った生活をつづけると，圧迫され，粉砕される，という。しかし，そうしたなかで，人は自らの尺度の偏狭さや判断の浅はかさや決意の欠如を深く自覚し，「己私（利己心）」を去り，己を虚しくして普遍に即した生き方の重要性を悟るのだと説く。このような自己尺度の否定・更新と，それにともなう一種の「苦痛」を経て，自らの色眼鏡は透明度を増し，心を構成する知情意はそれぞれ高みに入っていく，とされる（西，1923，19，113ページ）。つまり，非

▷11　**中江藤樹**（1608〜48）日本陽明学の祖で近江聖人とも称される。藤樹の陽明学は，「心即理」（心と理とが相即不離である），「知行合一」（知ることと行うことは一つである），「致良知」（生まれつき備わっている良き知力を行為のうちに実現する），「事上磨錬」（心と体の修練を通して人格を磨く），という見方を中心に置く。この藤樹思想は，戦前の日本教育思想にも受容され，「私心のないこと（虚）」「至誠」が徳育の根幹に据えられた。「格物・致知・誠意・正心・修身・斉家・治国・平天下」（『大学』）にみる儒教的な人倫の拡張が，「孝」を起点に「敬」「忠」へといたる道徳観として解説される。

反省的な衝動は明瞭な意志（決意）へ，利己的・受動的・自然的な情は反省的・能動的・理性的な情へ，実在と分断された抽象的な知は具体的で実践的な行的知へとそれぞれ高まっていく，という。そして，こうした理性と非理性，理念と現実，客体と主体との対抗の裏に「創造の密意」が蔵されていると考えた（西，1920，28ページ）。

意識はこのような自己更新において対象意識の形式を超え，「真実在の認識体験」に至る。すなわち，この垂直軸の図式では，〈固執した自己尺度の否定〉を通した主観の高まりにおいて，リアリティを「知る」（認識）という行為は，リアリティと「なる」（存在）ことへとかぎりなく近づいていくのである。言い換えるならば，善きもの，真なるもの，そして美なるものを知ろうと努めてきた認識主観は，経験やモラルの高みにおいてそれらと一つになるのである（知在一，知徳一，知行一）。しかも，このような意識の純化過程は，次節で確認するように，自己が客観的限定と主観的偏見を克服し，精神の自由を獲得するプロセスとして理解された（西，1923，10ページ）。

4 近代日本教育思想の現代的意義とナショナリズムとの関係

1 近代日本教育思想の現代的意義——新たな自由論として

前節において，戦後，〈封印〉された西思想における「特殊即普遍（具体的普遍）のパラダイム」の構造とその日本的特質をみてきた。本節では，〈封印〉の根拠とされたナショナリズムと西的な近代教育思想がどのような関係にあるのか，またそうした文脈と重ねたとき，先述した谷本思想（シュタイナー教育思想）はいかなる現代的意義をもちうるのかについて言及してみたい。

西をはじめ近代日本の思想家たちは，普遍が私たち個々人の〈内奥の意志〉とつながっていると考え，その意志を感情と思考，さらには行為やモラルへと浸透させるなかで個別具体的な普遍が体現されるのだという。そして，そこにおいて〈道徳性〉や〈行為〉と密接に結びつく「真の知」が成立するとされる。それを彼らは〈自由〉と呼ぶ。

このような見方に立つため，ここで取り上げた「垂直軸の思想」をもつ近代日本の思想家は，西洋思想のうちに「論理・抽象・客観・功利」の偏重とそれにともなう「知と行為とモラルの分離（個々人が具体的に実感できず，徳をともなわない知のあり方）」を危惧する。では，この立場は，この西洋的分離が学びのうえで私たちにいかなる変化をもたらすと考えるのだろうか。

抽象的な思考や表層的な功利に比重を置く西洋的な学びは，批判精神や自我

意識を強化する反面，心の根底に「反感」や「エゴイズム」をもたらし，「共感」にねざす〈寛容〉や〈誠実さ〉といった徳性や，〈自己と世界との深い密なつながり〉をじっくりと育む環境を奪ってしまう。本章で取り上げた精神科学の思考は，「振り返り」的な意識化や「行為の結果」に力点があるのではなく，内省的な〈理解〉を通して，心の根底にある意志と感情・思考・モラルとをつなぎ，そこでの知を行為化・身体化していくことをねらう。そして，この内的に貫かれた生の充実こそが「自由」と重ねられるのである。ただし，そうした〈ホリスティックな主体変容としての知〉とそこでえられる「自由」は，それを体験する方向に一歩踏み込まないかぎり（西洋的な科学思考にとどまるかぎり），理解できるものではない。

この真の「知」と「自由」を実現する生き方について，西は，講義で，「徹底というのは水が出るまで井戸を掘ることです」（『清風録』，西晋一郎先生十周年忌記念事業会編，1954年，72ページ）と学生たちに語ったとされる。「井戸を掘る」とは，次のようにまとめられる。

> その作業は，はじめ瓦礫ばかり出てきて，苦労が多い割に少しもよい変化を実感できない。それどころか後戻りしているように感じられる。そのため，多くの者はこの生き方を最初の時点で無意味であると諦めてしまう。しかし，けっして諦めてはいけない。この問いの徹底の先に真の生き方があるので，うまずたゆまず掘り進めなさい。先に進めば，必ず，掘る土に変化が生じ，湿った土，さらには泥水が出てくる。そこに達すれば，その方向の歩みに確信をもつことができる。そうすれば自信をもっていっきに掘り進めなさい。すると，奥からこんこんと清らかな水が湧き出てくる。

この言葉に込められた西の意図は次のようなものである。ひとは，「相手にとっても自分にとってもそれが自由であるか」という点に意識の照準を定め，井戸を掘るように突き進むことで，より高い意識と生を実現できる。ここでの〈知〉は，エゴイスティックな〈吾我（ego-I）〉の否定や，自己尺度の更新の果てにもたらされる。ここに至り，自然科学が根拠とする水平軸的（皆がわかる）な〈明証性〉とは別の，内観に基づく垂直軸的な「理解」の〈確からしさ〉が自知されるという。すなわち，この「井戸を掘る」作業を経て，個々人の〈特殊内部〉のうちに，抽象的で客観的な普遍とは異なる〈具体的普遍〉が実現する，とされるのである。

では，この「自由の獲得」について，第2節で取り上げた谷本の教育思想ではどのように描かれるだろうか。あらためて谷本が晩年に依拠したシュタイナー教育思想を通して「自由」の本質を見てみたい。

シュタイナー教育では，前々節で確認したように，"Science" とは別の，"Kunst（術）" としての "Wissenschaft（学問）" によって教育が構想されている。この教育のあり方をシュタイナーは「教育術」と呼び，それを通して「自由」が獲得されると考えた。この「教育術」の内実を解説する前に，シュタイナーがとらえる，思考にのみ比重を置く主知主義的アプローチの弊害について押さえておこう。

主知主義的なアプローチでは，大人たちが常に子どもに何かを教えようとし，子どもが出来事の事実関係や社会的な意味を理解すればするほどよいと考えられている。しかしながら，このように一度教え込まれてそのままおぼえられるものは，感情や意志を深く耕すことはない (Steiner, 1919, S.75)。そして，心に共感をもって受容され，内的な変容を引き起こしながらの行為を促すことができるのは，美的体験のような，喜びをともなって何度も繰り返し行われるような行為なのだという (Steiner, 1919, S.76)。"Kunst" とは，元来，ギリシア語の "τεχνη (techné)" やラテン語の "ars" に由来し，古来，中間世界（叡智界と自然界の中間に位置づく人間界）において不可視な本質を象徴的・類比的に可視化し表現する「術」のことを意味し，"liberal arts"（ラテン語：artes liberales；自由への術）という言葉に示されるように，「術」は自由の獲得に向けられていた。それゆえ，この「術」的思考を支持する立場は，普遍内在論に立ち，普遍と特殊の即応関係や普遍へ向けた全人的な主体変容を容認する。しかも，そうした見方の多くは，存在のリアリティそのものを語ることはできなくても，芸術など類比的な形式によってそれを伝達し，追体験することが可能であると考えてきた。シュタイナーや谷本もこの立場をとり，混迷する時代を克服するための自由獲得に向けた術として，その見方と方法を教育に適用しようとしたといえる。

それゆえ，彼らの教育実践では，内観を通して，対象となる事象の不可視な本質を自己の生と結びつけて可視的に表現する「術」の様式や美的態度が重視されることになる。シュタイナーが，「教育学は科学であってはいけない，術でなくてはならない。……教育学という偉大なる生の術を実践するために私たちのうちで活性化しなければならない感情は，偉大な宇宙やその宇宙と人間との関係を観照することによってのみ，点火させられる」(Steiner, 1919, S.159) と強調するのは，こうした見方に立つからである。このような「術としての教育」を通して，何事にもとらわれたり依存したりすることなく，自らが生きている意味を自分でしっかりとらえ，一番深い内部の欲求から自覚的に行動するという，究極の教育目標が達せられると，彼らは考えたのである。

では，この「術としての教育」は，心身に対していかに働きかけるのだろうか。シュタイナーによれば，「術」を通した美的体験は，感情や意志から発露

し，創造的想像力や直観としての思考を介して不可視の本質を洞察し，可視的に表現（＝表象）していく。つまり，私たちの内奥に位置づく意志（無意識的・意識的な興味・関心など）に発し，豊かな感情を介して思考さらには行為へと貫く力が，この美的体験となる。加えて，ここでなされる事物に沈潜し没入する体験は，対象への共感と熱意を持続させ，世界と私たち自身との密なつながりや自己有用感を実感させることになるという。今日希薄となったこのような存在への信頼感覚や自己肯定感は，術を通した学びによって回復できるものと考えられている。

2　ナショナリズムとの関係と思想的課題

では，最後に，本章で紹介した「特殊即普遍」の思想が，第二次世界大戦期において，排他的・闘争的なナショナリズムといかに関わるのかについてみていこう。

前節の考察によれば，西の理論は，「主観の絶対的創造性」としての「虚」を根本原理とし，「所有衝動」につながる利己的な自愛は否定される。また，西は，自愛を根拠とする自由は，善悪の意識が明瞭でない場合（思いこみとなり反省的思考をともなわない場合），一方的な偽善や善の押し売りとなり，極端で破壊的な攻撃性と結びつく可能性をもつ，と危険視する。彼の理論では，全体的な「均質性」は目標とされず，特殊は特殊のままに普遍へと貫入する「具体的普遍」の図式がめざされた。以上のことから，西の思想は，均質化へ向かう所有衝動とは別の，「絶対的創造としての自由」に依拠した理論といえる。

今日，政治や経済の世界的な情勢をみるかぎり，単純な功利性に基づく成長神話や固定した一つの尺度による一方向的な支配が不可能であることは確認されつつある。抽象的な理念（正義や功利等）は実際の現実生活と遊離した〈頭越しの理念〉となり，排他性はさらなる排他性を引き起こし，「負の連鎖」があらゆる領域で生じている。こうした時代状況にあって，異質な者（異質と感じられる者）が異質なままに共生できるための新たな原理が希求される。西が提起した「具体的な普遍」（西，1915，331ページ）の実現をねらう「特殊即普遍のパラダイム」は，まさにそうした要求に応えることを可能にする。私たちは，排他的・闘争的なナショナリズムとの理論上の分岐点を見極めつつ，東西の思想を受容して連綿と発展・蓄積されてきた，わが国独自の思想について，いま一度再考する時期にきているといえる。

ただ，その際，こうした西思想を含む「日本的な垂直軸の思考」の陥った隘路や限界，そして問題性についても考慮していく必要がある。たしかにここまでみてきたように，西の「特殊即普遍のパラダイム」には，理論上，排他的・闘争的な要素を見出すことはできない。ただし，彼の実際の行動と理論との整

合性を判断するためには，私たちはさらなる吟味が必要であると考える。西は，「譲（利他的に相手を立て譲ること）」が成り立たない非合理な現実に対しては，「精神の絶対的選択」（西，1915，372～373ページ）が必要となるという。

この「精神の絶対的選択」について，当時の学者たちの多くは，海外列強による日本への抑圧への義憤，ナチズム的全体主義についての本質の見誤り，そして抗うことのできない国内情勢，などの事情によって，最終的には闘争的な排他主義に舵を切っていった。西の場合，ここまでみてきたように，排他性は否定されたが，次の事例のように，「虚」に徹するなかで，「精神の絶対的選択」は究極には天皇自身に委ねられる。

西は大戦末期の1943（昭和18）年1月22日に行った「講書始御儀」において食や兵より民の信を第一とすべきとする孔子の言葉（『論語』顔淵篇子貢問政の章）を引用し天皇に進講している（村上，1944参照）。この西の講義が天皇による「精神の絶対的選択」にいかに影響を及ぼしたのかについては明らかにできないが，西は自らの信念にもとづく役割を果たしきったかのように，同年11月13日に生を閉じている。そして，それから2年後の1945（昭和20）年に，広島・長崎への原爆投下を経て，天皇は戦争に終止符を打つべく御前会議でポツダム宣言の受諾を判断（同14日）し，翌15日に終戦の詔勅を発表することになる。西が，あらゆる対立を回避すべく自らは学者としての分に徹し，「虚」に常在する君主に〈精神の絶対的選択〉を委ねるという立場にあったことを考えれば，倫理学者として全身全霊を込めた最後の御進講は，彼の最大の思想的表明といえる。

ただし，私たちは，こうした西の天皇・君主論のうちに課題をも見出す。西は，あらゆる前提や固定した物の見方を否定する「特殊即普遍のパラダイム」を支持するにもかかわらず，ある時代の特定の「国家」形態を，ヘーゲル同様，「社会のもっとも完結せる法的組織」「人格の客観的表現」（西，1931，3ページ）と理解した。「君主」を最終決断としてのプンクト（点）を打つ「絶対的一者の具現者」とみなした彼の思考は，そうした理念といかに関係するのか，さらなる踏みこんだ分析が必要となる。

とはいえ，西あるいは谷本の思想は，分断された「日本教育思想のアイデンティティ」を問う意味で重要な意義を有する。最後に，教育事象をめぐる事実と価値を架橋する根源原理の解明にこそ意義を見出す西の言葉をあげ，本章を閉じたい。

> 事実規範の両面を統一的に究明するを哲学の分とすれば，教育学は今後一層哲学的研究に拠る所が多くならねばならぬではあるまいか（西，1915，171ページ）。

Exercise

① 「学制」に始まり，自由教育令・改正教育令の制定，教育勅語の発布，さらに大正新教育運動を経て戦時期教育体制へと向かう近代教育の変遷と，それに呼応する教育思想を年表風にまとめ，その思想的特徴について考えてみよう。
② 教育科学と文化教育学・精神科学的教育学について，それぞれがどのように形成され，日本に受容されていったのかをまとめてみよう。

次への一冊

衛藤吉則『西晋一郎の思想――広島から「平和・和解」を問う』広島大学出版会，2018年。
　　国体論を主導した西晋一郎の思想は戦後〈封印〉される。本書は「虚」を原理とする西の思想を読み解くことで，「教育思想のアイデンティティ」と「平和理論としての可能性」を問うた。
衛藤吉則『シュタイナー教育思想の再構築――その学問としての妥当性を問う』ナカニシヤ出版，2018年。
　　シュタイナーの精神科学を，私たちに共有可能な教育学・哲学・科学の概念によって解読。補論「戦前の日本におけるシュタイナー教育思想の受容」は近代日本教育思想史を考えるのに有益。
衛藤吉則『松本清張にみるノンフィクションとフィクションのはざま――「哲学館事件」（『小説東京帝国大学』）を読み解く』御茶の水書房，2015年。
　　「教育・学問の自由」への干渉をめぐって社会問題となった「哲学館事件」（明治35年）について，その構造を思想・教育学・宗教という重層的な視点から読み解いた。
森田尚人・森田伸子編著『教育思想史で読む現代教育』勁草書房，2013年。
　　錯綜する現代の教育状況を「思想史」という回路を通して解きほぐし，今後の教育学を展望する。

引用・参考文献

井上哲次郎「明治哲学界の回顧」『岩波講座哲学』岩波書店，1932年。
衛藤吉則「谷本富におけるシュタイナー教育学の受容過程――谷本の「宗教教育」観を基軸として」『日本仏教教育学研究』第9号，2001年。
衛藤吉則「近代日本の教育思想史に関する研究視点――谷本富と西晋一郎に対する歴史的評価の再考」『HABITUS』22巻，2018年。本章はこの論考に大幅な加筆・修正を行ったものである。
衛藤吉則『シュタイナー教育思想の再構築――その学問としての妥当性を問う』ナカニシヤ出版，2018年。

小笠原道雄・田中毎実・森田尚人・矢野智司「戦後教育哲学の出発」『教育哲学研究』第97号，2008年。

九鬼周造「回想のアンリ・ベルクソン」菅野昭正編『九鬼周造随筆集』岩波書店，1941年。

隈元忠敬『西晋一郎の哲学』渓水社，1995年。

小牧治『カント』清水書院，1967年。

白井成允「西先生の倫理学について」広島哲学会『哲学』第15集，1963年。

大日本学術協会編『日本現代教育学大系』第2巻，モナス，1927～28年。

谷本富『宗教々育の理論と実際』明治図書出版，1929年。

谷本富「時局と教育家」『教育学術界』第75巻第2号，1935年。

西晋一郎『倫理哲学講話』育英書院，1915年。

西晋一郎『普遍への復帰と報謝の生活』日本社，1920年。

西晋一郎『倫理学の根本問題』岩波書店，1923年。

西晋一郎『忠孝論』岩波書店，1931年。

西晋一郎『易・近思録講義』渓水社，1940年。

西平直『魂のライフサイクル──ユング・ウィルバー・シュタイナー』東京大学出版会，2010年。

藤原喜代蔵『明治，大正，昭和教育思想学説人物史』第4巻，昭和前期編，東亜政経社，1942年。

堀松武一「谷本富における教育思想の変遷」『東京学芸大学紀要』第21集第1部門，1970年。

村上義幸「西晋一郎先生言行録抄」西晋一郎先生頌徳会編，1944年（山口県立図書館玖村文庫所蔵）。

森信三『人倫の道』致知出版，2004年。

Childs, G. J., *Rudolf Steiner: his Life and Work*, Anthroposophic Press, New York, 1996.

Russell, B., *Principle of Social Reconstruction*, Cornell University Library, 1997.

Steiner, R., *Allgemeine Menschenkunde als Grundlage der Pädagogik*, Rudolf Steiner Verlag, Menschenkunde, 1919.

索　引

あ行

『青い山脈』 34
『赤い鳥』 32-34, 38
明石女子師範学校附属小学校 143
足利学校 24
芦田恵之助 32, 181
阿部重孝 56, 121, 123, 124, 134
アレント, H. 10, 19
イートン, J. 13, 15
イエズス会 25
家永三郎 127, 155
医科大学 74, 75, 127
医学専門学校 69
石山脩平 147
磯浜中学校 168, 173
一条校 130
一斉教授法 57, 139
伊藤博文 97
井上喜一郎 147-149
井上毅 84
井上哲次郎 177, 192
伊波普猷 105
井原西鶴 22, 25-27, 37, 38
入澤宗壽 179
岩倉使節団 11, 13
ウィーン万博 5, 9, 11-14
上杉憲実 24
上田万年 95, 97, 98, 101-104, 106, 107, 110, 111, 114, 115
謡 27
内村鑑三 106, 107
運動会 61, 62, 76, 78, 93
英学 106, 107
『英語教育』 107, 115
英語教育存廃論争 108
『穎才新誌』 32
エキゾティシズム 14, 16
御家流（青蓮院流） 26
及川平治 143
往来物 27, 31
王立技術教育委員会 9
大蔵省 74
大阪府中等学校校外教護聯盟（大阪府教護聯盟） 156, 157, 159, 160, 173
岡倉覚三（岡倉天心） 105-107, 115
岡倉由三郎 95, 97, 98, 105-107, 109, 110, 115, 116
緒方洪庵 106, 107
オグデン, C. K. 109, 110
小倉進平 105
『御文』（『御文章』） 24
お雇い外国人 11, 13, 14, 19, 46, 106, 139
オリエンタリズム 14, 19
オリンピック 7, 17
温習科 47, 51, 52
恩物 14

か行

海軍大学校 121
海軍飛行予科練習生（予科練） 125, 126, 130, 131, 135
海軍兵学寮 12, 101
海軍兵学校 101, 121, 125, 126, 129
開拓学校 35
開智学校 39
貝原益軒 41, 42, 57
科挙 21, 38
学習指導要領 146, 147, 149, 151
各種学校 15, 130
学制 11, 13-15, 28, 42-47, 59-63, 72, 79, 82, 89, 125, 139, 192
学制布告書（被仰出書） 43, 60
学童疎開 161
学齢 iii, 31, 38-41, 45-51, 54-56, 118, 130, 157, 172, 173
掛図 139
学級編制等ニ関スル規則 48, 141
学校儀式 82, 84-86, 88, 140
学校教育法 39, 50, 71, 73, 74, 124, 129-131, 151, 167
『学校と社会』 143
加藤周四郎 143
金沢嘉市 145, 146, 151, 153
樺山資紀 53
唐様 26
川口プラン 147
川村花菱 89, 93
簡易英語（"Simplified English"） 98, 100, 109, 115
勧学祭（入学奉告祭） 90, 91, 94
感化法 157
カント, I. 177, 179, 180, 182
関東大震災 81, 82, 84, 85, 87-89, 93, 94
記紀神話 82, 91, 92
紀元節 83, 85, 86, 91
儀式唱歌 86
技術教育法（Technical Instruction Act） 10
北白川宮能久親王 83, 87, 90
木下竹次 143
教育委員会（法） 35, 50, 72, 118, 129, 166-169, 173
教育会 15, 48, 53, 142, 153, 154
教育改革同志会 124
教育科学（研究会） 120, 147, 153, 175-178, 192
教育基本法 91, 129, 130, 146, 151
教育公務員特例法 146
教育刷新委員会 71
教育審議会 124, 184
教育ニ関スル勅語（教育勅語） 18, 19, 24, 38, 84-90, 92-94, 129, 140, 180, 192
教育の機会均等 60, 75, 119, 120, 123, 131-133, 166
教育の四大指令 129
教育を受ける権利 35, 57, 166, 172, 173
教学刷新評議会 184
教科書疑獄事件 140
教科書裁判 155, 156
共産主義 131, 159, 179
矯正院法 157
京都帝国大学 179, 180, 183
教養主義 107-110, 115
教練 122
義務教育 35, 39-41, 43, 47, 49, 51, 53-57, 60, 61, 63, 64, 67, 71, 75, 103, 104, 106, 107, 109, 110, 117, 118, 124, 125, 129, 136, 166, 167
義務教育の段階における普通教育に相当する教育の機会の確保等に関する法律（教育機会確保法） 117, 118
金田一京助 105
勤務評定 147, 155
久米邦武 11, 14

グローバル化(グローバリゼーション,グローバリズム) *1, 2, 17, 19, 112, 113, 137*
黒船 *2, 19*
軍国主義 *128-130, 146*
軍部 *121*
ケイ, E. K. S. *143*
研究授業 *142*
言文一致 *28, 29, 98, 102, 103*
憲兵 *159*
コア・カリキュラム連盟 *147*
興亜奉公日 *90*
合科学習 *143*
公学校 *125*
高校全入運動 *155, 156*
工場法 *49*
厚生省 *161, 163*
高等学校(旧制) *64, 66-68, 83, 109, 121, 125*
高等学校(新制) *38, 39, 56, 70-74, 76-79, 127, 130, 155, 156, 166, 172, 173*
高等学校令 *67, 121*
高等工業学校 *68, 69*
高等師範学校 *107, 139*
高等小学校 *49, 51, 52, 54, 57, 64, 122, 125, 145*
高等商業学校 *68, 69*
高等女学校(令) *15, 34, 63-67, 69, 124, 156*
高等専門学校(高専) *73-75, 78*
高等中学校 *64, 67, 106*
高度経済成長 *17, 73, 78, 91, 152, 153*
校内神祠 *90*
工部省 *131*
工部大学校 *131*
神戸保導聯盟 *156-158, 160, 168, 173*
国語 *iii, 29, 32, 82, 89-91, 94-97, 99-116, 119, 126*
『国語のため』 *103, 114*
国際海洋博覧会(沖縄海洋博) *17*
国際科学技術博覧会(つくば科学博) *17*
国際教育会議 *10, 13, 15, 20*
国際博覧会事務局 *3, 17*
国際博覧会条約 *3, 7*
国際花と緑の博覧会(花博) *17*
国史 *82, 83, 89-91, 93*
国体 *42, 128, 129, 175, 183, 184, 192*
国定教科書 *81-83, 89, 91, 94, 111, 140, 143*

国民皆学 *43, 60, 63*
国民学校(令) *49, 64, 92, 93, 117, 124-126, 136, 154, 163*
国民国家 *iii, 1, 6, 7, 9, 17, 19, 20, 28, 95, 97, 99, 100, 106-111, 114*
国民精神作興ニ関スル詔書(国民精神作興詔書) *85, 122*
国民精神文化研究所 *184*
国立大学医学部 *74, 75, 127*
御真影 *84-88*
瞽女 *22, 38*
国家主義 *10, 129, 146, 180, 183, 184*
後藤朝太郎 *105*
小林一茶 *27*
駒ヶ林中学校 *35*
駒場農学校 *131*
近藤真琴 *12, 19*

さ行

サイード, E. W. *14, 19*
在郷軍人 *122, 141*
桜田国民学校 *147*
桜田プラン *147*
小砂丘忠義 *33, 143*
佐々木昂 *143*
佐野常民 *11-13*
ザビエル, F. de *24, 25*
サミュエルソン・レポート *9, 10, 15*
沢柳政太郎(澤柳政太郎) *55, 57, 143, 181*
産業革命 *4, 8, 10, 42*
三種の神器 *91*
三大節 *85, 86, 91*
三・一五事件 *158, 159*
サンフランシスコ平和条約(サンフランシスコ講和条約) *130, 131, 163*
自衛隊 *127, 131, 132, 134, 135*
シカゴ万博 *4, 5, 7*
『地方凡例録』 *27*
志願兵 *125, 126*
識字 *21, 24, 29-31, 34, 36-38, 41*
『時局に関する教育資料』 *120, 121, 123*
私塾 *107, 141, 153*
師匠 *26, 27, 42, 137-139*
市制町村制 *61*
四大節 *85, 86*
下谷小学校 *62*
実業学校(令) *63-67, 124, 125, 156*
実業専門学校 *67, 68*

実業補習学校 *64, 122*
実験学校 *147, 181*
『実用教育学及教授法』 *180*
『実力の検討』 *148-150, 153, 154*
児童生徒ニ対スル校外生活指導ニ関スル件 *158*
児童中心主義(子ども中心主義) *32, 143, 151*
『児童の世紀』 *143*
児童福祉法 *157*
師範学校(令) *15, 47, 54, 64, 69, 97, 121, 125, 139-142*
師範教育令 *61, 69, 103*
師範タイプ *140*
司法省 *157*
資本主義 *1, 3-6, 179*
『資本論』 *4*
自民党 *155*
社会科 *147, 149-151*
社会教育法 *13, 129*
社会主義 *32, 85, 87, 131, 158, 159*
社会党 *155*
ジャポニズム *14*
自由ヴァルドルフ学校 *181*
自由画 *32*
就学 *iii, 8, 31, 35, 39, 40, 43-57, 60, 61, 63, 82, 117, 118, 123, 124, 130, 138, 141, 166-170*
『宗教々育の理論と実際』 *181, 193*
修身 *82, 87, 89-91, 122, 129, 140, 143, 147*
集団疎開 *163*
自由民権運動 *140*
儒学 *22, 27*
授業研究運動 *152*
受験準備教育 *145, 146, 151*
シュタイナー, R. *181, 182, 187-190, 192*
シュライアーマッハー, F. D. E. *176*
『純粋理性批判』 *177*
唱歌 *82, 86*
常会 *141, 144, 145, 148, 149, 151, 153, 154*
小学簡易科 *47*
小学教則 *44*
小学校教員心得 *140*
小学校教則綱領 *31, 32*
小学校教則大綱 *52*
小学校祝日大祭日儀式規程 *85, 91*
小学校設備準則 *62*

小学校ノ学科及其程度　47
小学校令施行規則　29, 49, 50, 54, 85, 86, 103, 104, 161
商業学校　15
『正像末和讃』　8, 9, 24, 25, 31
少年院法　157
少年教護法　157
少年審判所　157, 158
少年団　158, 172
少年兵　125, 132, 135
少年法　157, 158, 172, 173
消費社会　5, 6
諸学校通則　97
諸学校令　47, 61, 97
殖産興業　13, 139
植民地　iii, 6, 13, 17-19, 34, 87, 89-92, 105, 106, 108, 109, 111, 112, 114, 115, 124-126, 135, 136, 161
女子師範学校　139
処女会　141
職工学校　15
初等教育法（フォースター法）　8, 9, 14
人格教育学　178, 180
『人格的教育学の思潮』　178
新カント派　178, 179
新教育　32, 146-148, 150, 153, 154, 180
『新教育指針』　146
尋常高等小学校　49, 54
尋常師範学校　103, 139
尋常師範学校ノ学科及其程度　103
尋常小学校　49, 52-54, 63, 64, 103, 122, 123, 125, 156
尋常中学校　64, 103
尋常中学校ノ学科及其程度　103
人智学　181-183
神道指令　90
新日本建設ノ教育方針　128
親鸞　24, 37
随意選題綴方　32, 33
随年教育法　41
スコット，M. M.　139
スコットランド教育法（ヤング法）　9
鈴木三重吉　33
墨塗り（教科書）　90, 128
スリーアールズ（3R's）　8, 10
生活綴方　32-35, 38, 143-145, 151, 154
成城小学校　143, 181

清少納言　23
青少年教護委員会　164
青少年学徒ニ賜ハリタル勅語　85
精神科学的教育学　iii, 175-179, 181, 183, 192
青年学校　64, 122, 124, 126, 135
青年訓練所　122, 135
青年団　141
設置者負担主義　74
選科（生）　105, 106
戦後教育改革　69, 71, 123, 124, 131, 132, 146
戦災孤児等集団合宿教育所　163-165
戦争孤児　155, 156, 161-166, 170-174
全体主義　10, 191
千田是也　88, 93
専門学校（令）　15, 64, 67-69
占領地　18, 106, 112, 161
操行　161
総力戦体制　119, 123-125, 127, 129, 132-135, 154
ソシュール，F. de　96, 98, 103

た行

第一次教育令（自由教育令）　15, 20, 42, 46, 47, 51, 60, 125, 192
第一次小学校令　47, 50-52, 61, 97, 125
大学（新制）　56, 68-70, 74, 79, 166
大学令　121
大学校　15
大航海時代　2, 3
第三次小学校令　29, 45, 49, 53-55, 63, 103, 124, 125
大衆社会　5
大正自由教育（大正新教育）　136, 142, 144, 154, 181, 192
大正デモクラシー　120-122, 180
大詔奉戴日　90
大東亜共栄圏　112
第二次教育令（改正教育令）　15, 16, 31, 60, 192
第二次小学校令　48, 51, 52, 61, 123, 125
大日本帝国憲法　97, 105
太平記読み　29, 38
高島秀一　144
鷹栖小学校　144
田中不二麿　11, 13, 15, 20, 60
谷本富　175-177, 179-183, 185, 187, 188, 191-193
短期大学　64
単級学校　141
治安維持法　158
チェンバレン，B. H.　101, 102, 105, 107
千葉師範学校附属小学校　143
千葉春雄　143
地方改良運動　141, 153
中央青少年問題協議会　166, 167, 173
中学校（旧制）　15, 55, 63-66, 69, 70, 79, 109, 124-126, 135, 145, 156, 161, 172
中学校（新制）　35, 39, 41, 71, 73, 76, 78, 109, 131, 166-168, 173
中学校令　47, 61, 64, 65, 97, 103
『忠孝論』　193
中小学規則　42
中等学校（令）　59, 63-67, 69, 71, 73, 78, 124, 156, 160, 166, 170
長期欠席問題　131, 155, 156, 166, 167, 171, 173
朝鮮人学校　130
徴兵　122, 125, 126, 132, 133
千代中学校　36
チョムスキー，A. N.　95
綴方教師　143
『綴方生活』　33
帝国主義　3, 6, 7, 9, 13, 16, 105, 108, 109, 112, 114
帝国小学校　142, 154
帝国大学（令）　47, 61, 64, 67, 83, 97, 101, 103, 105-107, 109, 145
ディルタイ，W. C.　176, 179, 181
適塾　106, 107
手島精一　15
手塚岸衛　143
デューイ，J.　143, 147, 178, 181
デュルケーム，É.　176
寺子屋（手習塾）　26-28, 38, 41, 58, 82, 89, 153
天長節　85, 86, 91, 92
天皇（制）　iii, 15, 58, 81-94, 103, 127-129, 134, 135, 137, 140, 148, 162, 177, 183, 184, 191
等級　44
東京高等師範学校　107, 108, 180
東京職工学校　15
東京大学　50, 57, 101, 106, 134, 135, 154

東京帝国大学 *103, 105, 108, 119, 123, 184*
童心 *33, 38*
同窓会 *62, 63, 79, 172*
同和教育 *168, 170, 172*
特設「道徳」 *149*
特別高等警察（特高警察） *159*
都市化 *5*
隣組 *90, 141*

な行

内務省 *13, 131, 141, 144, 157, 159*
中江藤樹 *186*
長岡高等工業学校 *69*
中島半次郎 *178*
ナショナリズム *3, 6-9, 18, 20, 81, 93, 94, 103, 113, 134, 135, 175, 183, 184, 187, 190*
滑川道夫 *143*
奈良女子高等師範学校附属小学校 *143*
成田忠久 *143*
西晋一郎 *175-177, 182-188, 190-193*
西巣鴨第三小学校 *145*
西田幾多郎 *176, 182-185*
西山哲治 *142, 154*
二重学年制 *54, 55, 57*
新渡戸稲造 *106, 107*
二宮尊徳 *144, 145*
日本側教育家委員会 *129*
日本共産党 *81, 158*
『日本教育概覧』（General Outlines of Education in Japan） *15, 16*
『日本教育史略』（An Outline History of Japanese Education） *15, 16*
日本教職員組合（日教組） *132, 147, 155*
『日本現代教育学大系』 *179, 180, 193*
日本国憲法（新憲法） *35, 91, 130, 137, 166*
日本国際博覧会（愛知万博） *17, 19*
日本語廃止・英語採用論 *97-99*
日本作文の会 *35, 147*
日本綴方の会 *35, 147*
日本万国博覧会（大阪万博） *17, 19*
日本民主主義教育研究会 *147*
『人間の条件』 *10, 19*
農学校 *15*
農山漁村経済更生運動 *141, 144*
農商務省 *13, 49*

農林省 *144*
野口英世 *29, 30*

は行

パーカースト, H. P. *144*
博物館（法） *iii, 11, 13, 15*
橋本進吉 *105*
パックス・ブリタニカ *4, 106*
パリ万博 *4-6, 8, 9, 11, 14, 15, 19*
万国衛生博覧会 *9, 15, 20*
万国博覧会（万博） *iii, 1, 3-8, 10-20*
阪神教育闘争 *130*
標準語 *102-104, 107, 110-113, 116*
広島高等師範学校 *183, 184*
広島文理科大学 *183, 184*
フィラデルフィア万博 *5, 7, 12-15*
フォースター, W. E. *8, 9*
福沢小学校 *145, 147, 149, 151-154*
福沢プラン *147*
福沢諭吉（福澤諭吉） *10, 11, 14, 16, 45, 57, 106, 107, 116*
複式学級 *141*
府県施政順序 *42*
普通学校 *125*
筆子塚 *139*
普遍論争 *176, 185*
プラグマティズム *178, 180*
フラナガン, E. J. *162*
ブルーマー, A. J. *10*
フレーベル, F. W. A. *12, 14*
浮浪児 *155, 156, 161-166, 170-172, 174*
浮浪児根絶緊急対策要綱 *164*
文化教育学 *178, 179, 181, 192*
『文化教育学と新教育』 *179*
文政審議会 *121*
分団式動的教育法 *143*
文明開化 *106, 137, 139*
『米欧回覧実記』 *11, 14, 20*
米国教育使節団（報告書） *70, 71, 129, 131, 146*
兵式体操 *121, 122, 139*
ベーシック・イングリッシュ *109, 110, 114, 116*
ペスタロッチ, J. H. *143*
ベビーブーム期 *156*
ペリー, M. C. *2*
ベルクソン, H.-L. *181*
ヘルバルト, J. F. *178, 180*
ベンヤミン, W. B. S. *5, 20*
ホイットニー, W. D. *98-100, 107, 116*
奉安殿 *84-86, 90*
報徳思想 *144*
報徳仕法 *144*
報徳社 *141, 154*
棒引き（仮名遣い） *104, 105*
訪問教師 *167-170, 173*
母校 *iii, 59, 62, 63, 75-77*
補習科 *51-54*
戊申詔書 *85, 140*
ポツダム宣言 *127, 128, 135, 191*
『北方教育』 *33, 143*
北方教育社 *33, 143*
北方性教育 *33*

ま行

前島密 *102*
松尾芭蕉 *27*
マッカーサー, D. *128, 163*
マルクス, K. H. *4*
マルクス主義 *158, 179*
丸山真男（丸山眞男） *119, 133, 134*
『万葉集』 *22*
三島通良 *50, 51*
みなとみらい本町小学校 *77*
民間教育研究団体 *147, 149, 152*
民間情報教育局（CIE） *128*
民主主義 *34, 130, 146-148, 154, 169, 178, 180*
無着成恭 *35, 38*
村方騒動 *28*
紫式部 *23, 37*
明治節 *86, 91*
明六社 *97*
元田永孚 *84*
森有礼（森有禮） *47, 61, 95, 97-101, 103, 106, 107, 110, 115, 121, 140*
森信三 *183, 184*
モルレー, D.（マレー, D.） *13-15, 46, 58*
文部省 *11, 13-16, 35, 42, 44-46, 48, 50, 51, 53, 54, 57, 58, 62, 65, 71, 74, 79, 83, 86, 89, 93, 96, 101, 104, 107, 108, 120, 122, 123, 127, 129, 131, 133, 140, 146, 147, 155, 158-161, 163-167, 180, 184*
文部大輔 *13*
文部大臣（文相） *47, 53, 61, 65, 73, 97, 103, 121, 140*

や行

夜間中学（校） 34, 36, 38, 117, 118, 167, 168, 172, 173
『やまびこ学校』 35, 38
山本鼎 32
山元中学校 35
ヤング, J. 9
唯信鈔 24
幼稚園 12-15, 20, 64
読み書き iii, 21-31, 36, 37, 41
与謝蕪村 27

ら行

ラジオ体操 90
蘭学 106, 107
陸軍現役将校学校配属令 122
陸軍士官学校 121, 125, 129
陸軍少年飛行兵 125, 130
陸軍大学校 121
立身出世 123, 125-127, 134, 135, 151
流言飛語（流言蜚語） 88, 92-94
臨時教育会議 121, 135
ルソー, J.-J. 143, 177
『理事功程』 11
連合国軍最高司令官総司令部（GHQ） 70, 90, 117, 128, 129, 146, 163
錬成 49, 124, 125, 134, 135, 141, 145, 154
蓮如 24
六・三制（六・三・三制） 70, 79, 124, 129, 131, 132, 166
『論語』 138
ロンドン万博 4-7, 10, 14, 20

わ行

ワグネル, G. 11, 13, 14
『和俗童子訓』 41, 57
渡部年男 144
和辻哲郎 176, 185

《監修者紹介》
吉田武男(よしだたけお)（筑波大学名誉教授，関西外国語大学短期大学部教学担当顧問・教授）

《執筆者紹介》（所属，分担，執筆順，＊は編著者）
＊平田諭治(ひらたゆうじ)（編著者紹介参照：はじめに・第1章・第6章）
木村政伸(きむらまさのぶ)（西南女学院大学保健福祉学部教授：第2章）
柏木　敦(かしわぎあつし)（立教大学文学部教授：第3章）
大谷　奨(おおたにすすむ)（筑波大学人間系教授：第4章）
樋浦郷子(ひうらさとこ)（大学共同利用機関法人人間文化研究機構国立歴史民俗博物館研究部准教授：第5章）
白岩伸也(しらいわしんや)（北海道教育大学教育学部旭川校准教授：本文で取り上げられる主な出来事・第7章）
須田将司(すだまさし)（学習院大学文学部教授：第8章）
鳥居和代(とりいかずよ)（金沢大学人間社会研究域学校教育系教授：第9章）
衛藤吉則(えとうよしのり)（広島大学大学院文学研究科教授：第10章）

《編著者紹介》

平田諭治（ひらた・ゆうじ／1967年生まれ）
　筑波大学人間系教育学域准教授
　『教育勅語国際関係史の研究――官定翻訳教育勅語を中心として』（風間書房，1997年）
　『教師をダメにするカウンセリング依存症』（分担執筆，明治図書出版，2007年）
　『共生と希望の教育学』（分担執筆，筑波大学出版会，2011年）
　『学校教育と国民の形成』（共著，学文社，2012年）
　『教育の歴史・理念・思想』（分担執筆，協同出版，2014年）
　『岡倉由三郎と近代日本――英語と向き合う知の軌跡』（風間書房，2023年）

MINERVA はじめて学ぶ教職④	
日本教育史	
2019年1月30日　初版第1刷発行	〈検印省略〉
2024年3月10日　初版第3刷発行	
	定価はカバーに表示しています
編著者	平　田　諭　治
発行者	杉　田　啓　三
印刷者	藤　森　英　夫
発行所	株式会社 ミネルヴァ書房
	607-8494 京都市山科区日ノ岡堤谷町1
	電話代表　(075)581-5191
	振替口座　01020-0-8076
©平田諭治ほか，2019	亜細亜印刷

ISBN978-4-623-08451-7
Printed in Japan

MINERVA はじめて学ぶ教職

監修　吉田武男

「教職課程コアカリキュラム」に準拠　　　全20巻＋別巻 1

◆　B5判／美装カバー／各巻180～230頁／各巻予価2200円（税別）　◆

① 教育学原論
　滝沢和彦 編著
② 教職論
　吉田武男 編著
③ 西洋教育史
　尾上雅信 編著
④ 日本教育史
　平田諭治 編著
⑤ 教育心理学
　濱口佳和 編著
⑥ 教育社会学
　飯田浩之・岡本智周 編著
⑦ 社会教育・生涯学習
　手打明敏・上田孝典 編著
⑧ 教育の法と制度
　藤井穂高 編著
⑨ 学校経営
　浜田博文 編著
⑩ 教育課程
　根津朋実 編著
⑪ 教育の方法と技術
　樋口直宏 編著

⑫ 道徳教育
　田中マリア 編著
⑬ 総合的な学習の時間
　佐藤　真・安藤福光・緩利　誠 編著
⑭ 特別活動
　吉田武男・京免徹雄 編著
⑮ 生徒指導
　花屋哲郎・吉田武男 編著
⑯ 教育相談
　高柳真人・前田基成・服部　環・吉田武男 編著
⑰ 教育実習
　三田部勇・吉田武男 編著
⑱ 特別支援教育
　小林秀之・米田宏樹・安藤隆男 編著
⑲ キャリア教育
　藤田晃之 編著
⑳ 幼児教育
　小玉亮子 編著
＊＊＊
別 現代の教育改革
　吉田武男 企画／徳永　保 編著

【姉妹編】

MINERVA はじめて学ぶ教科教育　全10巻＋別巻 1

監修 吉田武男　B5判美装カバー／各巻予価2200円（税別）～

① 初等国語科教育
　　塚田泰彦・甲斐雄一郎・長田友紀 編著
② 初等算数科教育　　清水美憲 編著
③ 初等社会科教育　井田仁康・唐木清志 編著
④ 初等理科教育　　　大髙　泉 編著
⑤ 初等外国語教育　　卯城祐司 編著
⑥ 初等図画工作科教育　石﨑和宏・直江俊雄 編著
⑦ 初等音楽科教育　　笹野恵理子 編著
⑧ 初等家庭科教育　　河村美穂 編著
⑨ 初等体育科教育　　岡出美則 編著
⑩ 初等生活科教育　片平克弘・唐木清志 編著
別 現代の学力観と評価
　　樋口直宏・根津朋実・吉田武男 編著

ミネルヴァ書房
https://www.minervashobo.co.jp/